权威・前沿・原创

皮书系列为
"十二五""十三五""十四五"时期国家重点出版物出版专项规划项目

BLUE BOOK

智 库 成 果 出 版 与 传 播 平 台

东西部协作蓝皮书
BLUE BOOK OF COLLABORATION BETWEEN
THE EASTERN AND WESTERN

东西部协作发展报告（2023）

REPORT ON DEVELOPMENT OF COLLABORATION BETWEEN THE EASTERN
AND WESTERN (2023)

主　编／汤　敏
副主编／冯宇坤

社会科学文献出版社
SOCIAL SCIENCES ACADEMIC PRESS (CHINA)

图书在版编目（CIP）数据

东西部协作发展报告.2023／汤敏主编；冯宇坤副
主编.--北京：社会科学文献出版社，2023.10
（东西部协作蓝皮书）
ISBN 978-7-5228-2498-7

Ⅰ.①东…　Ⅱ.①汤…　②冯…　Ⅲ.①扶贫-研究报
告-中国-2023　Ⅳ.①F126

中国国家版本馆 CIP 数据核字（2023）第 173724 号

东西部协作蓝皮书

东西部协作发展报告（2023）

主　　编／汤　敏
副 主 编／冯宇坤

出 版 人／冀祥德
组稿编辑／恽　薇
责任编辑／贾立平
责任印制／王京美

出　　版／社会科学文献出版社·经济与管理分社（010）59367226
　　　　　地址：北京市北三环中路甲 29 号院华龙大厦　邮编：100029
　　　　　网址：www.ssap.com.cn
发　　行／社会科学文献出版社（010）59367028
印　　装／三河市东方印刷有限公司

规　　格／开　本：787mm×1092mm　1/16
　　　　　印　张：20.5　字　数：267 千字
版　　次／2023 年 10 月第 1 版　2023 年 10 月第 1 次印刷
书　　号／ISBN 978-7-5228-2498-7
定　　价／158.00 元

读者服务电话：4008918866

主要编撰者简介

汤　敏　国务院参事、友成企业家乡村发展基金会副理事长、东西部协作专家委员会主任。北京大学、武汉大学、暨南大学兼职教授，武汉大学经济与管理学院专家咨询委员会主席，中国经济五十人论坛成员，中国教育三十人论坛成员，欧美同学会商会理事等。曾任亚洲开发银行经济发展研究中心经济学家、亚洲开发银行驻中国代表处首席经济学家、中国发展研究基金会副秘书长、中国人民银行研究生部部务委员会副主席。主要研究领域为宏观经济、区域间经济合作、经济发展战略和国际金融业务。著有《亚洲成长三角区——区域间经济合作的一种新形式》（牛津出版社）、《印度尼西亚—马来西亚—泰国成长三角区理论与实践》（亚洲开发银行出版社）、《现代经济学前沿专题》（商务印书馆）、《千虑一得》（广东经济出版社）、《中国经济：警惕黑天鹅》（电子工业出版社）、《慕课革命：互联网如何变革教育》（中信出版社），发表中国宏观经济、部门经济、金融改革及教育改革等方面的文章、论文百余篇。

冯宇坤　友成企业家乡村发展基金会副理事长、东西部协作专家委员会执行主任。曾在原农业部、原国务院扶贫开发领导小组办公室多次参与国家农业农村、乡村振兴以及与扶贫相关政策、规划的制定。主要研究领域为乡村振兴与扶贫、财政理论与政策。参与国家自然科学基金项目、国家社会科学基金重大项目子课题等国家级和省部级课题多项。发表学术论文 10 余篇。

序　东西部协作的理论解读与实践逻辑

国务院参事、友成企业家乡村发展基金会副理事长　汤　敏

2021 年 2 月，在全国脱贫攻坚总结表彰大会上，习近平总书记向全世界庄严宣告，中国脱贫攻坚战取得了全面胜利。"东西部扶贫协作"改称"东西部协作"，和驻村第一书记、对口支援等成为下一步乡村振兴战略中要继续坚持和完善的制度之一。东西部协作是国家基于改革开放后东部地区和西部地区发展不平衡现状所做的制度安排。

20 多年来，随着帮扶的结对关系不断调整，东部和西部逐步形成了政府援助、企业合作、社会帮扶、人才支持等主要协作方式，涌现出了闽宁协作、沪滇合作、两广协作等各具特色的帮扶模式。东西部协作作为推动区域协调发展、协同发展、共同发展的大战略，是加强区域合作、优化产业布局、拓展对内对外开放新空间的大布局，是实现先富帮后富、最终实现共同富裕目标的大举措，是中国区域协调发展进程中的重要制度创新。简言之，东西部协作是中国特有的制度创新，是极具中国特色的制度安排，是不同地方政府之间的帮扶协作，这在其他国家中是没有的。东西部协作对于缩小区域发展差距、改善西部地区教育医疗条件、助力打赢脱贫攻坚战发挥了重要作用，具有深层的多维逻辑，彰显了独特的时代价值。

2022 年以来，东西部协作省（区、市）和相关部门认真落实党

001

中央决策部署，扎实推进新阶段东西部协作工作。结对关系进一步优化，由原来的"一对多、多对一"的安排调整优化为原则上一个东部省（市）结对帮扶一个西部省（区、市）的省际长期固定结对关系，协作机制平稳过渡、帮扶力量有效整合、协作效率不断提升。帮扶力度持续加大，东西部协作省（区、市）党委、政府高度重视，双方党政主要负责同志带队互访调研、协商定策，共推资金投入、干部选派、专业技术人员交流、协议落实等事宜。

一 东西部协作的历史逻辑

中国是一个具有五千年灿烂文明史的多民族国家，在漫长的历史演进和朝代更迭中，形成了中华民族多元一体格局，这种格局的形成是基于区域间共同协作发展的价值认同。"大道之行也，天下为公"，中华民族自古倡导"和合"理念。改革开放后，东部地区依靠地理区位优势、政策先发优势等率先发展，珠三角、长三角、京津冀等地区进入了经济高速增长的轨道，带动中国经济走向腾飞。与此同时，地区发展差距问题也开始凸显，特别是在20世纪90年代中国的东中西部发展差距拉大。为此，中国先后实行了西部大开发、中部崛起、振兴东北等区域发展战略，促进落后地区经济增长，实现区域协调发展。随着一系列重大区域发展政策的落实和推进，中国的区域发展协调程度明显增强。党的十八大以来，脱贫攻坚逐步深入，区域协同发展力度不断加大，部分落后省份如贵州等经济增速从长期滞后到全国领先，又带动区域差距进一步缩小。邓小平同志曾提出了沿海内地东西部共富的"两个大局"的战略构想，阐明了东西部协作的必要性和重要性。第一个大局是1988年沿海刚刚开放时，邓小平同志高瞻远瞩地提出，沿海地区要加快对外开放，使这个拥有两亿人口的广大地带较快地先发展起来，从而带动内地更好地发展，内地要顾全大局。第二个大局是发展到一定的时候，又要求沿海拿出更多力量来帮助内地发展。那时沿海也要服从大局，两个大局要长期坚持下去。习近平总书记在 2019 年全国民族团结进步表彰大会上指出，"一部中国史，就是一部各民族交融汇聚成多元一体中华民族的历史，就是各民族共同缔造、发展、巩固统一的伟大祖国的历史。各民族之所以团结融合，多元之所以聚为一体，源自各民族文化上的兼收并蓄、经济上的相互依存、情感上的相互亲近，源自中华民族追求团结统一的内生动力。正因为如此，中华文明才具有无与伦比的包容性和吸纳力，才可久可大、根深叶茂"。习近平总书记的这段讲话，不仅肯定了中华民族的多元一体格局理论，而且指明了中华民族从"多元"聚为"一体"的内生动力和发展机制。由此可见，中华民族自古以来就具有协和万邦、协作共赢、和而不同、和光同尘的价值理念，不可胜数的典故和事实是东西部协作的历史逻辑之所在。

二　东西部协作的人民逻辑

中国共产党自成立以来，始终把为中国人民谋幸福、为中华民族谋复兴作为自己的初心使命，始终坚持共产主义理想和社会主义信念，团结带领全国各族人民为争取民族独立、人民解放和实现国家富强、人民幸福而不懈奋斗，已走过一百多年的光辉历程。在民族危亡、血雨腥风的战争年代，中国共产党从民族大义出发，为团结全国各民族一切抗日力量，打败日本侵略者，在抗日民族统一战线的旗帜下，成为反抗日本帝国主义侵略的中流砥柱，中国共产党领导的人民革命力量在抗日战争中得到空前壮大，成为决定中国政治前途的根本力量。在一穷二白、艰苦奋斗的新中国成立之初，中国共产党确立了中国共产党领导的多党合作和政治协商制度，推行计划经济体制，采取农业合作社的农村发展政策，提出和平共处五项原则的外交政策，等等，这些政策的制定和实施在当时的历史背景下，为新中国立足国际舞台、集中力量办大事等奠定了坚实基础。在改革开放、发展经济的历史转折期，中国共产党提出了中国特色社会主义理论，把建立社会主义市场经济作为中心工作，打开国门走向世界。中国特色社会主义进入新时代后，在习近平新时代中国特色社会主义思想的指导下，中国共产党对内深化改革，构建新发展格局，推动高质量发展，对外提出"一带一路"倡议，构建人类命运共同体，实现各国交往交流交融协作发展。由此可见，中国共产党把以人民为中心、为人民服务、人民至上贯穿始终，把协同协作、和平共处、共同发展贯穿始终，体现了中国共产党执政理念和执政能力的不断完善提升，体现了国家治理体系与治理能力不断走向现代化，是东西部协作的人民逻辑之所在。

三　东西部协作的经济逻辑

20世纪90年代，随着改革开放的深入，东部地区与中西部地区的差距逐渐凸显。1996年5月，中央确定9个东部省市和4个计划单列市与西部10个省区开展扶贫协作。同年10月，中央扶贫开发工作会议进一步做出部署，东西部扶贫协作正式启动。2016年7月，在东西部扶贫协作开展20周年之际，习近平总书记在宁夏银川主持召开东西部扶贫协作座谈会时指出，东西部扶贫协作和对口支援，是推动区域协调发展、协同发展、共同发展的大战略，是加强区域合作、优化产业布局、拓展对内对外开放新空间的大布局，是实现先富帮后富、最终实现共同富裕目标的大举措。东西部协作在产业转移、劳务协作、消费帮扶、园区共建等方面形成了一系列成功模式，帮助西部地区产业转型升级，实现了群众收入显著增长。由此可见，东西部协作是把握新发展阶段、贯彻新发展理念、构建新发展格局的重要抓手，是应对百年未有之大变局的关键举措，有利于供给侧和需求侧的良性互动，有利于构建以国内大循环为主体、国内国际双循环相互促进的新发展格局，有利于推动高质量发展，是东西部协作的经济逻辑之所在。

四　东西部协作的社会逻辑

习近平总书记指出："以人民为中心的发展思想，不是一个抽象的、玄奥的概念，不能只停留在口头上、止步于思想环节，而要体现在经济社会发展各个环节。"社会建设是直接服务群众的工作，与群众冷暖息息相关，是我们党的人民立场、人民情怀的集中体现。东西部协作围绕脱贫人口持续增收，强化就业和产业帮扶。协作双方要进一步强化就业产业作为群众增收主渠道的作用，加强技能培训和劳务输转，多措并举拓宽就业渠道，想方设法实现脱贫劳动力稳岗就业。围绕乡村建设和乡村治理，推进乡村全面振兴。协作双方要着眼于逐步使农村基本具备现代生活条件，帮助脱贫地区加快补齐基础设施和公共服务短板。围绕促进可持续发展，深化干部交流和人才培养，把提高干部人才能力作为重要抓手，组织东部干部到西部帮发展、促振兴、受锻炼，组织西部干部到东部开眼界、学理念、强本领。推动科技特派团、教育医疗人才"组团式"帮扶在160个国家乡村振兴重点帮扶县不断取得新成效，推动产业顾问在其他脱贫县发挥更大作用，为脱贫地区接续发展增添力量。由此可见，东西部协作坚持以保障和改善民生为重点，坚守底线、突出重点、完善制度、引导预期，着力解决西部群众最关心最直接最现实的利益问题，不断加强基层组织建设，不断加强基础设施建设，不断加强公共服务体系建设，不断强化社会公平正义，不断强化社会治理能力，不断强化社会公序良俗，西部地区群众获得感、幸福感、安全感更加充实、更有保障、更可持续，是东西部协作的社会逻辑之所在。

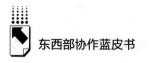

五　东西部协作的文化逻辑

习近平总书记指出："文明特别是思想文化是一个国家、一个民族的灵魂。无论哪一个国家、哪一个民族，如果不珍惜自己的思想文化，丢掉了思想文化这个灵魂，这个国家、这个民族是立不起来的。"东西部协作在践行社会主义核心价值观方面，要引导群众自觉学习和弘扬社会主义核心价值观，深化民族团结进步教育，强化爱国主义、集体主义、社会主义教育，引导群众在助人为乐、见义勇为、诚实守信、敬业奉献、孝老爱亲等方面争当先进模范。在加强思想道德建设方面，要广泛动员道德模范、爱心企业和社会组织参与西部地区思想道德宣传教育工作，不断铸牢中华民族共同体意识；以文明实践活动为抓手，开展道德讲堂，引导脱贫群众摈弃"等靠要"思想，激发内生动力。在挖掘保护传承文化方面，要注重保护好文物古迹、传统村落、民族村寨、传统建筑、农业遗迹等；支持农村地区优秀戏曲曲艺、少数民族文化、民间文化等传承发展；培养本土文化人才，培育开发具有民族特色和地域特色的传统工艺产品，打造特色文化产业。在健全完善文化设施方面，要帮助西部地区建设综合文化服务中心，整合图书室、体育活动室、电子阅览室、科普培训室等功能，集中宣传惠民政策、用工需求、农技科普、党史党建、治安防范等内容，丰富成果展示方式，让村民可以便捷地获取优质文化资源，打造乡村文化生活的鲜活阵地。由此可见，东西部协作双方既是剧作者，又是局中人，在铸魂凝神、以文化人、淳化乡情等方面互相滋养，在培育文明乡风、良好家风、淳朴民风，提高乡村社会文明程度方面持续发力，在扶危济困中展现新作为，在脱贫攻坚中体现新担当，在乡村振兴中展现新风貌，是东西部协作的文化逻辑之所在。

六　东西部协作的生态逻辑

习近平总书记指出："生态环境保护和经济发展是辩证统一、相辅相成的，建设生态文明、推动绿色低碳循环发展，不仅可以满足人民日益增长的优美生态环境需要，而且可以推动实现更高质量、更有效率、更加公平、更可持续、更为安全的发展，走出一条生产发展、生活富裕、生态良好的文明发展道路。"早在 2005 年，习近平同志担任浙江省委书记，在安吉县余村考察工作时，首次提出"两山"理论，作为习近平生态文明思想的核心内容，"两山"理论是在马克思主义基本原理与中华文明的双向互动与融合创新中形成的具有中国特色的生动理论。东西部协作积极践行"两山"理论，协作探索生态文明建设的新路径。在推进乡村振兴生态宜居方面，瞄准短板，打破区域界限，协作启动乡村振兴示范建设行动，着力补齐农村基础设施和公共服务短板，大力推进"厕所革命"、乡村人居环境整治行动，塑造乡村振兴示范建设全新风貌，在更高水平上建设新时代美丽乡村。在生态修复和保护方面，注重生态系统保护和修复，注重生态环境根本改善，协作双方共同谋划发展格局，精准对接"所能"和"所需"，输转借鉴治理经验和治理方法，锲而不舍、驰而不息，为之付出长期艰苦的努力，实现生态美和百姓富的齐头并进。在实现"双碳"目标方面，东西部协作接续按下"减碳"加速键，通过东西部产业转移有力助推产业结构、能源结构不断调整优化，实现优势资源互补，推动绿色产业快速发展，促进东西部经济社会全面绿色转型。由此可见，东西部协作双方在推进生态文明建设方面，始终以"绿水青山就是金山银山"的理论指导实践，始终以实现永续发展为孜孜不倦的追求目标，始终以"减碳控碳""能源革命""产业转移"为共建生态文明的有力举措，始终坚定不移走生态优先、绿色发展之路，始终致力于构建人与自然和谐共生的发展环境，让祖国天更蓝、山更绿、水更清、生态环境更美好，是东西部协作的生态逻辑之所在。

综上所述，在消除绝对贫困问题，接续推进乡村振兴，开启全面建设社会主义现代化国家新征程、向第二个百年奋斗目标进军的历史关口，站在大历史观的宏阔视野下，从多个维度回顾、总结、梳理、探究东西部协作的多维逻辑，具有重要的理论和实践价值，也具有重大的历史和现实意义。推动东西部协作工作上台阶，在帮扶重点上，要加大对国家乡村振兴重点帮扶县和易地搬迁集中安置区的支持力度。在帮扶方式上，要推动工作创新，创造性地完成协作协议和帮扶计划，围绕脱贫县加快发展，加大产业转移和项目引进力度。协作双方要把抓项目摆在更加突出位置，东部省（市）要积极推动产业向西部转移，促进转移企业和项目实现数量、质量双提升。西部省（区、市）要抢抓发展机遇，选准切入点和突破口，强化配套建设，搞好协调服务，推动项目落实落地和产业转型升级。

摘　要

　　《东西部协作发展报告（2023）》是中国第一部专门论述东西部协作工作的蓝皮书。本报告全面归纳、总结、梳理了2022年及以前东西部协作的历史演进、工作成效和发展趋势，着重围绕东西部协作产业转移、东西部教育医疗协作进行了系统论述，对东西部协作18个省份的工作特色进行了具体阐释，旨在通过全面回顾20多年来东西部协作历程，总结非凡经验，昭示卓越成就，擘画发展蓝图，为新时代深化东西部协作提供强大精神动力和智力支持。本皮书分为总报告、专题报告、区域协作东部案例篇和区域协作西部案例篇四大部分。

　　总报告聚焦东西部协作的历史演进、成效与趋势展望，阐释了东西部协作各阶段的主要目标、基本原则、工作重点等内容；阐释了新时代东西部协作的组织领导、结对帮扶、资金投入、人才支援、社会动员等内容；阐释了东西部协作助力协作地区消除绝对贫困、促进区域协同协调共同发展、携手同心推进乡村全面振兴等内容。工作重点及趋势展望部分紧扣"三个转向"，紧盯脱贫县发展加强产业协作，紧盯农民增收加强稳岗就业，紧盯长效机制加强人才交流，紧盯绿色发展加强生态保护，紧盯治理有效加强组织建设，擘画了新时代深化东西部协作的新蓝图。在巩固拓展脱贫攻坚成果同乡村振兴有效衔接的历史新阶段，必须聚焦东西部协作乡村发展、乡村建设和乡村治理等"五大振兴"重点内容，立足当前，着眼未来，携手打造东西部

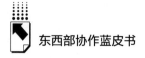

协作升级版。

专题报告聚焦产业转移和教育、医疗协作内容。产业转移涉及前瞻理论支撑、政府合作协作、市场资源配置和群众主体作用等诸多方面，该部分系统阐述了东西部产业转移的发展现状、实践路径和实证案例。教育医疗组团式帮扶作为缩小中国东西部差距、促进教育医疗公平、阻断贫困代际传递的有效方式，东西部协作各省份在20余年的不懈努力和艰苦探索中，形成了各具特色的教育医疗帮扶"实践样本"。此部分还运用 VOSviewer 和 Citespace 构建了东西部（扶贫）协作的知识图谱，系统梳理了国内既有研究的现状、特征和趋势，指出未来必须拓展研究领域、赋能乡村振兴与县域治理、创新研究方法、综合常规协作与特色协作。

区域协作案例篇聚焦东西部协作18个省份的协作成效，逐步形成了政府援助、企业合作、社会帮扶、人才支持等主要协作方式，涌现出了闽宁协作、京蒙协作、沪滇合作、津甘协作、苏陕协作、两广协作等各具特色的帮扶模式。东西部协作帮扶省份有效整合帮扶力量、不断提升协作效率，持续加大帮扶力度，扎实推进新阶段东西部协作工作不断取得实效。

本报告指出，作为推动区域协调发展、协同发展、共同发展的大战略，东西部协作是国家基于改革开放后东部地区和西部地区发展不平衡现状所做的制度安排，是实现先富帮后富、最终实现共同富裕目标的大举措，是中国区域协调发展进程中的重要制度创新。东西部协作是中国特有的制度创新，是极具中国特色的安排，是东部地方政府与西部地方政府之间的帮扶协作，这在其他国家中是没有的。20多年来，东西部协作对于缩小区域发展差距、改善西部地区教育医疗条件、助力打赢脱贫攻坚战发挥了重要作用，彰显了独特的时代价值。在巩固拓展脱贫攻坚成果同乡村振兴有效衔接的历史新阶段，必须强化党建引领、建设宜居乡村、推动乡村建设提速。必须强化区域合作、建设宜业乡村、推动乡村发展提质。必须强化生态保护，建设和美乡村，推动乡村治理提效，为全面开启社会主义现代化国家新征程、实现中国式现代化做出更大贡献。

关键词： 东西部协作　产业转移　医教帮扶　结对协作

目 录 ⌐⊃

Ⅰ 总报告

B.1 东西部协作的历史演进、成效与趋势展望

………… 汤　敏　冯宇坤　王小林　曹　瑞　靳志伟 / 001

一　东西部协作的历史演进 ……………………………… / 002

二　新时期东西部（扶贫）协作的顶层设计 ………… / 011

三　东西部协作的成效 …………………………………… / 021

四　东西部协作未来工作重点及趋势展望 …………… / 025

Ⅱ 专题报告

B.2 2022年东西部协作产业转移

………………… 左小蕾　尤海旺　刘守跃　汪家正 / 032

B.3 2022年东西部协作教育、医疗帮扶

………… 夏庆杰　潘雨晨　田晓婷　左　停　桂拉旦 / 053

B.4 东西部（扶贫）协作研究的现状、特点
与展望（1999—2023）
………… 黄　锐　冯宇坤　苏　浩　王心怡　周　坤 / 074

Ⅲ　区域协作东部案例篇

B.5 2022年北京市推动东西部协作的成效与案例研究
……………………………………… 孙燕清 / 093

B.6 2022年上海市推动东西部协作的成效与案例研究
……………………………………… 刘　军 / 102

B.7 2022年天津市推动东西部协作的成效与案例研究
………………………………… 杨毅东　王　震 / 113

B.8 2022年山东省推动东西部协作的成效与案例研究
……………………………………… 韩晓林 / 120

B.9 2022年江苏省推动东西部协作的成效与案例研究
………………………………… 李泓君　戴晓茹 / 128

B.10 2022年浙江省推动东西部协作的成效与案例研究
……………………………………… 潘建勇 / 141

B.11 2022年广东省推动东西部协作的成效与案例研究
……………………………………… 刘正跃 / 155

B.12 2022年福建省推动东西部协作的成效与案例研究
………… 冯宇坤　尤海旺　曹　瑞　潘雨晨 / 166

Ⅳ　区域协作西部案例篇

B.13 2022年重庆市推动东西部协作的成效与案例研究
……………………………………… 卢贤炜 / 174

B.14 2022年内蒙古自治区推动东西部协作的成效与案例研究

　　…………………………………………… 贾浩波 / 185

B.15 2022年甘肃省推动东西部协作的成效与案例研究

　　………………………………………………… 王　晖 / 195

B.16 2022年青海省推动东西部协作的成效与案例研究

　　………………………………………………… 崔　凯 / 203

B.17 2022年陕西省推动东西部协作的成效与案例研究

　　…………………………………………… 朱　刚　魏　群 / 210

B.18 2022年宁夏回族自治区推动东西部协作的成效与案例研究

　　………………………………………………… 张　钧 / 216

B.19 2022年四川省推动东西部协作的成效与案例研究

　　………………………………………………… 覃　佳 / 225

B.20 2022年贵州省推动东西部协作的成效与案例研究

　　………………………………………………… 彭　刚 / 235

B.21 2022年云南省推动东西部协作的成效与案例研究

　　………………………………………………… 牛　涛 / 246

B.22 2022年广西壮族自治区推动东西部协作的成效与案例研究

　　………………………………………………… 杨　媚 / 256

后　记 ………………………………………………………… / 269

Abstract ……………………………………………………… / 271

Contents ……………………………………………………… / 275

皮书数据库阅读**使用指南**

总 报 告

General Report

B.1

东西部协作的历史演进、成效与趋势展望

汤 敏　冯宇坤　王小林　曹 瑞　靳志伟*

摘　要： 本报告聚焦东西部协作不同时期主要目标、基本原则、工作重点等内容，论述了新时代东西部协作的组织领导、结对帮扶、资金投入、人才支援、社会动员等核心内容，汇总了东西部协作助力协作地区消除绝对贫困、促进区域协同协调共同发展、携手同心推进乡村全面振兴等取得的成效。在巩固拓展脱贫攻坚成果同乡村振兴有效衔接的历史新阶段，紧扣"三个转向"，工作对象上从帮扶脱贫群众

* 汤敏，国务院参事、经济学家、友成企业家乡村发展基金会副理事长、东西部协作专家委员会主任，研究方向为宏观经济、区域间经济合作、经济发展战略和国际金融业务；冯宇坤，友成企业家乡村发展基金会副理事长、东西部协作专家委员会执行主任，研究方向为乡村振兴与扶贫、财政理论与政策；王小林，复旦大学六次产业研究院副院长、教授、博士生导师，研究方向为六次产业、东西部（扶贫）协作；曹瑞，东西部协作专家委员会特聘研究员，研究方向为东西部协作、乡村振兴、产业转移；靳志伟，中国财政科学研究院博士，研究方向为乡村振兴、财政政策。

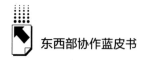

转向所有农民，工作任务上从解决"两不愁，三保障"转向推动乡村全面振兴，工作措施上从支持脱贫县脱贫摘帽转向促进发展，擘画了新时代深化东西部协作的新蓝图，紧扣"五大振兴"重点内容，推进乡村发展、乡村建设和乡村治理不断取得新进展。

关键词： 东西部协作　乡村治理　乡村振兴

一　东西部协作的历史演进

（一）1991—1996年：启动部署阶段

1978 年改革开放后，中国通过农村土地制度、市场化改革以及对外开放等一系列重大经济制度变革，国民经济高速增长，农民收入持续提高，贫困人口逐年下降。尽管如此，按照 1978 年低水平的人均年收入 100 元的贫困线标准①，截至 1992 年中国仍有 8000 万以上贫困人口②生活极其困难，且难以通过市场化改革实现脱贫。这就客观上要求采取必要的政策措施，帮扶贫困地区发展。

邓小平同志在毛泽东同志的共同富裕设想的基础上，构建了"两个大局"的实现路径。"走社会主义道路，就是要逐步实现共同富裕。共同富裕的构想是这样提出的：一部分地区有条件先发展

---

① 《贫困标准经历了几次变化？近几年农村贫困户的标准是多少？在哪儿查询？》，国家统计局官网，2021 年 2 月 18 日，http：//www.stats.gov.cn/zt_ 18555/zthd/lhfw/2022/rdwt/202302/t20230214_ 1903576.html。

② 《什么是贫困标准和贫困发生率》，国家统计局官网，2023 年 1 月 1 日，http：//www.stats.gov.cn/zs/tjws/tjzb/202301/t20230101_ 1903716.html。

起来，一部分地区发展慢点，先发展起来的地区带动后发展的地区，最终达到共同富裕。"① 对于东部地区如何先富、富了之后如何带动西部地区发展，邓小平同志又提出了"两个大局"的伟大构想，即"沿海地区要加快对外开放，使这个拥有两亿人口的广大地带较快地先发展起来，从而带动内地更好地发展，这是一个事关大局的问题。内地要顾全这个大局。反过来，发展到一定的时候，又要求沿海拿出更多力量来帮助内地发展，这也是个大局。那时沿海也要服从这个大局"②。在"共同富裕"和"两个大局"的理论指引下，1994 年国务院印发的《国家八七扶贫攻坚计划（1994—2000 年）》提出东部发达地区对口帮扶西部地区发展经济。1996 年中央扶贫开发工作会议决定，在全国开展东西部扶贫协作，确定经济较发达的东部 9 个省市和 4 个副省级计划单列市，对口帮扶经济欠发达的西部 10 个省区。同年，全国扶贫协作工作会议上对此做了具体安排。东西部扶贫协作是对邓小平同志共同富裕伟大构想的积极探索和成功实践。

（二）1996—2015年：充实完善阶段

1. 先富帮后富：制度初创（1996—2000年）

1996 年 2 月，国务院扶贫开发领导小组向国务院提交《关于组织经济较发达地区与经济欠发达地区开展扶贫协作的报告》，明确了省际结对关系，标志着东西部扶贫协作制度的创立和全面启动。

（1）结对关系

东西部扶贫协作机制初创时的结对关系如表 1 所示。

---

① 《邓小平文选》第三卷，人民出版社，1993，第 373—374 页。
② 《邓小平文选》第三卷，人民出版社，1993，第 277—278 页。

表 1 东西部扶贫协作机制初创时的结对关系统计

支援方	受援方	支援方	受援方
北京市	内蒙古自治区	浙江省	四川省
天津市	甘肃省	山东省	新疆维吾尔自治区
江苏省	陕西省	大连、青岛、深圳、宁波市	贵州省
广东省	广西壮族自治区	福建省	宁夏回族自治区
上海市	云南省	辽宁省	青海省

资料来源：国务院扶贫开发领导小组《关于组织经济较发达地区与经济欠发达地区开展扶贫协作的报告》。

（2）协作原则

坚持东西部地区"优势互补、互利互惠、共同发展"的原则，加大对贫困地区的扶贫开发力度，如期实现《国家八七扶贫攻坚计划（1994—2000 年）》确定的目标。重点包括：引导区域经济协调发展，加强东西部地区互助合作，帮助贫困地区尽快解决群众温饱问题，逐步缩小地区之间的差距。经济较发达地区与经济欠发达地区开展扶贫协作，对于推动地区间的优势互补，促进社会生产力的解放和发展，加快贫困地区脱贫致富步伐，实现共同富裕，增强民族团结，维护国家的长治久安，都具有重要的意义。

（3）协作内容

协作内容涉及以下五个方面。一是帮助贫困地区培训和引进人才，引进技术和资金，传递信息，沟通商品流通渠道，促进物资交流。二是开展经济技术合作。帮助贫困地区发展有利于尽快解决群众温饱的种植业、养殖业和相关的加工业，帮助贫困地区发展劳动密集型和资源开发型产品的生产。三是组织经济较发达地区经济效益较好的企业，带动和帮助贫困地区生产同类产品的经济效益较差的企业发展生产。四是开展劳务合作。根据实际需要，合理、有序地组织贫困地区的剩余劳动力到经济较发达地区就业。五是发动社会力量，在自愿的前提下，开展为贫困地区捐赠衣被、资金、药品、医疗器械、文化教育用品和其他生活用品的活动。

2. 区域协作探索：实践发展（2001—2015年）

进入21世纪后，东西部扶贫协作进入大发展阶段。《中国农村扶贫开发纲要（2001—2010年）》提出扩大协作规模、提高工作水平、加大帮扶力度，东西部扶贫协作由过去政府一元主导逐渐转变为政府主导，市场、企业和社会多方合作。《中国农村扶贫开发纲要（2011—2020年）》围绕到2020年全面建成小康社会奋斗目标，广泛动员社会各界参与扶贫开发，结对帮扶关系进一步拓展和下沉，结对帮扶内容进一步丰富和深化，东西部扶贫协作转入加快脱贫致富的新阶段。

（1）结对关系的深化

东西部扶贫协作的覆盖范围进一步拓展、结对关系进一步深化。2010年，在大部分结对关系维持不变的基础上，对部分结对关系进行了调整。2013年，《国务院办公厅关于开展对口帮扶贵州工作的指导意见》（国办发〔2013〕11号）印发，该指导意见综合考虑原有东西部扶贫协作关系、帮扶方财力状况、受帮扶地区困难程度以及双方合作基础等因素，确定辽宁、上海、江苏、浙江、山东、广东等6个省（直辖市）的8个城市，分别对口帮扶贵州的8个市（州）（见表2）。

表2　2013年贵州省对口支援结对关系统计

支援城市	受援市(州)	支援城市	受援市(州)
上海市	遵义市	宁波市	黔西南州
大连市	六盘水市	青岛市	安顺市
苏州市	铜仁市	广州市	黔南州
杭州市	黔东南州	深圳市	毕节市

资料来源：《国务院办公厅关于开展对口帮扶贵州工作的指导意见》，中国政府网，2013年2月7日，https://www.gov.cn/zwgk/2013-02/07/content_ 2329347.htm。

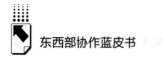

（2）协作原则

坚持开发式扶贫方针，实行扶贫开发和农村最低生活保障制度有效衔接，突出"政府主导，统筹发展，共同富裕"原则，以更大的决心、更强的力度、更有效的举措，打好新一轮扶贫开发攻坚战，确保全国人民共同实现全面小康。

（3）协作内容

《中国农村扶贫开发纲要（2001—2010年）》要求东西部扶贫协作工作要更加注重开发式扶贫。在政府援助的基础上，东西部扶贫协作进一步加大市场协作与社会参与力度。2011年，《中国农村扶贫开发纲要（2011—2020年）》要求东西部扶贫协作从过去的助力协作地区解决温饱问题为主，转向实现"两不愁，三保障"脱贫目标、加快脱贫致富步伐。

协作任务与协作内容趋于更加多元化，过去的协作仅涉及学校、卫生院（室）援建和教师、医生等专业技术人才交流，但《中国农村扶贫开发纲要（2001—2010年）》明确提出"对口帮扶双方的政府要积极倡导和组织学校结对帮扶工作"，同时，随着《中国农村扶贫开发纲要（2011—2020年）》"两不愁，三保障"脱贫目标的提出，以及对贫困地区基本公共服务均等化的要求，东西部扶贫协作工作的核心内容已经转向兼顾经济增长和社会发展两大目标。在加强培育壮大区域特色产业、劳动力转移就业等经济协作领域协作的基础上，具体协作内容明显向拓宽教育、卫生领域合作发展。

（4）协作平台

扶贫协作工作逐渐形成"政府+市场+社会"多方协作的良好格局，注重西部地区经济、社会、生态等综合效益的提升。在中央关于探索东西部扶贫协作长效机制的精神指导下，各地也在积极探索能够形成长效机制的协作。

（三）2016—2020年：脱贫攻坚阶段

2016年7月20日，习近平总书记在银川主持召开东西部扶贫协作座谈会（以下简称"银川会议"），强调必须认清形势、聚焦精准、深化帮扶、确保实效，切实提高工作水平，全面打赢脱贫攻坚战。在新时期，东西部扶贫协作在主要目标、基本原则、资金投入、结对关系、主要任务等方面实现整体跃升和优化。

1. 主要目标

主要目标是助力协作地区实现2020年消除绝对贫困目标，即经过帮扶双方不懈努力，推进东西部扶贫协作和对口支援工作机制不断健全，合作领域不断拓展，综合效益得到充分发挥，确保西部地区现行国家扶贫标准下的农村贫困人口到2020年实现脱贫，贫困县全部摘帽，解决区域性整体贫困。

2. 基本原则

坚持精准扶贫、精准脱贫基本方略，进一步强化责任落实、优化结对关系、深化结对帮扶、聚焦脱贫攻坚，提高东西部扶贫协作和对口支援工作水平。一是坚持党的领导，社会广泛参与。要求帮扶双方党委和政府加强对东西部扶贫协作和对口支援工作的领导，将工作纳入重要议事日程，科学编制帮扶规划并认真部署实施，建立完善机制，广泛动员党政机关、企事业单位和社会力量参与，形成帮扶合力。二是坚持精准聚焦，提高帮扶实效。把被帮扶地区建档立卡贫困人口稳定脱贫作为工作重点，帮扶资金和项目瞄准贫困村、贫困户，真正帮到点上、扶到根上。三是坚持优势互补，鼓励改革创新。立足帮扶双方实际情况，因地制宜、因人施策开展扶贫协作和对口支援，实现帮扶双方优势互补、长期合作、聚焦扶贫、实现共赢，努力探索先富帮后富、逐步实现共同富裕的新途径、新方式。四是坚持群众主体地位，激发内生动力。充分调动贫困地区干部群众的积极性、创造性，不断激发其脱贫致富的内生动力，帮助和带动贫困人口苦干实干，实现光荣脱贫、勤劳致富。

3. 资金投入

习近平总书记在银川会议上要求，要加大投入力度，东部地区根据财力增长情况，逐步增加对口帮扶财政投入。西部地区整合用好扶贫协作和对口支援等各类资源，聚焦脱贫攻坚。以财政资金投入为例，2016 年以来，东部地区对西部协作地区的财政援助规模逐年扩大，2017 年援助资金为 58.76 亿元，2018 年为 177.61 亿元，2020 年则高达 270.82 亿元，是 2017 年的 4 倍多。① 东部地区对西部地区的财政援助包括省级、市级、县级和乡镇级财政援助。东西部扶贫协作财政援助资金的显著增加，为协作地区取得脱贫攻坚伟大胜利提供坚实的资金保障。

4. 结对关系

2016 年底，国家进一步优化了东西部扶贫协作结对关系，对原有结对关系进行适当调整，在完善省际结对关系的同时，实现对民族自治州和西部贫困程度深的市（州）全覆盖，落实北京市、天津市与河北省扶贫协作任务，调整后的结对关系如表 3 所示。

表 3 2016 年调整后的东西部扶贫协作结对关系

支援方	受援方	支援方	受援方
北京市	内蒙古自治区	福建省	宁夏回族自治区
	河北省张家口市和保定市	福州市	甘肃省定西市
天津市	甘肃省	厦门市	甘肃省临夏回族自治州
	河北省承德市	山东省	重庆市
大连市	贵州省六盘水市	济南市	湖南省湘西土家族苗族自治州

---

① 王小林等：《中国脱贫攻坚的区域协作——东西部扶贫协作》，人民出版社，2021，第 31—32 页。

支援方	受援方	支援方	受援方
上海市	云南省	青岛市	贵州省安顺市
	贵州省遵义市		甘肃省陇南市
江苏省	陕西省	广东省	广西壮族自治区
	青海省西宁市和海东市		四川省甘孜藏族自治州
苏州市	贵州省铜仁市	广州市	贵州省黔南布依族苗族自治州
浙江省	四川省		贵州省毕节市
杭州市	湖北省恩施土家族苗族自治州	佛山市	四川省凉山彝族自治州
	贵州省黔东南苗族侗族自治州	中山市	云南省昭通市
宁波市	吉林省延边朝鲜族自治州	东莞市	
	贵州省黔西南布依族苗族自治州	珠海市	云南省怒江傈僳族自治州

5. 主要任务

脱贫攻坚期间，东西部扶贫协作在聚焦西部贫困地区"两不愁，三保障"的同时，着力在产业合作、劳务协作、人才支援、资金支持、动员社会参与五个方面开展深度合作，补齐贫困地区脱贫与发展短板。为完成上述五个方面的主要任务，还在加强组织领导、完善政策支持、开展考核评估等方面建立了保障措施。

在产业合作方面，东部地区良好的技术、管理水平等优势与西部地区丰富的土地、劳动力等资源相融合，既促进了西部地区产业发展（产业链有效延伸、产品附加值提升等），又提供了一定数量的工作岗位。在人才支援方面，教育、医疗帮扶不仅促进了西部贫困地区教学、医疗水平的提升，而且为西部地区人力资源的积累贡献了东部力量。在组织领导方面，东部地区援派干部在西部贫困地区常态化开展帮扶工作，为东西部比较优势相结合发挥了重要的桥梁作用。考虑到教育、医疗帮扶在脱贫攻坚期间进行了系统、全面的推进，详细描述将在后续章节予以呈现，本部分不做过多表述。

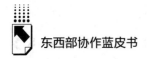
（四）2021年至今：乡村振兴新阶段

2021年至今，东西部协作工作总的思路是把工作对象转向所有农民，把工作任务转向推进乡村产业振兴、人才振兴、文化振兴、生态振兴、组织振兴，把工作举措转向促进发展，由帮助脱贫转变为促进当地经济社会发展，由以给钱给物为主转变为以引进企业和引导产业转移为主，促进脱贫地区与发达地区密切经济交流合作。在帮扶重点上，加大对国家乡村振兴重点帮扶县和易地搬迁集中安置区的支持力度。在帮扶方式上，推动工作创新，创造性完成协作协议和帮扶计划。在保持现有结对关系基本稳定和加强现有经济联系的基础上，调整优化结对帮扶关系，将现行一对多、多对一的帮扶办法，调整为原则上一个东部地区省份帮扶一个西部地区省份的长期固定结对帮扶关系（见表4）。

表4　2021年调整后的东西部协作结对关系

帮扶方	受援方
北京	内蒙古
天津	甘肃（不含定西、陇南、临夏）
上海	云南
江苏	陕西、青海
浙江	四川
福建	宁夏
山东	重庆以及甘肃的定西、陇南、临夏
广东	广西、贵州

注：自2021年3月起，辽宁不再承担帮扶任务；河北、吉林、湖北、湖南退出被帮扶序列，改为各自省内帮扶；全国17—19个省市帮扶西藏、新疆；结束原城市结对关系，改为在省际框架下开展。

二　新时期东西部（扶贫）协作的顶层设计

东西部扶贫协作自 1996 年实施以来，开创了优势互补、长期合作、聚焦扶贫、实现共赢的良好局面。2016 年的银川会议是在扶贫开发实施 30 周年、东西部扶贫协作开展 20 周年之际召开的一次重要会议，上承扶贫开发伟大实践，下启脱贫攻坚全新征程，为扶贫开发攻克最后堡垒注入了新的思想动力，指明了行动方向，提供了重要遵循，是扶贫开发史上的重要里程碑。本部分重点论述脱贫攻坚期东西部扶贫协作的顶层设计，具体包括组织领导机制、结对帮扶机制、资金投入机制、人才支援机制、社会动员机制。

（一）组织领导机制

组织领导机制是东西部扶贫协作顶层设计的基础保障，包括中央统筹、国务院扶贫开发领导小组组织协调、结对双方省级党委政府联席推进、各级结对党委政府部署实施，以及广泛动员社会参与，形成帮扶合力。

第一，统筹实施。习近平总书记在银川会议上对进一步提高东西部扶贫协作工作水平做出了四条重要指示：一是要求提高认识，加强领导；二是完善结对，深化帮扶；三是明确重点，精准聚焦；四是加强考核，确保成效。他强调，"西部地区要增强紧迫感和主动性，不以事艰而不为，不以任重而畏缩，倒排工期、落实责任、抓紧施工、强力推进。……东部地区要增强责任意识和大局意识，下更大气力帮助西部地区打赢脱贫攻坚战。……双方党政主要负责同志要亲力亲为推动工作，把实现西部地区现行标准下的农村贫困人口如期脱贫作为主要目标，加大组织实施力度"。

2016 年 10 月 7 日，中共中央办公厅、国务院办公厅印发《关于进一步加强东西部扶贫协作工作的指导意见》（以下简称"《指导意见》"），其中，第一条基本原则是"坚持党的领导，社会广泛参与"，第一条保障措施是"加强组织领导"。要求帮扶双方党委和政府要加强对东西部扶贫协作和对口支援工作的领导，将工作纳入重要议事日程，科学编制帮扶规划并认真部署实施，建立完善机制，广泛动员党政机关、企事业单位和社会力量参与，形成帮扶合力。

第二，组织协调。国务院扶贫开发领导小组是国务院的议事协调机构，负责包括东西部扶贫协作等中央统筹的组织协调工作，国务院扶贫开发领导小组办公室（以下简称"国务院扶贫办"）承担包括东西部扶贫协作在内的政策制定、顶层设计、工作指导、考核评价等工作任务，其中社会扶贫司负责组织协调东西部扶贫协作的具体工作。《指导意见》要求，国务院扶贫开发领导小组要加强东西部扶贫协作的组织协调、工作指导和考核督查。

国务院扶贫开发领导小组印发《东西部扶贫协作考核办法（试行）》《东西部扶贫协作成效评价办法》，国务院扶贫办加大了对东西部扶贫协作典型案例征集、经验总结和"携手奔小康"等工作的力度。通过制定指导意见、考核办法、评价办法，加强经验交流、工作指导等一系列措施，强化了脱贫攻坚期的东西部扶贫协作组织协调。

第三，联席推进。联席推进是1996年时任福建省委副书记习近平同志担任对口帮扶宁夏领导小组组长时亲自推动建立的闽宁对口扶贫协作"五项机制"（联席推进、结对帮扶、产业带动、互学互助、社会参与）之一。通过结对双方省级党委和政府领导召开联席会议，确定年度协作重大事项，签发《会议纪要》，签订各类合作协议，以便扶贫协作内容得到贯彻落实。《指导意见》要求，东西部扶贫协作双方要建立高层联席会议制度，党委或政府主要负责同志每年开展定期互访，确定协作重点，研究部署和协调推进扶贫协作工作。这标志着在党中央、国务院正式将"联席推进"作为东西部扶贫协作的一项重要工作机制。

专栏1　闽宁协作联席会议

闽宁协作是党政主导脱贫攻坚的典型例子。闽宁（福建省、宁夏回族自治区）两省区党委和政府按照"两个大局"战略构想和中央决策部署，坚持"优势互补、互惠互利、长期协作、共同发展"的指导原则，把联席推进作为闽宁对口扶贫协作的有力抓手，紧紧围绕脱贫攻坚这条主线，每年召开一次由两省区党政主要领导参加的联席会议，及时总结交流帮扶经验，研究解决帮扶重大问题，协商制定帮扶举措，督促协商成果落地见效。

在1996年第一次闽宁对口扶贫协作联席会议上，闽宁两省区准确把握住了当时宁夏发展的突出矛盾，两省区协作以促进贫困地区经济发展为中心，以解决贫困地区群众温饱问题为重要任务，协作内容包括改善农业生产条件，围绕兴水治旱工程建设，发展有利于尽快解决群众温饱的种植业、养殖业和相关的加工业。

"十二五"期间，闽宁互学互助对口扶贫协作将保障和改善民生作为开展闽宁对口协作的首要任务。2017年则以银川会议精神为指引，协作的重点开始向"携手奔小康"转变。

20多年来，联席会议轮替召开从未间断，每次会上都根据宁夏所需、福建所能进行紧密对接，签订《会议纪要》和各类合作协议，协作内容均能得到不折不扣地落实，涉及经济、科技、教育、文化、卫生、干部培养等方面，扶贫协作内容越来越丰富，协作层次越来越高。对联席会议制度的建立和长期坚持，使闽宁对口扶贫协作的路子越走越宽，帮扶的效果越来越好，群众得到的实惠越来越多。

资料来源：宁夏回族自治区扶贫办《闽宁对口扶贫协作简介》，2020年10月。

第四，部署推进。在中央统筹安排下，东西部扶贫协作双方，在脱贫攻坚期内紧密围绕中央要求，聚焦消除绝对贫困的目标，开展产业协作、劳务协作、人才支援、资金支持和社会动员，同时，根据结对双方的比较优势，进行扶贫协作创新实践。坚持党的领导。习近平同志在《摆脱贫困》中指出："贫困地区的发展靠什么？千条万条，最根本的只有两条：一是党的领导；二是人民群众的力量。""群众需要领导。没有领导，群众的积极性既不能提高，也不能持久。"所以，贫困地区要发展，最根本的就是坚持党的领导。按照党中央"五级书记抓扶贫"的要求，充分发挥党委的领导作用；发挥基层党组织在脱贫攻坚中的战斗堡垒作用；切实发挥第一书记抓党建、抓扶贫、抓发展的独特优势和重要作用；驻村工作队作为加强基层扶贫工作的有效组织，协助基层组织贯彻落实党和政府各项强农惠农富农政策，积极参与扶贫开发各项工作，帮助贫困村、贫困户发展。明晰责任主体。协作双方政府各自成立相关责任部门，组织机关各部门、动员社会各方面力量从产业、劳务、人才、资金、技术等方面开展合作帮扶。东西部地区主要是由各协作部门负责贯彻落实党中央关于东西部扶贫协作的方针政策、决策部署。协作部门负责编制相关发展规划和年度计划，提供信息服务，综合协调、组织推动东西部扶贫协作工作，会同相关部门安排对口支援资金，协调各部门和企业，组织动员社会力量，开展双方跨地区经济联合与协作工作。加强部门协作。习近平总书记在2015年中央扶贫开发工作会议上指出，"中央和国家机关各部门要把脱贫攻坚作为分内职责，加强对本部门本行业脱贫攻坚的组织领导，运用部门职能和行业资源做好工作，做到扶贫项目优先安排、扶贫资金优先保障、扶贫工作优先对接、扶贫措施优先落实"。结对双方政府相关职能部门，也是落实扶贫协作的重要机构。例如，教育、卫生部门分别负责教师、医生人才交流工作。各相关部门的有效配合是扶贫协作取得成效的重要抓手。按照联席会议纪要的精神以及协作协议的约定，由协作办（扶贫办）联合各相关部门单位开展具体工作，如联合教育部门负责教育扶贫协作有关事宜、联合卫健委负责健康扶贫协作有关事宜等。各级各部门经过沟通对接，强化工作协同机制，推动帮扶工作顺利开展。

（二）结对帮扶机制

结对帮扶机制是指以区域协调合作实现共同发展和共同富裕的帮扶机制，表现在东部发达地区对西部贫困地区的一对一的帮扶。《指导意见》对原有结对关系进行适当调整。这次结对帮扶机制的强化，一方面在完善省际结对关系的同时，实现对民族自治州和西部贫困程度深的市（州）全覆盖；另一方面围绕脱贫攻坚目标，开展了携手奔小康行动，结对关系进一步下沉。同时，国务院扶贫开发领导小组针对还没有摘帽的深度贫困县开展了挂牌督战。

专栏 2　投入协作资金　共建产业园区

苏陕协作深化园区合作共建，发挥江苏在园区规划建设、运营管理、招商引资等方面的综合优势，提升两省园区合作共建层次，创新合作模式，提升建设水平，助力打造特色优势产业集聚发展的重要载体、经济发展的重要增长极。其中，南京市对口帮扶商洛市工作组注重宁商两地东西部协作产业转移和协同发展，持续投入苏陕协作资金，帮扶助力商洛市产业升级。从 2021 年开始，南京市溧水区持续 3 年共投入苏陕协作资金 8000 万元，在商洛市商南县域工业集中区推进溧商现代材料产业园建设，规划建设高标准厂房，改造提升园区基础设施建设配套。溧商两地携手，把新材料作为商南县首位产业，推动产业延链、补链、强链，实现了商南县新材料从零到全产业集群发展的突破。截至 2022 年 12

月，商南县域工业集中区入驻企业 110 家，其中规上企业 31 家，高新技术企业 6 家，省级"专精特新"企业 2 家；拥有省级企业技术中心 2 个、市级专家工作站 5 个、国际专利 3 项、国内专利 400 余项；实现工业产值 81.7 亿元，上缴税金 1.14 亿元，从业人员近 8000 人。

资料来源：商南县工业园区提供。

一是携手奔小康。2016 年 7 月 20 日，习近平总书记在银川会议上指出，在完善省际结对关系的基础上，帮扶双方要着力推动县与县之间的精准对接，组织辖区内经济较发达县（市、区）同对口帮扶省份贫困县结对帮扶，实施携手奔小康行动。2017 年，国务院扶贫办印发《携手奔小康行动结对帮扶名单》，明确东部地区 267 个经济较发达县（市、区）与西部地区 390 个贫困县开展携手奔小康行动。[①]

"携手奔小康"是东西部扶贫协作工作的进一步拓展与深化，旨在弥补西部地区基层发展不足的短板。东部发达地区经济强镇、强村、企事业单位、社会组织等与西部贫困地区深度贫困乡镇、乡村、企事业单位、社会组织分别结对，通过考察互访、人员交流、资金支持等工作助力西部地区深度贫困乡村加快脱贫致富的步伐。除了注重经济发展外，携手奔小康行动进一步聚焦西部地区的教学、医疗等社会包容性发展不足问题，通过乡镇医院之间、学校之间的结对帮扶，助力西部地区基层提升医疗、教学水平。

二是挂牌督战。挂牌督战是加强深度贫困地区帮扶的有效措施。随着扶贫工作力度逐渐加大，深度贫困地区成为脱贫致富的重点与难

---

① 《携手奔小康行动结对帮扶名单》，中国政府网，2017 年 1 月 6 日，https://www.gov.cn/xinwen/2017-01/06/content_ 5157037.htm。

点。2020年1月25日，国务院扶贫开发领导小组印发《关于开展挂牌督战工作的指导意见》，对挂牌督战工作进行了具体的部署和安排，并在中央层面明确了承担东西部扶贫协作任务的相关省市的工作职责。在明确挂牌督战范围是2019年底没有摘帽的52个县以及1113个深度贫困村的基础上①，进一步就督战内容提出指导意见，要求东西部协作双方围绕"两不愁，三保障"的实现情况、贫困家庭劳动力务工情况、易地扶贫搬迁任务完成情况、不稳定脱贫户和边缘户的动态监测帮扶情况、相关问题的整改情况等五项内容开展挂牌督战工作。

（三）资金投入机制

一是政府援助显著增加。财政扶贫资金主要由三部分构成：中央财政扶贫资金、地方财政扶贫资金和东西部协作财政援助资金。东西部协作财政援助资金是一种由东部发达地区向西部贫困地区的财政转移支付，属于地方政府间横向财政转移支付。这种横向财政转移支付有效弥补了西部贫困地区脱贫攻坚的资金缺口。为管好用好帮扶资金，西部各协作省（自治区、直辖市）组织开展资金使用、项目安排调研，科学谋划项目，精准匹配资金，加强资金监管，确保资金安全高效使用。

二是企业协作十分活跃。引导东部地区的企业赴西部地区投资兴业，是东西部扶贫协作的一项重要工作机制。在相关政策支持和动员下，东部地区企业到西部地区投资兴业，为西部地区注入经济增长、贫困人口就业增收的动力。企业协作有多种形式，如产业园区、产业基地、扶贫车间等。

---

① 《国务院扶贫开发领导小组印发关于开展挂牌督战工作的指导意见的通知》，国家乡村振兴局官网，2020年2月18日，https：//www.nrra.gov.cn/art/2020/2/18/art_46_185443.html。

三是社会帮扶凝聚合力。东西部扶贫协作将东西地区的社会力量动员起来助力西部地区脱贫攻坚，向协作地区捐助款物。在消费扶贫和电商扶贫的助推下，"以购代捐"成为重要的社会扶贫形式。

（四）人才支援机制

东西部协作中的人才支援机制，是通过发挥东部发达地区的人才优势支援西部贫困地区发展。在地方实践中，人才支援主要包括三个方面：干部交流、教育和卫生人才支援、农业技术人才支援。

一是干部交流互学互鉴。东西部干部交流这一制度创新，促进了干部互学互鉴，提升了西部贫困地区的贫困治理能力。东部地区的援派干部将发展市场经济的经验和治理贫困的经验，同西部地区的干部群众分享交流。西部地区的干部到东部地区挂职锻炼，亲身体验学习东部地区的管理经验，这种互学互鉴是东西部扶贫协作的一项创新实践。将东部地区的干部派到西部地区开展脱贫攻坚工作，激发了挂职干部各方面的潜能，磨炼了挂职干部在困难复杂环境中开展工作的意志，开阔了挂职干部的视野，提高了干部人才的自身素质。

二是人才支援隔断贫困代际传递。习近平总书记指出，让贫困地区的孩子们接受良好教育，是扶贫开发的重要任务，也是阻断贫困代际传递的重要途径，"要更加注重教育脱贫，着力解决教育资源均等化问题，不能让贫困家庭的子女输在起跑线上"[1]。东部地区对西部地区的教育、卫生人才支援，是助力西部地区阻断贫困代际传递的重要措施。

---

[1] 《人民日报人民时评：教育扶贫守护农村发展希望》，人民网，2020 年 8 月 17 日，http://opinion.people.com.cn/n1/2020/0817/c1003-31823983.html。

（五）社会动员机制

习近平总书记在 2015 年中央扶贫开发工作会议上要求，动员全社会力量广泛参与扶贫事业，鼓励支持各类企业、社会组织、个人参与脱贫攻坚。2017 年 11 月，国务院扶贫开发领导小组印发了《关于广泛引导和动员社会组织参与脱贫攻坚的通知》，强调了社会组织在脱贫攻坚战中的重要作用，明确了社会组织参与脱贫攻坚的重点领域。

一是培育帮扶主体，发挥组织牵引作用。东部地区通过培育多元帮扶主体、拓宽帮扶参与领域、完善社会帮扶机制等工作，调动机关事业单位、企业、社会组织、公民个人的积极性，助力西部贫困地区形成"三位一体"的扶贫大格局。广泛发动机关事业单位参与东西部扶贫协作。机关、事业单位积极参与消费扶贫，树立购买贫困地区产品和服务就是扶贫的新理念。广泛动员国有企业、民营企业等市场力量参与东西部扶贫协作。采取赴西部地区投资兴业、提供技术培训、吸纳贫困人口就业、开展商品贸易、进行消费扶贫等方式助力西部地区发展。广泛动员社会组织、社区居委会以及公民志愿投入东西部扶贫协作中。东部地区动员引导社会力量与深度贫困地区对接，将扶贫资源向深度贫困地区倾斜。

二是拓宽帮扶领域，形成多方协作局面。东西部扶贫协作中社会力量的帮扶领域也在不断扩展，20 世纪七八十年代的救济式扶贫主要以捐钱捐物、提供资金物资支持为主。20 世纪 90 年代的开发式扶贫以建立各种合作园区、积极开展经济技术合作为主。随着脱贫攻坚进入决胜阶段，在"两不愁，三保障"的目标引领下，各种社会力量除继续深入经济领域的扶贫协作外，在教育、医疗等社会服务领域的扶贫力度持续加大，通过整合各种社会资源，形成了全方位多领域的扶贫协作。

三是完善帮扶机制，营造社会帮扶氛围。针对社会组织"不知道帮什么"的问题，东西部协作地区通过建立立体沟通交流渠道，确保帮扶项目制定精准。各级领导定期互访，对接社会组织帮扶需求计划，研究帮扶具体问题。针对社会组织"不知道怎么做"的问题，东西部协作地区通过建立流程图落实、按项目表推进、遴选已有项目示范等工作，将社会帮扶工作具体化、形象化、步骤化，促进项目推进有序。同时，结合社会组织实际，建立社会组织与贫困乡镇、贫困村、学校、医院等的结对帮扶模式。通过双方实地考察互访，商定每年的帮扶措施并签订帮扶协议，共同落实帮扶工作。在携手奔小康活动中，东部地区的社会力量积极与西部地区贫困乡镇、贫困村建立广泛的结对帮扶关系，双方根据实际情况动态调整帮扶内容，确保帮扶工作发挥成效。通过召开动员会议、广泛利用宣传媒体等做法，不断增强社会组织使命感、紧迫感、荣誉感，引导东部发达地区的组织与个人等参与扶贫工作，营造全民扶贫的良好氛围。

专栏3　东西部协作社会动员模式

广东——"6·30"捐款：每年6月30日为"扶贫济困日"，通过积极发动社会各界参与"6·30"活动，召开重点企业、重点社会组织座谈会，动员社会力量积极整合优势资源，开展公益慈善行动，助力东西部协作工作。引导和鼓励社会力量支持东西部协作工作，参与"百企桂黔行"行动，动员更多企业、社会组织等社会力量为东西部协作地区献爱心、助振兴。

天津——"津企陇上行"：依托"津企陇上行"，汇聚"组团式""集团式"东西部企业协作发展势能，推动势能、效能的双重转化，以"服务链、品牌链、产业链、情谊链"持续深化津甘社会帮扶，并向天津对口帮扶的其他地区延伸推广"津企和田行""民企西部行"等活动近百场次，累计为"三区三州"引进产业合作项目163个，签约投资额141亿元，到位金额78亿元。

浙江——"国企+"模式：浙川协作创新实施"国企+"模式，通过浙江国企平台和资金引领，带动四川国企、民企和集体经济组织协同发展，推动"资金输血"变"产业造血"、"单向帮扶"变"互动合作"，为东西部产业协作和社会帮扶探索出了一条新路子。

三 东西部协作的成效

中国特色的东西部扶贫协作是中国共产党对中国社会主义现代化建设战略安排中的一项重要制度创新。这一制度安排经过20多年的实践，特别是脱贫攻坚期的升华，为加快西部贫困地区、少数民族地区发展步伐，消除绝对贫困，全面建成小康社会，促进区域协同协调发展提供了实践路径。坚持和完善东西部扶贫协作机制，对实现乡村全面振兴、构建"双循环"新发展格局具有时代价值与重大意义。

（一）助力协作地区消除绝对贫困

东西部扶贫协作通过产业合作、劳务协作、消费扶贫等政策措施，为协作地区培育形成了一批产业园区、具有较好带贫机制的扶贫产业，帮扶协作地区贫困人口实现转移就业、就地就近就业，协作地区大量的农特产品源源不断地销往东部地区。产业、劳务和消费市场提供的带贫机制，切实有效地保障了协作地区贫困人口的增收脱贫。

1.贫困县全部摘帽

2020年1月25日，国务院扶贫开发领导小组印发《关于开展挂牌督战工作的指导意见》，要求对 52 个县采取挂牌督战、超常规加大投入和帮扶力量。[①] 2020 年 11 月 23 日，贵州省宣布 66 个贫困县全部脱贫摘帽[②]，832 个贫困县的退出"清零"标志着打赢脱贫攻坚战取得全面胜利。东西部扶贫协作作为国家贫困治理的重要措施，为贫困县脱贫摘帽，特别是 52 个挂牌督战县全部"清零"做出了突出贡献。

2. 贫困人口全部脱贫

"十三五"期间，中国 5575 万农村贫困人口摆脱绝对贫困[③]，实现"两不愁，三保障"目标。这标志着贫困人口人均可支配收入得到明显提升，贫困家庭的孩子的九年义务教育全部得到保障，"因病致贫"的状况得到改善，960 多万易地搬迁贫困人口全部乔迁新居[④]，贫困户住房安全和饮水安全得到保障。东西部扶贫协作投入的项目、资金，开展的产业合作、劳务协作以及消费扶贫，进行的教育、卫生和农业科技人才支援，为促进协作地区贫困人口实现"两不愁，三保障"脱贫目标做出了积极贡献。

（二）促进区域协同协调共同发展

脱贫攻坚期间，东西部地区广泛开展人才交流，特别是围绕"义务教育、基本医疗有保障"脱贫目标，东部地区通过"组团式"

---

① 《国务院扶贫开发领导小组印发关于开展挂牌督战工作的指导意见的通知》，国家乡村振兴局官网，2020 年 2 月 18 日，https：//www. nrra. gov. cn/art/2020/2/18/art_ 46_ 185443. html。

② 《历史性时刻：贵州 66 个贫困县全部脱贫！》，贵州省人民政府官网，2020 年 11 月 23 日，https：//www. guizhou. gov. cn/home/gzyw/202109/t20210913_ 70140063. html。

③ 《对人类发展事业的伟大贡献》，中国人权网，2020 年 11 月 17 日，https：//www. humanrights. cn/html/2020/3_ 1117/55006. html。

④ 《挪穷窝、换穷业：960 多万易地搬迁贫困人口脱贫》，中国侨网，2020 年 11 月 4 日，https：//www. chinaqw. com/jjkj/2020/12-04/278542. shtml。

教育、医疗帮扶等方式，加大了教育、卫生等领域的人才支持和帮扶力度，助推了协作地区基本公共服务水平的提升，保障了脱贫攻坚相关目标的实现，与协作地区共同阻断了贫困代际传递。

1. 教育协作夯实协作地区教育基础

脱贫攻坚期间，国务院印发《"十三五"脱贫攻坚规划》，实施教育扶贫工程，重点支持中西部 1472 个区（县）农村适龄儿童入园[①]，鼓励普惠性幼儿园发展，全面改善贫困地区义务教育薄弱学校基本办学条件，实施高中阶段教育普及攻坚计划等。中西部地区教育基础设施得到全面改善，但师资力量始终是短期内难以攻克的短板。教育部、国务院扶贫办于 2018 年 1 月印发《深度贫困地区教育脱贫攻坚实施方案（2018—2020 年）》，要求在"三区三州"率先实施职业教育东西部协作行动计划，全面落实东西部职业院校协作全覆盖行动、东西部协作中职招生兜底行动、职业院校参与东西部劳务协作等三大任务。东部地区援建了大批学校，改善了协作地区办学条件，资助大量贫困学生上学。超过万人的支教老师，把东部地区先进的教学理念、教学方式带入协作地区，"组团式"教育帮扶更是"一站式"提升了协作地区的教育水平。东西部地区职业学校的协作，解决了东部地区职业学校生源不足的问题，为西部地区提供了高质量的职业教育，为东部地区输送了高素质的职业工人，为贫困家庭增收创造了条件。

2. 医疗协作提升西部地区服务水平

根据国务院扶贫办建档立卡统计，因病致贫、因病返贫户占建档立卡贫困户总数的42%[②]，健康因素是影响贫困人口稳定脱贫的

---

① 《国务院关于印发"十三五"脱贫攻坚规划的通知》，中国政府网，2016 年 12 月 2 日，https：//www.gov.cn/zhengce/zhengceku/2016-12/02/content_ 5142197.htm。

② 《卫计委：因病致贫、因病返贫户占建档贫困户的 42%》，人民网，2016 年 6 月 21 日，http：//politics.people.com.cn/n1/2016/0621/c1001-28466949.html。

重要制约因素。脱贫攻坚期间，中国围绕健康扶贫部署安排了一系列政策帮扶措施，如将全部建档立卡贫困人口纳入基本医疗保险、大病保险、大病救助等帮扶体系，在医疗费用报销方面给予大力支持，但是这些措施均是针对减少贫困人口的医疗支出费用、减轻贫困家庭经济负担方面，如何提升贫困地区医疗服务的整体水平则需进一步补充。因此，针对部分深度贫困地区医疗水平有限的情况，国务院扶贫办强调在东西部扶贫协作机制下，由东部地区结对帮扶西部地区，通过支医、援建等措施助力西部地区医院服务水平提升。

医疗协作方面，通过采取医生援派、建立远程诊疗系统、医院结对帮扶等措施，帮助协作地区的县医院对贫困患者进行有效诊疗，节约了贫困患者寻医问诊的成本，如交通、住宿、陪护、误工等费用，促进了协作地区医院诊疗能力及管理水平的全面提升。基于县医疗服务水平的整体提升，重大疾病的县外转诊率显著降低，贫困人口治疗疾病的费用明显减少。此外，东部地区帮助西部地区加强健康教育、妇幼保健和公共卫生服务，助力西部地区医疗人才队伍培养，推动西部地区县乡村三级医疗卫生服务体系建设取得成效。

（三）携手同心推进乡村全面振兴

东西部扶贫协作机制的制度内涵和深刻影响已经远远超越了扶贫协作的范畴，在中国全面建成小康社会、实现第一个百年奋斗目标，向第二个百年奋斗目标进军的过程中，需坚持和完善东西部协作，到2025年，基本形成与新发展阶段、新发展理念、新发展格局相适应的东西部协作机制，助力脱贫地区巩固拓展脱贫攻坚成果同乡村振兴有效衔接。到2035年实现全体人民共同富裕取得更为明显的实质性进展。

一是对象衔接。瞄准脱贫地区和低收入人口。在对已经脱贫建档立卡贫困户、脱贫摘帽贫困县贫困监测的基础上，东西部协作的对象要瞄准脱贫地区和农村低收入人口，保持东西部协作财政投入力度总体稳定、市场和社会动员机制不断完善，接续推进脱贫地区发展。五年过渡期内，可以直接从西部地区脱贫县中集中支持一批乡村振兴重点帮扶县，研究制定脱贫地区和低收入人口标准，增强西部地区巩固脱贫成果及内生发展能力。

二是机制衔接。从脱贫攻坚机制向乡村振兴长效机制转型。在欠发达地区确定一批乡村振兴重点帮扶县或协作县，提升协作县农村产业链供应链现代化水平，增强对口帮扶地区内生动力。优化区域布局，带动欠发达地区产业转型升级，促进带贫减贫机制的可持续性。

三是理念衔接。从东西部扶贫协作向东西部发展协作转型，推动形成更大范围内的区域协同协调发展机制。2021年3月30日，中共中央办公厅、国务院办公厅印发的《关于坚持和完善东西部协作机制的意见》中指出，"坚持和完善东西部协作和对口支援、社会力量参与帮扶等机制"，在新发展理念和新发展格局下，从"东西部扶贫协作和对口支援"向"东西部协作和对口支援"衔接，开辟东西部协作新局面，提升东西部协作成效，形成东西部协同协调发展新格局。

四 东西部协作未来工作重点及趋势展望

习近平总书记提出："要完善东西部结对帮扶关系，拓展帮扶领域，健全帮扶机制，优化帮扶方式，加强产业合作、资源互补、劳务对接、人才交流，动员全社会参与，形成区域协调发展、协同发展、共同发展的良好局面。"东西部协作省份按照《中华人民共和国国民经济和社会发展第十四个五年规划和2035年远景目标纲要》提出的"优先发展农业农村，全面推进乡村振兴""实现巩固拓展脱贫攻坚成果同乡村振兴有效衔接"的精神要求，紧扣"三个转向"，工作对象上从帮扶脱贫群众转向所有农民，工作任务上从解决"两不愁，三保障"转向推动乡村全面振兴，工作措施上从支持脱贫县脱贫摘帽转向促进发展，紧盯脱贫县发展加强产业协作，紧盯农民增收加强稳岗就业，紧盯长效机制加强人才交流，紧盯绿色发展加强生态保护，紧盯治理有效加强组织建设，擘画了新时代深化东西部协作的新蓝图。在巩固拓展脱贫攻坚成果同乡村振兴有效衔接的历史新阶段，组织、产业、就业、消费、人才、文化、生态、乡村建设等是东西部协作的重点内容，东西部协作工作要立足当前，着眼未来，携手打造东西部协作升级版。

（一）高位推动组织领导，确保工作接续推进

一是始终坚持党的集中统一领导。坚决贯彻落实党的二十大精神，坚持高位推动，强化组织保障，完善组织架构，逐级压实责任，确保政策不留空白、工作不留空当。持续发挥东西部协作工作体制机制优势，厘清工作思路，制定工作要点，明确工作任务，使东西部协作工作再上新台阶，开创新局面。

二是全面促进县域经济社会发展。脱贫攻坚期间，乡村经济取得全面发展，但也存在对非脱贫人口帮扶不足的问题。东西部协作要进一步放开技能提升、业务培训、医疗教育帮扶等政策资源的区域限制，加大对非脱贫县和非脱贫人口的支持力度，从政策支持、人才培训等方面给予明确帮扶，全面提升乡村人口"造血"能力，激发乡村人口内生动力，实现区域协调发展。

三是建立东西部协作专项工作机制。增加东部挂职干部对东西部协作工作和项目的话语权，东西部协作项目由挂职领导和当地领导协商确定，所有项目需由东部挂职干部签字确认等方式予以实施。

（二）明确产业协作重点，带动双方共同发展

一是完善顶层设计。东西部双方紧扣产业要素，把握国家产业发展和区域产业发展的趋势，明确东西部协作产业转移重点。指导各地注重资源禀赋，注重比较优势，推动劳动密集型产业、战略新兴产业向西部转移。选准适合西部地区发展的大产业、大项目，发展壮大乡村特色产业，培育一批有示范品牌效应的产业。发挥龙头企业的带动作用，转变农业发展方式，为脱贫地区农民提供新品种、新技术，提高资源的利用率，带动区域发展。

二是注重供需匹配。要摸清东部企业的特点优势、用工需求，以及西部地区的资源配套、政策支持等信息，尊重双方意愿，建立全国协作地区招商项目和东部意向企业"双清单"，在省对省协作基础上，进一步挖掘整个东部的产业转移意向，实现东西部产业转移优化配置。统一规划、量体裁衣、优化布局，有针对性地引导产业建设和转移。注重企业优势与能力，帮助西部打造和完善产业链、供应链、价值链体系。同时，根据各地产业特色和发展阶段，适度拓展东西部协作资金用途，对于工业发展基础良好的县域，允许东西部协作资金用于促进本地工业产业发展，允许东西部协作资金通过金融方式创新引导社会资本，进一步提升协作资金使用效果。

三是强化"三个"配套。"市场"方面，要持续深化东西部协作，利用东部消费市场和外销渠道，优化产销对接机制，拓展业务和市场销路，不断提高转移企业的自我发展能力。"金融"方面，要适度满足产业转移和企业投资对资金流通管理的需求，为东西部产业转移定制相应的金融支撑配套体系。"能力"方面，要用好巩固拓展脱贫攻坚成果与乡村振兴有效衔接的土地政策，持续优化营商环境，遵守契约精神，提高西部基础设施建设水平，改善发展硬件条件，不断提升承接协作项目的能力，为东西部协作产业转移提供有力保障。

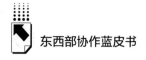
（三）加大干部人才交流，不断强化职责使命

一是优化挂职干部职责分工。在省对省的东西部协作框架之下，加大有招商引资经验的干部到西部挂职的力度，专职分管招商引资工作，发挥专业所长。加强挂职干部、挂职专技人才与组织的交流，充实各级政府当中的挂职干部队伍。加强挂职人员的组织协调联络能力，统筹各个方面的力量，充分发挥挂职干部能力和挂职专技人才技能。加强对"组团式"帮扶的人员管理、工作进展、年度考核等各个方面的统筹，使"组团式"帮扶各方面协同协作，发挥最大合力。加强对"组团式"帮扶人员的照顾，着力解决挂职医生和老师请假难、请假慢的问题，减轻挂职人员挂职期间的家庭负担和心理负担。

二是优化健康帮扶协作结构。平衡医疗救治和公共卫生之间的关系，加强妇幼保健和疾病预防与控制的东西部协作。加强全科医生培训，提升乡村医生的业务能力。强化"互联网+医疗健康"体系，探索一条"数字化"的学习培训新路径，携手协作地区联合开展适宜本地需求的教学活动，将基层医务工作者的手机、电脑接入东部地区的"互联网+医疗健康"课堂。

三是优化教育帮扶协作模式。利用数字技术放大帮扶及培训效应，在新基建和数字乡村建设的支持下，积极探索更加普及的数字教育模式，将东部地区优质的教育资源输入欠发达地区，将基于人海战术的"组团式教育帮扶"升级为基于"数字技术的组团式教育协作"。同时，加强职业教育、学前教育协作，开展更接地气的"新农人"培训。

（四）紧扣生态文化振兴，培育乡风文明高地

一是推进农村环境治理。大力支持发展绿色农业，引进先进技术，逐步实现投入品减量化、生产清洁化、废弃物资源化、产业模式

生态化。开展农村水环境治理和农村饮用水水源保护，建设健康稳定的田园生态系统。重点围绕农村生活垃圾处理、"厕所革命"、污水处理和村容村貌提升，实施农村人居环境整治，建设"干净、整洁、有序、美化"的人居环境。指导编制示范村村庄规划，推动示范村村庄规划编制实施，打造生态宜居的美丽乡村。全面保护古树名木，建设具有乡村特色的绿化景观。

二是促进乡风文明培育。引导村民自觉学习和弘扬社会主义核心价值观，支持在示范村建设"爱心超市""正气银行"，引导村民在助人为乐、见义勇为、诚实守信、敬业奉献、孝老爱亲等方面争当模范。广泛动员东部地区道德模范、爱心企业和社会组织参与示范村思想道德宣传教育工作，不断铸牢中华民族共同体意识。以文明实践活动为抓手，开展道德讲堂、乡村振兴宣讲等，引导脱贫群众摒弃"等靠要"思想，消除内生动力不足等问题，教育引导广大群众转变思想观念，为乡村振兴提供有力的思想保证和精神动力。

三是跟进文化传承发展。将历史记忆、地域特色、民族特点、红色文化等融入乡村振兴示范村建设与维护中。支持农村地区优秀曲艺、少数民族文化、民间文化等的传承发展。培养乡村文化本土人才，培育开发具有民族特色和地域特色的传统工艺产品，打造文化产业特色村。完善乡村文化设施，帮助示范村建立综合文化服务中心，整合图书室、体育活动室、电子阅览室、科普培训室等功能，让村民可以便捷地获取优质文化资源，打造乡村文化生活的鲜活阵地。

（五）融通就业消费渠道，持续拓展协作范围

一是多措并举推进劳务协作。统筹东西部就业需求，提升就业服务水平。加大东西部劳务协作工作力度，畅通异地转移就业、就近就地就业、就业权益保障渠道。完善校企合作、职业培训、就业招聘、信息共享、权益保障等方面的工作机制。搭建"互联网+"劳务协作

就业服务平台，通过降低信息不对称和工作匹配成本，实现"精准对接"、"技能提升"和"稳定就业"多重目标，帮助欠发达地区劳动力"走得出""稳得住""走得远"。鼓励企业根据自身业务的发展，积极探索市场驱动的劳务协作机制。

二是打造消费协作升级版。以京津冀、长三角、长江经济带、粤港澳大湾区等东部重点消费地区驱动西部地区农特产品、物流、旅游、服务等消费供给。搭建交流合作、产销对接平台，实施政府采购、定向直购，深化消费帮扶行动。

三是加强消费大循环平台建设。加大对网络基础设施和公共服务平台的支持力度，大力发展电子商务，提升农产品质量追溯能力。充分利用市场机制，重点发挥"数据"要素力量，大力提升贫困地区农产品"品控"水平，带动西部地区增收发展。助力欠发达地区产品和服务纳入《区域全面经济伙伴关系协定》（RCEP）成员消费体系中，逐步带领西部地区融通国际消费大循环。

（六）打造乡村振兴样板，提升乡村治理能力

一是发展壮大乡村产业。支持东部先进技术、解决方案在示范村的推广应用，辐射带动周边村庄共同发展。鼓励东部地区高校、科研院所及科技特派员积极参与示范村建设，加强节水技术、现代食品、农机装备等方面的科研成果转化、新产品的应用和示范推广。广泛动员东部地区有实力、有意愿且产业关联度高的企业，打造与示范村建设相结合的典型示范项目。加强农产品产后分级、包装、营销，推动主要农产品就地加工转化。整合双方政府、企业、社会等多方力量，推动政策、技术、资本等各类要素向农村创新创业集聚。积极推进农村三次产业融合，大力发展高附加值特色农业、生态农业、休闲农业，完善利益联结机制，让低收入人群更多分享产业增值收益，促进全体农民共同富裕。

二是健全乡村治理体系。广泛动员东部地区先进基层党组织与示范村党组织建立结对关系，加强协作双方优秀村（社区）党组织书记互访交流，通过送教上门、到东部培训等方式，开展乡村振兴示范村干部、乡村振兴带头人培训。突出基层党组织政治功能，抢抓数字化建设有利契机，引导提高基层治理数字化智能化水平，支持党群活动中心建设，完善村级党群活动中心服务功能，打造充满活力、和谐有序的善治乡村。

三是提升乡村硬件水平。充分发挥东西部协作资金的引导和撬动作用，加强农村基础设施建设，助力示范村改善交通物流、农田水利设施，鼓励商贸、邮政、快递、供销、运输等企业优先在示范村建设末端网络，提高示范村的基础配套能力。加大对示范村医疗教育硬件设施帮扶力度，动员社会力量支持示范村公益事业发展，在受援地建成"一家"（关爱儿童之家）、"一站"（老人活动站）、"一室"（电子阅览室），助力建设敬老院、残疾人康复点、公益食堂、消防站等公益服务设施。

专题报告

Province-Specific Reports

B.2
2022年东西部协作产业转移

左小蕾　尤海旺　刘守跃　汪家正*

摘　要： 东西部协作产业转移是一项复杂的系统性工程，是全面推进乡村振兴的关键环节，也是实现共同富裕的重要抓手，涉及前瞻理论支撑、政府合作协作、市场资源配置和群众主体作用等诸多方面，事关区域经济社会协调协同共同发展大局，如何积极稳妥做好产业梯度转移，及时有效化解风险隐患，确保产业转移有速度、项目合作有力度、科技赋能有深度、合作共赢有温度，是东西部协作产业转移需要破解的重大理论和实践课题。本报告系统阐述了东西部产业转移的发展现状、实践路径和实证案例。在梳理东西

---

* 左小蕾，国务院参事室特邀研究员、经济学家，研究方向为计量经济学、国际金融、证券市场；尤海旺，东西部协作专家委员会特聘研究员，研究方向为东西部协作、乡村振兴；刘守跃，东西部协作专家委员会特聘研究员，研究方向为产业转移；汪家正，天津市滨海新区塘沽一中学生。

部产业协作的典型经验做法中发现，东西部产业协作主要围绕产业链的转移布局进行，以产业链塑造、产业链延伸、产业链转型三种类型为代表，各协作省（自治区、直辖市）间因比较优势的差异而各具特色。

关键词： 东西部协作　产业转移　产业链

一　东西部协作推动产业转移的发展现状

（一）东西部产业转移的政策环境

从 20 世纪 90 年代开始，中国东部产业向西部转移经历了政府主导号召到市场自发探索的不同阶段，在中央宏观政策的引导下，以市场为主导，呈现三大特征：一是投资规模不断扩大，大项目不断增多；二是投资来源多元化，来自东部长三角、珠三角、环渤海"三大区域"的投资增多；三是第二产业项目具有投资额大、产值高等特点，第三产业逐渐成为投资热点。2010—2021 年部分中央和国家部门出台的产业转移政策见表 1。

表 1　2010—2021 年部分中央和国家部门出台的产业转移政策一览

时间	机构/会议	文件名	摘要
2010 年 9 月	国务院	《国务院关于中西部地区承接产业转移的指导意见》	进一步指导中西部地区有序承接产业转移，完善合作机制，优化发展环境，规范发展秩序
2018 年 11 月	中共中央、国务院	《中共中央　国务院关于建立更加有效的区域协调发展新机制的意见》	全面落实区域协调发展战略各项任务，促进区域协调发展向更高水平和更高质量迈进

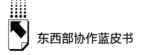
续表

时间	机构/会议	文件名	摘要
2018 年 12 月	工业和信息化部	《产业发展与转移指导目录（2018 年本）》	贯彻落实党中央、国务院关于高质量发展和区域协调发展的决策部署，深入推进产业有序转移和转型升级
2020 年 3 月	国家发展和改革委员会	《中西部和东北重点地区承接产业转移平台建设中央预算内投资专项管理暂行办法》	促进中西部和东北地区积极有序承接国内外产业转移，加强重点地区承接产业转移平台建设中央预算内投资专项管理，提高中央预算内投资使用效率，推进中央预算内投资管理制度化、规范化、科学化
2021 年 3 月	十三届全国人大四次会议	《中华人民共和国国民经济和社会发展第十四个五年规划和 2035 年远景目标纲要》	优化区域产业链布局，引导产业链关键环节留在国内，强化中西部和东北地区承接产业转移能力建设。健全区域协调发展体制机制，建立健全区域战略统筹、市场一体化发展、区域合作互助、区际利益补偿等机制，更好促进发达地区和欠发达地区、东中西部和东北地区共同发展
2021 年 11 月	国家发展和改革委员会	《"十四五"特殊类型地区振兴发展规划》	大力支持特殊类型地区培育发展特色产业园区，积极支持欠发达地区、革命老区积极承接产业转移，支持资源型城市发展接续替代产业，加大力度支持产业转型升级示范区建设
2021 年 12 月	工业和信息化部等	《关于促进制造业有序转移的指导意见》	坚持市场导向、政府引导、自愿合作，统筹资源环境、要素禀赋、产业基础及碳达峰碳中和目标，创新体制机制，完善政策体系，促进资源要素有序流动，引导产业合理有序转移，维护产业链供应链完整性，促进形成区域合理分工、联动发展的制造业发展格局。到 2025 年，产业转移政策环境更加完善，中西部、东北地区承接产业转移能力显著提升，各地区比较优势充分发挥，立足国内大循环吸引全球资源要素优势显著提升，制造业布局进一步优化、区域协同显著增强

以苏陕东西部协作产业转移为例，江苏省结合实际，针对苏陕协作中产业转移、项目投资、营商环境等重点工作，陆续出台了一系列政策举措，政策体系不断完善，政策保障逐渐加强，针对性、指导性、可操作性持续提高，确保苏陕协作产业转移工作顺利推进。2005—2021年江苏省重点产业转移政策见表2。陕西省结合实际，针对苏陕协作中资源禀赋、比较优势和区位条件等要素，省市县陆续出台了一系列相关政策举措，政策体系不断完善，政策保障逐渐加强，为承接江苏产业转移创造良好软硬件条件。2017—2021年陕西省重点产业转移政策见表3。

表2　2005—2021年江苏省重点产业转移政策一览

时间	机构	文件名	摘要
2005年8月	江苏省政府办公厅	《苏北发展协调小组关于加快南北产业转移意见的通知》	引导产业向苏北地区转移，切实推进苏北工业化进程，促进苏南地区产业结构优化升级，推动江苏省经济加快发展、率先发展、科学发展
2018年5月	江苏省经济和信息化委员会、陕西省工业和信息化厅	《江苏省经济和信息化委员会、陕西省工业和信息化厅进一步加强苏陕产业合作协议》	共同开展苏陕重点领域合作，共同支持陕西工业重点领域发展，确保产业扶贫协作工作成效，建立有效的工作协商推进机制
2021年2月	江苏省人民政府	《江苏省国民经济和社会发展第十四个五年规划和二〇三五年远景目标纲要》	坚持巩固壮大实体经济根基，以培育建设具有国际竞争力的产业集群为主抓手，加快构建实体经济、科技创新、现代金融和人力资源协同发展的现代产业体系，不断提升江苏在全球产业链、供应链、价值链中的位势和能级

表3 2017—2021年陕西省重点产业转移政策一览

时间	机构	文件名	摘要
2017年12月	陕西省工业和信息化厅	《关于进一步支持苏陕扶贫工业产业协作相关政策措施》	助推苏陕扶贫工业产业协作助力贫困地区脱贫攻坚,切实增强贫困县工业造血功能,加快贫困人口脱贫增收,有力推动贫困地区县域经济发展
2020年6月	陕西省发展和改革委员会	《促进苏陕协作社区工厂稳增长稳就业若干政策举措》	提出成立工作专班、加强信息监测、加大优惠政策宣传力度、降低企业运行成本、多途径开拓海外市场等13条政策举措,支持引导毛绒玩具产业转型升级,推动企业联合合作
2020年8月	宝鸡市苏陕扶贫协作领导小组	《促进苏陕协作社区工厂稳增长稳就业若干政策举措的贯彻落实意见》	加强统筹推进,加大政策支持,制定降低企业成本、拓展国际市场、扩大国内市场、强化融资担保、做好就业服务、推动产业升级等13项政策举措,稳定社区工厂基本盘,打好就业增收组合拳,促进苏陕协作社区工厂稳增长稳就业
2021年1月	陕西省人民政府	《陕西省国民经济和社会发展第十四个五年规划和二〇三五年远景目标纲要》	贯通落实"五项要求""五个扎实",坚持新发展理念,统筹发展和安全,积极融入新发展格局,加快构建现代化经济体系,推进治理体系和治理能力现代化,实现经济行稳致远、社会和谐稳定,开启全面建设社会主义现代化新征程,奋力谱写陕西新时代追赶超越新篇章

(二)东西部产业转移的现实基础

一是能力匹配是东西部协作产业转移的前提。能力结构是指一个地区或国家在增长要素积累的基础上所形成的匹配能力、学习能力、技术能力、开放能力等能力的总和，即结构性能力。以能力结构为基础的东西部经济协作新机制更注重市场选择对地区之间经济合作的运作模式、合作内容的作用，注重合作方的利益关系和体现形式。在市场经济体制框架下的东西部经济协作成效，取决于合作地区的能力结构。西部地区能力结构薄弱、东西部能力结构不对称，是制约东西部地区经济合作效率和领域的重要原因。因此，只有不断缩小东西部地区能力结构差距，优化能力结构，才能不断扩大合作范围，切实提高合作效率。

二是协调机制是东西部协作产业转移的纽带。东西部协作产业转移应当走出从资源布局出发片面强调产业垂直分工的模式，要构建东西部产业转移新机制，通过加快直接投资、推进产业和技术转移、建立市场网络等途径，缩小东西部协作省份之间的能力结构方面的差距，为不断扩大合作范围、提高合作效率创造条件和环境。应当看到，国家鼓励向西部地区投资的产业政策，以及对投资西部地区的企业给予各种优惠政策，对引导投资的产业流向起到了一定的作用。但是，西部地区需要从环境、体制与政策（ESP）方面提供竞争优势，否则，西部不可能对东部投资形成有效吸引力。东西部协作产业转移需经历一个复杂的过程，是在经济发展不平衡、市场化程度存在很大差距的背景下进行的。在这样的背景下，缺乏高效协调机制，难以实现东西部规范科学发展，东西部地区能力结构差距较大，决定了产业转移必然要分阶段推进。直接投资只有具有资本、技术、管理和市场网络等资源一揽子转移的性质，才能在推进西部地区能力结构改善的基础上，为东西部协作拓展合作范围和深度。因此，需要发挥两地政府、学者和企业的共同智慧，加强协调沟通，把握发展不同阶段，从当前迫切的环境、体制与政策设计等方面做起，才能有效推进产业转移。

三是梯度转移是东西部协作产业转移的范式。西部地区仍然处于劳动力和投资推动的经济发展阶段，这一阶段表现出的经济增长特征是劳动力和资本投入推动力、自主技术创新能力仍然较弱，直接投资与产业转移是西部地区技术发展的重要来源。在西部地区，东部地区企业的投资活动可以在不同阶段对技术发展做出贡献或产生作用。东部地区的直接投资和产业转移对技术发展的作用，在很大程度上是根据其区位优势来决定的。东部产业在技术优势和内部管理两方面的优势以及二者特定的结合方式，形成了东部地区的企业相对竞争优势。这意味着，自然资源密集型产业、劳动密集型产业和资本密集型产业目前仍是西部接受转移、东部向西部直接投资的产业类型。总体上，中国东部对西部直接投资应当发挥产业优势，促进区域产业结构的升级和技术换代。具体而言，东部对西部直接投资应发挥第二产业优势。东部拥有大量成熟的工业化技术，而且已经有不少技术处于世界先进水平，这是东部以工业技术进入西部的现实基础。因此，东部要把对西部直接投资作为东部向西部地区实行"产业梯度转移"的一种有效手段。东部企业在劳动密集型生产技术、资本和技术密集型产业方面具有比较优势，适时地将这些产业转移到西部地区，不仅可以为剩余的生产能力找到出路，还能促进东西部产业结构的升级。西部也有一些技术密集型产业，如生物工程、材料工业、航空航天工业等具有领先世界的科技成果，也有一定能力到东部地区寻求更大的发展空间，并以此作为西部寻找东部先进技术的一种有效手段，有利于增强西部企业的竞争力，推动西部产业结构的迭代升级。

（三）东西部产业转移的现状与成效

东西部协作双方充分发挥大项目牵引和大产业带动作用，结合产业发展比较优势，充分发挥东部装备制造、科技金融作用以及西部能源和制造业基地的资源禀赋优势，释放乡村振兴农业产业发展巨大潜力，突出东西部产业转移大项目牵引作用。聚焦专业园区、特色园区、飞地园区建设，在系统重塑、规划调整、要素保障等领域协同发力，进一步扩投资、优布局、强链条、增实力，产业集聚效应显著，产业匹配程度较高，有力推动了东西部协作产业转型升级和协同发展。注重发挥当地资源优势，按照产业链安排协作项目和招引企业投资项目，注重发展劳动力吸纳能力强的产业，"东部企业+西部资源""东部市场+西部产品""东部总部+西部基地""东部研发+西部制造"等模式取得实质性进展，共同加快融入"双循环"新发展格局。

围绕加快脱贫县（区）发展，东部省（市）充分发挥东西部协作、社会力量帮扶等机制作用，加强脱贫地区与发达地区的经济合作，加快产业转移和项目落地进度，推动产业向西部转移，积极引导发达地区企业到脱贫县投资兴业，推动脱贫县承接发达地区产业转移，促进产业协同发展。西部省（区、市）抢抓发展机遇，选准切入点和突破口，持续改善脱贫县产业发展条件，强化配套建设，改善基础设施，着力优化营商环境，搞好协调服务，全面落实土地、税收、金融等优惠政策，切实降低综合投资成本，为企业发展提供更好的服务，推动项目落实落地和产业转型升级。2021年，东部省（市）新增引导2193家企业到西部省（区、市）投资，共建产业园区482个，采购和帮助销售西部农副产品813亿元，吸纳西部脱贫劳动力就业926.3万人（同比增长12%），在协作地区启动实施917个乡村振兴示范村建设，支持西部乡村加快发展步伐，带动西部农民多渠道增加收入。[1] 2022年，东西部产业协作继续保持良好态势，引导1127家企业赴西部投资、实际到位投资额342.3亿元。[2] 东西部协作省份发挥平台引导机制，创新"津陇共振兴"、粤黔"双百"行动等产业协作模式，促进转移企业和项目实现数量、质量双提升。

---

[1] 《刘焕鑫：深化东西部协作促进乡村振兴》，国家乡村振兴局微信公众号，2022年8月23日，https://mp.weixin.qq.com/s/AvLHLvWEOhlcZJAE5I2iyQ。

[2] 《深化东西部协作促进乡村振兴》，《经济日报》2022年8月22日，http://paper.ce.cn/pc/content/202208/22/content_ 259732.html。

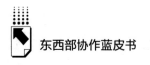

二　东西部协作推动产业转移的实践路径

东西部协作各省（区、市）始终贯彻落实党中央系列决策部署，将产业协作作为重中之重，根据当地产业基础、区位条件、资源禀赋及少数民族优惠政策，确定帮扶路径和目标，多层推进，升级加力，提质增效，推动受援地产业结构更趋合理，产业规模不断壮大，产业效益日益凸显。

梳理东西部产业协作的典型经验做法可发现，东西部产业协作主要围绕产业链的转移布局进行，以产业链塑造、产业链延伸、产业链转型三种类型为代表，各协作省（区、市）间因比较优势的差异而各具特色（见表4）。

表4　东西部协作互鉴互通典型案例对比分析

类型	协作主体	典型经验
产业链塑造	闽宁协作	红寺堡区生态移民的实践与探索等
产业链延伸	苏陕协作	推动汽车配套产业链延伸等
产业链转型	粤黔协作	推动贵州刺梨产业转型升级开发等

在产业链塑造方面，具有典型代表性的经验包括：闽宁协作红寺堡区生态移民的实践与探索、苏陕协作毛绒玩具产业链的转移承接。宁夏红寺堡是全国最大的易地生态移民扬黄扶贫集中安置区，闽宁协作立足红寺堡因水而建、因水而兴的实际，培育发展了高效节水农业，确定了葡萄酒、枸杞、黄花菜和肉牛滩羊等农业特色产业发展目标，走出了生态移民的产业发展振兴路。陕西省安康市积极承接东西部协作结对省份江苏省的毛绒玩具产业转移，采取了全产业链转移和园区式集中发展的思路，"从无到有"培育了全新产业链条。

在产业链延伸方面，具有典型代表性的经验包括：津甘协作

"津陇共振兴"、浙川协作"国企+"模式、苏陕协作推动汽车配套产业链延伸、粤黔协作"4+"模式合作共建产业园区、粤桂协作深化"圳品"产业品牌化建设。津甘两地依托"津陇共振兴",汇聚"组团式""集团式"东西部企业协作发展势能,以"服务链、品牌链、产业链、情谊链"持续深化津甘社会帮扶。浙川双方通过国企平台和资金引领,带动四川国企、民企和集体经济组织协同发展,推动"资金输血"变"产业造血"、"单向帮扶"变"互动合作"。苏陕协作双方发挥大项目牵引和大产业带动作用,结合产业发展比较优势,江苏帮助陕西铜川引进了玲珑轮胎投资 60 亿元①,同时把上下游 20 多个产业全部聚集在一起,为陕汽和比亚迪做产业配套,实现了陕西制造铜川配套。粤黔两地实施"粤企入黔共建产业园区'双百'行动",探索"广东企业+贵州资源""广东市场+贵州产品""广东总部+贵州基地""广东研发+贵州制造"合作模式,支持粤黔合作共建产业园区,两地在招商引资、产业合作等方面再添新动能。粤桂两地以"圳品"建设为抓手,提升广西农产品规模化、标准化、品牌化发展水平,更好地对接粤港澳大湾区,打通内循环,积极打造"政府引导、企业主体、技术服务、市场对接"的"圳品帮扶模式",探索形成新形势下粤桂产业协作新机制。

在产业链升级方面,具有典型代表性的经验包括:京蒙协作建立赤峰—亦庄产业科创飞地、粤黔协作推动贵州刺梨产业转型升级开发。京蒙两地以建设飞地科创产业园为抓手,按照"研发孵化在北京、转化落地在赤峰"的思路,建设以生物技术和大健康为主导产业的反向飞地孵化器。粤黔协作引进广药集团,在贵州成立刺梨深加工产品研发攻关团队,完成了"刺柠吉"的配方研发,"刺柠吉"系

①《投资 60 亿元的玲珑轮胎铜川项目加速推进》,《铜川日报》2022 年 9 月 15 日,https://szb.tcrbs.com/tcrb/20220915/mhtml/index_ content_ 20220915001003.htm。

列刺梨饮料、润喉糖、气泡酒、果醋等产品相继面世,贵州刺梨种植面积达 210 万亩①,带动当地农户持续增收。

三　东西部协作推动产业转移实证研究

（一）闽宁协作——生态移民的实践与探索

20 多年来,福建、宁夏开展了多层次、多形式、宽领域、全方位的协作,闽宁协作下的生态移民成为中国扶贫开发史上东西部协作的集中缩影和成功典范。协作期间,宁夏先后建成 110 个闽宁协作示范村、78 个闽宁协作移民新村、320 个易地搬迁安置区,累计接收西海固地区易地搬迁移民 100 多万人②,并逐步完成了搬迁安置区的产业链塑造,形成了制度构建、群众参与、产业带动的协作形态,提供了一条国家战略、宁夏方案、跨省（区）协作的路径。

1. 闽宁镇:综合型生态移民示范基地

作为东西部扶贫协作的起点,闽宁镇从无到有、由弱变强,见证了闽宁携手从单向扶贫到互利共赢的发展历程。如今,闽宁镇已从昔日"天上无飞鸟、地面不长草、十里无人烟、风吹沙粒跑"的"干沙滩",变成了绿树成荫、经济繁荣、百姓富裕的"金沙滩"。

闽宁镇移民包括吊庄移民、劳务移民、专项生态移民等多种类型,1997 年和 2018 年是闽宁镇扶贫脱贫与发展进程中的两个重要节点。1997 年之前,闽宁镇只是一个普通吊庄移民基地,与其他实行农业安置的县外移民基地并无区别;1997 年后,其成为生态移民示

---

① 《台湾教授与刺梨的奇遇之旅》,中国新闻网,2022 年 1 月 12 日,http://www.chinanews.com.cn/tw/2022/01-12/9650371.shtml。

② 《闽宁协作二十五载:海风吹绿宁夏川》,中国新闻网,2021 年 5 月 28 日,https://www.chinanews.com/cj/2021/05-28/9487699.shtml。

范镇。2018 年，闽宁镇已经从贫困乡镇中出列。

近年来，闽宁镇先后与漳州台商投资区和厦门市湖里区、思明区结对共建，不断改进和提升"联席推进、结对帮扶、产业带动、互学互助、社会参与"五项机制（见图1）。

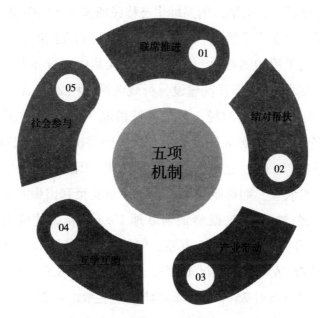

图1　闽宁镇"五项机制"推进东西部扶贫协作

在培育塑造特色优势产业链上，闽宁协作充分利用了贺兰山东麓的自然资源优势，推动镇村一体化布局和"一村一特"绿色发展，形成了肉牛养殖村、酿酒葡萄种植村、枸杞种植村、光伏发电村等特色产业村落。在镇域配套建设特色产业加工企业和销售部门，镇和村同为产业载体，不同生产经营环节互为依托，健全了产业链条。产镇融合已成为闽宁镇当前的一个重要发展特征，核心内容是搞好镇区建设，追求全镇产业经济快速、强势发展，顺应了新型城镇化建设的大趋势。

经过多年来的不懈奋斗，闽宁村从最初 8000 人发展成 6.6 万人的移民示范镇，移民年人均可支配收入由搬迁之初的 500 元跃升到 2020 年的 1.5 万元，闽宁镇 6 个行政村全部脱贫出列，累计脱贫退出建档立卡贫困户 1633 户 7046 人，村集体经济收入超过 600 万元。①

2. 红寺堡区：全国最大的易地生态移民扬黄扶贫集中安置区

红寺堡区位于宁夏腹地，是中国共产党带领人民群众历史性解决绝对贫困伟大工程的实践地、彰显社会主义集中力量办大事制度优势的诠释地。其于 1998 年开发建设，行政区域面积 2767 平方公里，辖 2 镇 3 乡 1 街道 65 个行政村，累计开发耕地 70 余万亩，搬迁安置移民 23 万人②，是全国最大的易地生态移民扬黄扶贫集中安置区。

精准培育产业链。立足红寺堡因水而建、因水而兴的实际，大力发展高效节水农业，明确葡萄酒、枸杞、黄花菜和肉牛滩羊四大农业特色产业发展目标。打造酿酒葡萄基地 10.8 万亩，建成酒庄 25 家、投产 23 家，年产成品酒 1500 万瓶；坚持标准化生产，发展枸杞种植 2.5 万亩；培育黄花菜示范村 14 个，种植面积达 8.02 万亩；打造肉牛高质量发展示范村 25 个、滩羊高质量发展示范村 23 个，肉牛滩羊饲养量达 14.7 万头、103.7 万只。打造 8 个全产业链示范村，每年为 1.2 万农户提供土地流转费 2610 万元、务工收入 1.6 亿余元；枸杞、黄花菜采摘期间季节性用工近 10 万人次，直接收益 2.7 亿元，特色产业对农民收入贡献率突破 70%。③

全力提升价值链。红寺堡先后获得"中国葡萄酒第一镇""中

---

① 《宁夏永宁县闽宁镇：东西扶贫协作新样》，中国新闻网，2021 年 2 月 19 日，https://www.chinanews.com.cn/cj/2021/02-19/9414303.shtml
② 《红寺堡区基本概况》，红寺堡区人民政府网，2020 年 4 月 10 日，https://www.hongsibu.gov.cn/zjhsb/hsbgk/hsbjj/201709/t20170925_494748.html。
③ 《移民致富提升前景阔 乡村全面振兴后劲足——宁夏吴忠市红寺堡区高质量发展创新举措》，齐鲁网，2022 年 8 月 22 日，http://news.iqilu.com/china/gedi/2022/0822/5213634.shtml。

国最具发展潜力葡萄酒产区""中国富硒黄花菜明星产区""全国食品安全示范基地"等国字号称谓。红寺堡产区葡萄酒连续5年获布鲁塞尔国际葡萄酒大赛金奖。建设自治区级现代农业产业园，建成年加工干菜0.6万吨生产线1条、鲜菜加工生产线2条，年加工黄花菜鲜菜1.3万吨，建成牛羊规模化屠宰场1家、深加工企业1家，年屠宰牛、羊分别达1万头、11.3万只。葡萄酒、枸杞、黄花菜、肉牛滩羊全产业链综合产值达29.94亿元，农产品加工转化率超69.5%。[①]

持续畅通资金链。创新财政投入方式，通过贷款贴息、政企合作、社会化托管等方式，吸引社会资本投向全产业链和三产融合，累计撬动社会投资47.6亿元。开办农业保险品种21个，葡萄、枸杞、黄花菜、肉牛滩羊等特色产业实现全覆盖，农业保险参保农户、风险保障金额分别达到1.56万户次、2268.4万元。[②]

（二）苏陕协作——大项目牵引+大产业带动

苏陕产业协作的突出特点在于产业链的延伸。苏陕双方利用大项目牵引和大产业带动作用，结合产业发展比较优势，充分发挥江苏装备制造大省、陕西能源和制造业基地的资源禀赋优势，释放乡村振兴农业产业发展巨大潜力，聚焦专业园区、特色园区、飞地园区建设，在系统重塑、规划调整、要素保障等领域协同发力，进一步扩投资、优布局、强链条、增实力，产业集聚效应显著，产业匹配程度较高，

① 《移民致富提升前景阔 乡村全面振兴后劲足——宁夏吴忠市红寺堡区高质量发展创新举措》，齐鲁网，2022年8月22日，http：//news.iqilu.com/china/gedi/2022/0822/5213634.shtml。

② 《移民致富提升前景阔 乡村全面振兴后劲足——宁夏吴忠市红寺堡区高质量发展创新举措》，齐鲁网，2022年8月22日，http：//news.iqilu.com/china/gedi/2022/0822/5213634.shtml。

有力推动了苏陕两省产业转型升级和协同发展。

如图2和图3所示，从第一、二、三产业资金投入和产业结构看，第二产业都远高于第一、三产业和三产融合型产业，这与江苏产业比较优势与产业转移方向基本一致，同时，与陕西资源禀赋基本吻合。

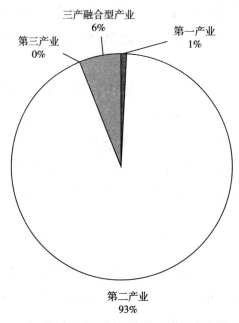

图2　江苏引导赴陕西落地投产企业投资分布

苏陕协作落地产业项目共186个。① 从产业类别来看，投资亿元以上项目主要包括装备制造、能源化工、新能源、农业产业、医药卫生产业、文旅产业、园区建设、仓储物流、房地产、基础设施建设十大产业类别。产业项目主要集聚在装备制造、能源化工、新能源、农业产业四大类别上，项目数占比超过80%，投资额度占比超过85%。

① 《苏陕协作向全方位战略合作升级》，《陕西日报》2022年2月16日，https：//esb. sxdaily. com. cn/pc/content/202202/16/content_ 776588. html。

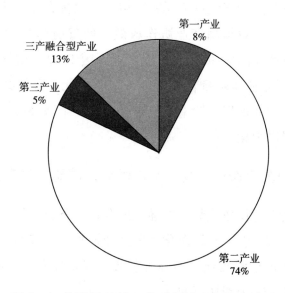

图3 江苏引导赴陕西落地投产企业数量分布

苏陕协作双方以产业发展为核心，立足两地比较优势，积极发挥区域统筹布局的作用，推动形成了大产业带动的发展格局。以苏陕协作各结对市区产业转移情况来看，呈现以下两种特征。一是重点围绕区域特色产业链条进行转移，有助于区域产业发展一体化格局的构建。比如扬州——榆林协作产业转移亿元以上项目6个，其中能源化工产业上下游项目4个；南京——商洛协作产业转移亿元以上项目5个，其中装备制造业项目4个。二是大产业转移比重较大。各结对市区转移亿元以上产业数占比在1/4至3/4之间，说明大产业的带动作用明显，产业资源和协作资金的整合利用程度较高。比如，江苏帮助陕西铜川引进了玲珑轮胎，投资60亿元，引进了起亚轮毂，投资10亿元，同时把上下游20多个产业全部聚集在一起，为陕汽和比亚迪做产业配套，填补了陕西省内汽车配套产业的空白，实现了陕西制造铜川配套，打破了日本在这个领域的垄断，同时也把东部先进的招商引资理念带到了西部。

苏陕两省产业转移注重依托园区载体、发挥企业主体作用、增强政府服务功能，有效提高产业协作成效。两省协作共建产业园区 40 个，其中农业产业园区 30 个，工业产业园区 10 个，引导入驻园区企业 71 个，入园企业实际到位投资额 21.37 亿元。合作共建农业产业园区则主要集中在铜川、渭南、安康和商洛 4 个地级市，这与当地资源禀赋和发展潜力相匹配。

（三）京蒙协作——发挥比较优势，推动京蒙产业融合发展

京蒙两地发挥比较优势，加强统筹联动，强化政策、平台、融合赋能，注重模式创新，持续深化京蒙产业协作。2022 年，共引导 114 家企业赴内蒙古投资兴业，实际到位投资 70.71 亿元，携手建设 59 个产业园区和 138 个帮扶车间。①

一是强化政策赋能。围绕北京"五子"联动的重大举措及内蒙古"两个屏障、两个基地、一个桥头堡"的战略定位，聚焦巩固拓展脱贫攻坚成果、全面推进乡村振兴，京蒙共同出台《落实京蒙协作促进产业高质量发展若干政策措施》，提出 9 个方面 27 条措施，将产业协作常态化、精准化、品牌化。内蒙古自治区人民政府出台《内蒙古自治区以更优营商环境服务市场主体行动方案》，为赴蒙投资企业创造"居家型"环境、提供"保姆式"服务、搭建"开放式"平台。

二是强化平台赋能。持续安排每年不低于 65% 的京蒙协作资金用于支持帮扶协作地区特色种植养殖、农畜产品加工、物流运输、消费帮扶等项目，持续支持察右前旗宏福现代农业产业园、翁牛特旗现代农业产业园、科左中旗肉牛养殖等重点项目建设，推动优势产业做

---

① 《消费帮扶连起"钱袋子""菜篮子"！京蒙协作交出亮眼成绩单》，新浪财经，2023 年 4 月 12 日，https：//finance.sina.com.cn/jjxw/2023-04-12/doc-imyqctxe3883012.shtml。

大做强。在内蒙古赤峰成立京蒙产业服务协会，为赴蒙投资企业提供优质服务。北京市朝阳区率先成立支援合作企业发展共同体，充分发挥企业作为产业协作主体的作用。京蒙双方同步线上举办"京蒙百企情"暨2022年京蒙产业对接启动仪式，京蒙两地500多家单位和120多家企业参加，其中31个合作项目签约，签约金额1464亿元，涉及能源基地建设、农畜产品生产加工、文化旅游、消费流通等多个领域。①

三是强化融合赋能。携手推进"两个基地"建设，合作共建"农副产品生产加工基地"和"清洁能源基地"，帮助内蒙古牛羊肉、电力等进入北京市场。截至2022年底，累计建成89个果蔬粮油种植基地、44个家禽畜养殖基地和25个肉奶粮加工基地，帮助打造锡林郭勒羊肉、赤峰杂粮、兴安盟大米等多个名优品牌。② 国电、京能、富盛、金风科技、京东方能源等一批大型京籍能源企业落地内蒙古，总投资超过1500亿元，年总发电量约7600万千瓦，保障了北京市40%以上的电力需求，谱写了京蒙协作新篇章。

（四）浙川协作——突出产业互补，共建产业园区

近年来，浙川以共建产业园区为抓手，推动浙川两省互利共赢发展。2021年以来，浙江共引导765家企业到四川投资、实际到位投资679亿元，共建产业园区68个，引导入园企业305家、实际到位投资136亿元。③

---

① 《京蒙产业对接启动仪式线上签约1464亿元》，人民网，2022年9月14日，http：//nm. people. com. cn/n2/2022/0914/c196667-40123042. html。

② 《京蒙携手推进"两个基地"建设 谱写京蒙协作新篇章》，国家乡村振兴局官网，2023年2月23日，https：//nrra. gov. cn/2023/02/23/ARTIrnu3ajYKuoGCJ04KjQGL230223. shtml。

③ 《浙川共建产业园区 全力打造东西部产业协作"浙川模式"》，四川省乡村振兴局官网，2023年2月27日，http：//xczxj. sc. gov. cn/scfpkfj/inportantnews/2023/2/27/c3521e495f0d4956a538c3a9e38ca36b. shtml。

贯彻"一个理念",凝聚园区共建共识。多年来,浙川两省在共建产业园区上践行"地瓜经济"的理念,浙江发挥市场、资金、数字化等先发优势,四川发挥资源、劳动力等特色优势,双方优势互补、互利共赢,不仅提升了四川脱贫地区"造血"能力,也为浙江企业提供了广阔的发展空间。2018年以来,浙川两省共建的68个产业园区吸纳落地投资创业的企业400余家,实际投资规模达310亿元,吸纳脱贫人口就业1万余人。①

强化"两个引领",明确园区产业布局。一方面,强化规划引领。着眼增强结对地区产业内生发展动力,共同谋划、系统规划,将园区、受援地产业发展规划有机融合,实现浙川产业协作由"输血"向"造血"转变。比如,四川屏山县抢抓浙江纺织产业结构转型、向西部转移输出机遇,与浙江海盐县共同谋划建设浙川纺织产业协作示范园,累计引进纺织企业36家、总投资289亿元,已建成24家(年产值超80亿元)②,初步构筑起纺纱、纺线、织布、服装全产业链纺织产业体系。四川青川县将浙江安吉县30余年白茶发展经验融入茶产业发展规划中,两地共建"白叶一号"茶产业园区,累计种植白茶5000亩,带动当地512户1544人增收致富。③另一方面,强化特色引领。坚持"一县一园区、一园一主业",结对双方共同放大特色优势,共建了平昌县青花椒产业园、茂县红樱桃产业园等一批一产产业园区,广元市新材料、仪陇县汽配机械东西部协作产业园等一批二产产业园区,温阿科创园、壤塘文化产业园等一批三产产业园

① 《浙川共建产业园区 全力打造东西部产业协作"浙川模式"》,四川省乡村振兴局官网,2023年2月27日,http://xczxj.sc.gov.cn/scfpkfj/inportantnews/2023/2/27/c3521e495f0d4956a538c3a9e38ca36b.shtml。

② 《四川:东西协作为脱贫产业赋能》,《农民日报》,2022年12月23日,https://szb.farmer.com.cn/2022/20221223/20221223_007/20221223_007_1.htm。

③ 《浙川联手优化产业布局 共同融入新发展格局》,新华网,2022年11月21日,http://xczx.news.cn/2022-11/21/c_1211702853.htm。

区，以及平武县果梅生猪种养循环现代农业园区、甘洛县田坝团结农旅融合现代园等三产融合产业园区。

构建"三大机制"，促进园区持续发展。一是构建因地制宜的投融资管理机制。坚持政府牵头、多方参与、市场运作，探索所有权与经营权相分离的经营管理模式，因地制宜地建立符合产业创新发展规律、激发创新活力的运行机制，政府定方向、企业定项目。积极引入央企、国企等战略资本，降低运行风险。比如，南浔—广安东西部协作产业园，实行"国有公司+民营企业"建设运营新模式，由浙江南浔区国有公司分别对接南浔龙头民营企业，采取民企定制、平台建厂、先租后转等模式共建产业园。先由国企建厂房、购买设备租赁给民企运营，未来5—10年民企再逐步收购厂房设备，打造"拎包入住式"产业园。二是构建互利共赢的利益联结机制。充分调动政府、企业、市场等多方积极性，成功建设一批"飞地"产业园区。比如，浙江四川首个飞地项目"嘉善—九寨产业园"，在园区建成的5年内，嘉善县将项目投资额的10%、园区企业所缴税收留存地方部分的50%作为收益给予九寨沟县，并已三次分配给脱贫群众。目前，该项目两期收益已达2840万元，帮助九寨沟县48个脱贫村集体经济发展和3575名脱贫人口增收。① 三是构建同频共振的联合招商机制。共同编织项目、人才等资源共享"信息网"，组建"点对点""一对一"师徒式招商小组，实施"一起跑企业、一起谈项目、一起做推介"的"抱团式"招商策略。比如，浙江湖州市主动邀请四川招商干部入驻湖州驻上海、北京、深圳招商引才中心开展联合招商。②

---

① 《浙川联手优化产业布局 共同融入新发展格局》，新华网，2022年11月21日，http://xczx.news.cn/2022-11/21/c_1211702853.htm。

② 《浙川共建产业园区 全力打造东西部产业协作"浙川模式"》，四川省乡村振兴局官网，2023年2月27日，http://xczxj.sc.gov.cn/scfpkfj/inportantnews/2023/2/27/c3521e495f0d4956a538c3a9e38ca36b.shtml。

突出"四个赋能",确保园区共建实效。一是突出政策赋能。四川省出台 5 大类 15 条优惠政策,12 个市(州)均制定实施细则。比如,四川广安区对生产性厂房建设、装修、租赁及设备搬迁均有不同程度的补贴,其中设备搬迁最高补助可达 100 万元;结对的浙江南浔区对入驻广安产业园区的高端装备、智能制造等企业,按生产性设备投入 10% 予以补助,单个项目最高补助 500 万元。① 浙川结对两县的政策,共同帮助企业降低了厂房、设备这两个最重要的生产要素的投入成本。二是突出数字赋能。共享浙江数字化改革成果,推动园区建设数字化工厂,推动实现产业数字化、数字产业化。比如,依托湖州蔚蓝智衣"快衣智造",帮助汶川来料加工园"嫁接"浙江织里童装产业"大脑",搭建起在线匹配需求、统一设计裁剪、来料生产加工、第三方质检等全业务链条,逐步将汶川来料加工园打造成数字化工厂。杭州市在广元市青川县打造"白叶一号"数字驾驶舱,实现茶叶生长全生命周期数字化精准监测管护,在助推"白叶一号"品牌品质提升的同时带动当地数字乡村建设,助力农户增收。三是突出人才赋能。吸引具有爱国情怀的海外人才回国发展,吸引具有乡土情怀的从高能级城市返乡创业的本土人才来园区施展才华。支持鼓励创业人才带项目、带技术、带资金入驻园区,探索形成"一个人才衍生一个细分产业"的发展模式。四是突出标准赋能。将浙江"标准地"制度融入园区项目招引中,设置科学合理、区域差异、动态调整的投资、产出等标准,严把项目准入关,将有限的土地资源流向高质量项目。

---

① 《浙川共建产业园区 全力打造东西部产业协作"浙川模式"》,四川省乡村振兴局官网,2023 年 2 月 27 日,http://xczxj. sc. gov. cn/scfpkfj/inportantnews/2023/2/27/c3521e495f0d4956a538c3a9e38ca36b. shtml。

B.3
2022年东西部协作教育、医疗帮扶

夏庆杰　潘雨晨　田晓婷　左停　桂拉旦*

摘　要： 开展东西部协作教育医疗"组团式"帮扶，是缩小中国东西部差距、促进教育医疗公平、阻断贫困代际传递的有效方式。本报告从东西部协作医教帮扶的发展历程，"组团式"医疗、教育帮扶的实践经验，"互联网+"医疗帮扶的创新探索三个方面进行了研究。依托东西部协作机制，东西部协作各省份积极争取各方支持，采取"组团式"帮扶模式，全方位支持定点帮扶县学校、医院建设和教育医疗人才队伍建设，西部地区教育医疗水平得到整体提升。探索推进"互联网+教育""互联网+医疗"等帮扶方式，推动微医数字流动医院建设，有效弥补西部基层医疗资源缺乏的短板。

关键词： 东西部协作　教育帮扶　医疗帮扶　"组团式"帮扶

---

* 夏庆杰，北京大学经济与人类发展研究中心主任、教授，研究方向为应用计量经济学、收入分配及贫困问题研究、微观经济学、劳动力经济学；潘雨晨，东西部协作专家委员会特聘研究员，研究方向为东西部协作、产业融合、乡村振兴；田晓婷，友成企业家乡村发展基金会副秘书长、东西部协作专家委员会副主任，研究方向为东西部协作、医疗帮扶；左停，中国农业大学乡村振兴研究院副院长、教授，研究方向为乡村振兴；桂拉旦，广东财经大学副教授，研究方向为乡村振兴。

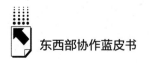

一 东西部协作医教帮扶的发展历程

开展东西部协作教育医疗"组团式"帮扶,是缩小中国东西部差距、促进教育医疗公平、阻断贫困代际传递的有效方式。东西部协作各省份在 20 余年的不懈努力和艰苦探索中,形成了生动的教育医疗帮扶"实践样本"。

(一)突出政策引导,推动协作结构化布局(1996—2012)

1996 年 5 月,中央做出了"东西部扶贫协作"的重大决策。同年 10 月,中央扶贫开发工作会议进一步做出部署,东西部扶贫协作正式启动。2000 年 10 月,《国务院关于实施西部大开发若干政策措施的通知》(国发〔2000〕33 号)发布,明确把教育卫生和人力资源开发作为西部开发的四大重点领域之一。[①]

在这一阶段,东西部扶贫协作启动并逐步展开,东部地区地方政府通过结对帮扶、人才交流等方式,支援西部地区的教育和医疗事业发展。其间,东部地区地方政府调动相关事业单位、社会组织、公民个人的积极性,派出教师、医生、农业技术人员开展人才交流,学校、医院开展结对帮扶,西部地区教育卫生事业得到了各种利好政策以及东部城市和省会城市大医院的支持,取得了巨大成就。

(二)聚焦精准帮扶,推动协作多元化实践(2012—2020)

2016 年 7 月,在东西部扶贫协作开展 20 周年之际,习近平总书记出席在银川召开的东西部扶贫协作座谈会(以下简称"银川会

[①] 《国务院关于实施西部大开发若干政策措施的通知》,中国政府网,2000 年 10 月 26 日,https://www.gov.cn/gongbao/content/2001/content_ 60854.htm。

议"）并讲话，指出东西部扶贫协作和对口支援是推动区域协调发展、协同发展、共同发展的大战略，是加强区域合作、优化产业布局、拓展对内对外开放新空间的大布局，是实现先富帮后富、最终实现共同富裕目标的大举措。

在银川会议召开的前一年，习近平总书记在 2015 减贫与发展高层论坛上强调，中国扶贫攻坚工作实施精准扶贫方略，增加扶贫投入，出台优惠政策措施，坚持中国制度优势。其中，就提到要"通过教育扶贫脱贫一批，通过低保政策兜底一批，广泛动员全社会力量参与扶贫"。教育扶贫和医疗健康作为国家精准扶贫精准脱贫方略的重要组成部分，是确保打赢脱贫攻坚战、实现全面建成小康社会目标的重要举措。在精准扶贫的战略背景下，东西部教育医疗协作成为推进教育扶贫和医疗健康工程的有力抓手，形成了多元化的推进模式。

机制化牵动，落实重大政策。2016 年，中共中央办公厅、国务院办公厅印发《关于进一步加强东西部扶贫协作工作的指导意见》，加强人才支援。采取双向挂职、两地培训、委托培养和"组团式"支教、支医、支农等方式，加大教育、卫生、科技、文化、社会工作等领域的人才支持，把东部地区的先进理念、人才、技术、信息、经验等要素传播到西部地区。

项目制推动，实施重大工程。增强贫困地区教育医疗卫生服务供给能力是东西部教育医疗协作、医疗健康、教育扶贫的重点任务之一。脱贫攻坚期间，中央财政累计投入资金 1.4 万亿元，支持脱贫任务重的 25 个省份卫生健康事业发展，同口径年均增长 11.6%，还专门设立了 832 个贫困县医疗服务能力提升项目。[①] 教育扶贫工程实施

---

① 《国家卫健委：中央财政累计投入 1.4 万亿元支持 25 省份卫生健康事业》，中国新闻网，2022 年 5 月 24 日，https：//www.chinanews.com.cn/gn/2022/05-24/9762104.shtml。

期间，国家财政性教育经费用于中西部地区的经费，占到50%以上。中央对地方教育转移支付资金用于中西部地区的经费，占到80%以上。①

"组团式"拉动，派驻人才队伍。2015年，中央组织部、教育部和国家卫健委提出实施教育医疗人才"组团式"支援，将其作为一项重要政治任务和民心工程常抓在手。"组团式"帮扶成为东西部教育医疗协作的重要创新载体。在"组团式"医疗帮扶方面，近年来，国家卫健委组织1007家城市三级医院与1172家贫困县县级医院结对帮扶、11.8万人次的医务人员蹲点基层服务。全国累计支援乡村两级医务人员近10万人。②

（三）面向共同富裕，推动协作系统化升级（2021年至今）

2021年2月，在全国脱贫攻坚总结表彰大会上，习近平总书记庄严宣告，中国脱贫攻坚战取得了全面胜利。"东西部扶贫协作"改称"东西部协作"，成为下一步乡村振兴战略中要继续坚持和完善的制度之一。在此背景下，东西部协作教育医疗帮扶也进一步深化，2022年4月，中央组织部会同有关部委，在京召开干部人才"组团式"帮扶国家乡村振兴重点帮扶县工作部署电视电话会议，围绕"组团式"帮扶国家乡村振兴重点帮扶县，就选派医疗、教育干部人才和科技特派员，集中力量帮助建好1所县级人民医院、1所普通高中和1所职业高中。"组团式"医疗帮扶面向西部的10个省区市确定了160个国家乡村振兴重点帮扶县，开展有针对性的帮扶。

---

① 《十年来党和国家优先保障教育投入的有关情况》，中华人民共和国教育部官网，2022年9月27日，http：//www.moe.gov.cn/fbh/live/2022/54875/sfcl/202209/t20220927_665114.html。

② 《我国10年帮扶近千万因病致贫返贫家庭》，中国政府网，2022年5月25日，https：//www.gov.cn/xinwen/2022-05-25/content_5692168.htm。

二 "组团式"医疗、教育帮扶的实践经验

（一）实施背景

医疗、教育帮扶是东西协作变"输血"为"造血"、阻断贫困代际传递的核心举措，也是乡村振兴的重要保障。近年来，中央组织部、国家卫健委、教育部充分发挥协调联络优势，依托东西部协作机制，积极争取各方支持，采取"组团式"帮扶模式，即从对口支援省份成批次持续选派综合管理人员和专业技术人员，同步引入财力智力，全面重塑硬件软件，一体统筹前方后方，全方位支持定点帮扶县学校、医院建设和教育医疗人才队伍建设，整体提升县域教育医疗水平。

从2015年开始，中央组织部会同国家卫健委、教育部及17个对口援藏援疆省市，开展"组团式"援藏、援疆工作，始终坚持把改善民生、凝聚人心作为工作的出发点和落脚点，先后创新开展医疗、教育人才"组团式"援藏、援疆工作，为加速西部发展开创了新路径，注入了新动力。"十三五"期间，国家卫健委每年组织全国三级医院900余名专家支援西藏、新疆和新疆生产建设兵团。医疗人才"组团式"受援变"单兵突击"为"集团作战"、变"输血供氧"为"造血制氧"，将先进诊疗技术和优秀管理理念"带着泥土"移栽到当地。① 自2016年4月教育人才"组团式"援藏工作正式启动以来，17个支援省市已选派2076名教育人才以"以省包校"的形式对口支

---

① 《医疗人才"组团式"支援：西藏、新疆16所受援医院全部成为三级医院》，人民政协网，2020年12月16日，http://www.rmzxb.com.cn/c/2020-12-16/2738502.shtml。

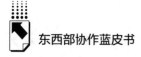

援西藏 21 所中小学。①

2022 年以来，东西部协作双方把提高干部人才能力作为重要抓手，组织东部干部到西部帮发展、促振兴、受锻炼，组织西部干部到东部开眼界、学理念、强本领。东部省市充分发挥科教文卫优势，坚持智志双扶、鱼渔兼授，助力对口帮扶地区巩固拓展脱贫攻坚成果与乡村振兴有效衔接。采取"走出去、请进来"的方式，持续加大医教专业技术人才交流力度，为乡村振兴提供人才智力支持，推动科技特派团和教育、医疗人才"组团式"帮扶在 160 个国家乡村振兴重点帮扶县取得新成效。制定东西部协作科技创新专项资金使用导则，支持继续认定"双地"科技特派员，加强科技成果转移转化。及时解决专技人才工作、生活中的实际困难，营造暖心、舒心、安心的工作生活环境。探索推进"互联网+教育""互联网+医疗"等帮扶方式，推动微医数字流动医院建设，有效弥补西部基层医疗资源缺乏的短板。

（二）模式经验

东西部协作各省（区、市）坚持高位推动、精心组织，持续做好干部选派等工作，充分发挥挂职干部一线指挥员、战斗员作用，"输血造血"并重，开展了挂职互派、医疗教育人才"组团式"支援工作，助力协作帮扶地区医疗教育水平、学科建设和人才培养全面提升。在工作上，延续和拓展了脱贫攻坚期间东部地区各项人才智力支持西部地区的好做法，引导东部专业技术人才发挥优势，通过思想上交流、观念上互通、技术上支持，为西部地区发展提供有力的人才支撑。

---

① 《"组团式"援藏推进西藏教育事业新发展》，中华人民共和国教育部官网，2017 年 9 月 6 日，http://www.moe.gov.cn/jyb_xwfb/gzdt_gzdt/s5987/201709/t20170906_313527.html。

一是帮扶力量组织化、团队化。引入人才是改变落后地区教育医疗面貌的关键举措。以往的支教、支医大多时间短、规模小，针对这种情况，东部地区积极探索帮助定点县组织化成批次引进帮扶力量的新模式。西部地区积极争取对口支援省市支持，把资源攥成拳头精准发力，集中人才优势打好攻坚战。

二是帮扶方式全方位、重塑性。紧紧围绕从"输血"向"造血"的功能转换，充分发挥帮扶人才作用，在提升受援学校、医院物质基础的同时，积极引入先进理念，促进管理创新、制度迭代、文化融合，实现全方位植入、全链条更新、全过程改变。

三是帮扶目标促发展、建队伍。"组团式"帮扶立足当前、着眼长远，注重结合学科建设，加强本地人才培训培养，努力打造一支"带不走"的专业技术人才队伍。采取"请进来、走出去、师带徒"等方式，系统加强西部地区本地教师、医生业务能力培训。充分发挥帮扶专家的传帮带作用，提高本地教师、医生工作能力和业务水平。

四是帮扶效果可评价、可检验。自"组团式"教育医疗帮扶实施以来，协作地教育医疗事业实现跨越式发展，让当地群众真正得到了实惠，群众的获得感、幸福感显著提升。

专栏1　东西部协作"组团式"教育帮扶

沪滇协作——创新"集团式"教育帮扶：通过沪滇东西部协作平台机制，将优质教育集团引入西南教育市场，通过市场调节机制运营学校，促进云南教育提升自主"造血"能力，实现互利共赢、共同发展。持续加大对云南对口地区教育、医疗卫生帮扶力度，确保在结对覆盖"一县一学校、一县一医院"保底目标基础上，积极探索"大组团"链接"小组团"帮扶模式，以三级医院结对帮扶、中组部"组团式"帮扶为骨干，辐射带动脱贫县社会公共服务能力提升，构建县、乡、村三级公共服务体系。

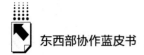

京蒙协作——"共享式"教育帮扶：建立"共享式"帮扶模式，运用互联网信息技术，积极探索两地教育资源共享，助力实现教育"城乡一体化"。通过远程教育网络共享平台和教师研修平台，将北京优质丰富的教育资源通过互联网传送到千里之外的边境小城，实现了课堂"同频互动"。北京市 17 个区与内蒙古 7 个盟市的 31 个旗县结对共建，京蒙两地 486 对中小学建立"手拉手"结对关系，北京 10 所高校与内蒙古 6 所高校开展结对交流合作，实现了多层次、多元化的沟通协调模式。

津甘协作——"组团式"职教帮扶：以打造优质职业教育为目标，派遣帮扶管理团队专职开展帮扶工作，助力西部地区职业教育快速发展。实施"理实一体化教学"，完善教学管理制度和教师量化考核标准，按照"强化优势专业、扶持传统专业、开办热门专业"的建设思路，增设一批社会有需求、办学有质量、就业有保障的特色专业。

鲁渝协作——创新开展"4×4"工作法：一是强化组织领导四方责任。强化各方责任，建立上下联动、责任明确、无缝衔接的工作推进体系。二是探索科室帮建四种模式。对不同科室类型，采取"提档升级""优先发展""重点帮扶""从无到有"等模式，提升当地医疗水平。三是凝聚人才培养四股力量。开展个性化培养，建立常态化交叉巡回诊疗制度，组织进修学习，打造人才梯队，建立常态化交流对接机制。四是深化共建共管四项交流。深化行政主管部门交流、帮扶医院与受援医院交流、前方机构与受援医院交流、远程会诊交流，实现优质资源共享。

案例一　京蒙协作——"组团式"教育医疗帮扶

东城区——阿尔山市："造血式""集团式""共享式"帮扶

京蒙协作以来，北京市东城区和阿尔山市为深入落实东西部协作工作座谈会精神，做好巩固拓展脱贫攻坚成果同乡村振兴有效衔接各项工作，推动京蒙教育协作高质量发展，阿尔山市借助北京东城区的师资优势，在教师跟岗培训、师生研学、结对建校、优势资源共享等多领域开展交流合作。

以强带弱聚合力，"造血式"帮扶模式促进教育均衡发展。北京市东城区与阿尔山市签订了教育对口帮扶框架协议，与当地教师协作开展百余项教育教学工作，对阿尔山分校进行"造血式帮扶"。2021年以来，支教团队教师从现代学校治理入手，帮助学校建立健全包括行政管理、德育教学等方面的管理制度100余条。搭建信息技术保障平台，利用云平台科学统筹全校课程。组织面向不同发展阶段教师的专业培训，通过公开课、示范课、专题研讨等形式开展教学科研活动，提高教师专业素养。

积极探索新模式，"集团式"帮扶模式助推教育协作高质量发展。东城区各结对学校开展长期支教、短期支教和跟岗培训活动，先后选派221名优秀教师赴京学习培训。以支教教师为核心开展教研，积极组织教研活动，宣传科学的教育教学理念和信息，开展了课堂教学展示和课堂教学研讨，带领教师共同实践"和谐高效"课堂的教学模式。开展了薄弱学科教师与北京结对学校教师"师徒结对"活动，通过远程磨课备课教研、面对面交流、手把手跟踪指导，帮助结对教师转变课堂教学理念，改进教学方法，提高课堂教学质量，"集团式"教育帮扶效果显著。

探索帮扶新路径，"共享式"帮扶模式实现教育"城乡一体化"。在两地的教育协作中，创新运用了互联网信息技术，积极探索两地教育资源共享。通过远程教育网络共享平台和教师研修平台，将东城区优质丰富的教育资源通过互联网传送到千里之外的边境小城，实现了课堂"同频互动"。截至2022年底，阿尔山市京蒙教育专线已经正式纳入东城区教育网络，6所学校全部实现了与东城区教育网络信息

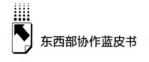
平台的学习互动。

丰台区——扎赉特旗:"组团式""全方位""沉浸式"帮扶

京蒙协作工作开展以来,北京市丰台区卫生健康委员会积极与扎赉特旗卫生健康委员会对接,通过"组团式""全方位""沉浸式"的帮扶援医工作,提升了扎赉特旗各受援医疗机构的医疗卫生水平,促进了扎赉特旗卫生健康事业整体高质量发展。

扩大结对范围,开展"组团式"医疗帮扶增强帮扶力量。2021年7月29日,北京丰台医院、丰台区中医医院、中西医结合医院、丰台区妇幼保健院及方庄社区卫生服务中心等6家社区卫生服务中心选派20名医疗专家,组建帮扶团队赴扎赉特旗进行医疗帮扶。结对帮扶工作中,北京专家围绕建立现代医院管理制度开展帮扶,为扎赉特旗卫生健康系统及医疗机构输入先进管理理念,帮助受援医院建立健全科学、高效的现代化管理制度,提高了受援医院运行效率,促进了扎赉特旗医疗管理水平的整体提升。

深化技术指导,开展"全方位"医疗帮扶满足群众需求。丰台区卫生健康委员会先后派出骨科、呼吸与危重症医学科、康复科、神经内科、麻醉科、普外科、消化内科、医学影像科、口腔科、妇产科、全科等多名业务骨干赴扎赉特旗开展医疗帮扶工作。协作期间,帮扶团队医师结合各自的专业特长,从内科到外科、从临床到医技、从急诊到病区,全方位、多角度开展帮扶。

瞄准病症顽疾,"沉浸式"医疗帮扶带动基层卫生健康服务能力发展。2022年,丰台区派出的医疗帮扶团队中,有7名经验丰富的全科医生,他们以"沉浸式"医疗帮扶方式,扎根基层,入驻扎赉特旗7家基层乡镇卫生院及社区中心,根据受援单位的实际需求,制定帮扶计划,通过门诊坐诊、教学查房、手术示教、科室会诊、疑难病例讨论、学术讲座等形式,将知识传授给受援单位医务人员;在慢病管理、公共卫生、基本医疗等方面对当地医生进行专题讲座,传授先进理念，努力提高当地医生医疗水平及健康管理水平。

资料来源：内蒙古自治区党委农村牧区工作领导小组提供。

案例二　津甘协作、中央定点帮扶——
舟曲"组团式"教育帮扶

近年来，天津市及和平区与中组部帮扶团队通力合作，以为舟曲县打造优质职业教育为目标，派遣帮扶管理团队到舟曲职专开展帮扶工作，助力舟曲职业教育快速发展。

一是帮树理念，完善人才培养体系。印发《舟曲职业中等专业学校学生手册》，建立学生自我管理机制，实施"理实一体化教学"。完善教学管理制度和教师量化考核标准，加大课堂教学常态监管力度。

二是加强管理，提升教育治理能力。按照"强化优势专业、扶持传统专业、开办热门专业"的建设思路，增设与当地经济社会发展紧密相关的旅游和酒店管理、建筑工程施工等一批社会有需求、办学有质量、就业有保障的特色专业。聚焦职业教育东西协作，与天津市中华职中等专业学校签订《舟曲县职业教育"3+1"脱贫帮扶协议书》，在学科教研、教师交流等方面开展务实合作。

三是强化技能，提高服务区域发展能力。出台《舟曲职专新入职新教师培训管理方案》，对接合作高校教授开设"教授讲堂"。落实津甘院校帮扶协议，选派60名教师互派互学，提高教师综合素质。围绕特色农牧产业和文化旅游两大首位产业，开展项目新、效果实、影响大的病虫害防治、餐饮服务、家政服务等专项培训，提高了培训人员专业技能和就业能力。

四是借助外力，扩大社会资源，增强职教效果。积极邀请援舟天津医生到学校开展各类健康讲座、开展疾病筛查、为学生提供免费体检等。邀请天津帮扶学校骨干教师到舟曲职专开展专题讲座、教研活动和支教活动。经过"组团式"帮扶，舟曲职专专业由原来的8个专业扩展到 12 个，合作办学高校由原来的 9 个扩展到 17 个，学校从过去的单招、综合评价、转段升学、三校生对口升学转变为"五年一贯制"培养的转段升学、"三校生"对口升学和艺术类高考等升学模式。舟曲学校推进了与部分央企的深入合作和帮扶，拓宽了学生就业渠道，开启了办学育人的新模式，办学方式迎来大变革，学校发展创出新路子，这项举措也让学生的成才路径更广阔、成长平台更坚实。

资料来源：天津市东西部协作和支援合作工作领导小组提供。

案例三　鲁甘协作、中央定点帮扶——
"组团式"医疗"4×4"工作法

2022 年以来，山东省坚持以帮助提升诊疗能力、培养人才队伍、加强医院管理为重点，"一院一案"开展帮扶，建立健全组织领导、科室帮建、人才培养、共建共管"四项机制"，创新"4×4"工作法，推动医疗人才"组团式"帮扶工作取得重要阶段性成效。

强化四方责任，落细落实组织领导机制。一是强化卫生健康行政部门领导责任。山东省卫生健康委员会制定并印发《"组团式"帮扶县人民医院工作方案》，成立工作领导小组及办公室，指导济南市、青岛市卫生健康委员会和 9 家帮扶医院落细落实各项工作任务。二是强化山东省协作甘肃前方机构管理责任。山东省协作甘肃干部管理组自觉将首批 29 名帮扶医疗人才纳入管理服务范围，从东西部协作资金中列支 700 多万元，专项用于帮扶团队工作经费和 5 个帮扶县人民医院建设。指导医疗队成立临时党支部，健全日常考勤、请假销假、工作调度等制度。山东省协作甘肃干部管理组注重加强对"组团式"帮扶工作的督导，及时掌握工作动态，对涌现的 30 多项典型事例、经验做法、先进事迹，及时通过鲁甘山海情公众号等新闻媒体平台进行宣传报道。三是强化帮扶医院主体责任。承担帮扶任务的山东省 9

家医院始终把帮扶工作作为一项光荣的政治任务，加强与受援医院对接合作，共商人员选派、工作目标、帮扶内容、帮扶措施等事宜。建立联系人制度，安排专人具体负责，了解掌握赴甘医疗人才的工作、思想和生活动态，及时帮助协调解决具体问题。四是强化帮扶医疗队"第一责任人"责任。医疗队队长主动履职院长、常务副院长职责，会同受援医院加强对帮扶队员的日常管理，每月对帮扶专家开展教学、查房、手术等工作进行登记统计。组织开展"支医人员联百村、山东医疗进万家"下乡义诊活动，赢得了当地群众的高度认可。

探索四种模式，落细落实科室帮建机制。一是对强项科室采取"提档升级"模式。立足受援医院特色优势，把专家条件相对较好、技术比较全面、具有发展潜力的学科作为龙头学科，加大投入力度，帮助提档升级。通渭县人民医院中医康复科、永靖县人民医院心内科，通过注入帮扶力量，分别成立了中医康复中心和心血管研究中心，成为医院的优势学科。二是对传染病和突发公共卫生事件处置科室采取"优先发展"模式。面对新冠肺炎疫情多点散发的严峻形势，积极参与指导疫情防控及院感防控工作，共同制定优化疫情防控、突发公共卫生事件相关预案，提升医院传染病和突发公共卫生事件处置能力。陇南市武都区第一人民医院帮扶专家协助完善了《院感防控工作制度》等应急预案，制定《非绿码人员就诊医院应急预案》。三是对多发病、常见病、县域外转率高科室采取"重点帮扶"模式。通过规范诊疗程序、拓展诊疗方法、引进适宜技术等方式，帮助建设呼吸及危重症、口腔、眼科等18个重点科室，引进3D打印辅助治疗肩胛骨折术、超声引导下神经阻滞等先进技术71项，提高了科室综合诊疗能力，让当地群众在家门口就能享受高质量医疗服务。四是对群众需求度高但未建制科室采取"从无到有"的帮建模式。找准帮扶县人民医院未建制但当地群众就医需求大的学科，发挥帮扶专家作用，开设专科，缓解群众疑难病症就医难题。在通渭县、积石山县人民医院分别组建风湿免疫科、老年医学科，很好地满足了当地群众就医需求。

凝聚四股力量，落细落实人才培养机制。一是凝聚帮扶医疗队帮带力量。制定人才培养整体规划，以专家坐诊、查房指导、专科培训、手术操作指导、专题讲座、学术活动等形式开展业务培训，举办各类学术讲座138场次，培训医护人员2910人次，手术示教963次，教学查房451次，带教3586人次。开展"师傅带徒弟""专家带骨干"式个性化培养活动，挑选45名素质好、潜力大的跟学人员签订"师带徒"协议，"手把手""一对一"传授东部先进的医疗技术、临床经验、专业特长及先进的医疗理念。二是凝聚赴甘帮扶山东医疗团队整体力量。坚持把援甘帮扶的165名医师作为一支整体力量，建立山东帮扶专家团队到5家"组团式"帮扶县人民医院常态化巡回诊疗制度，开展相互交叉巡回诊疗。青岛市组织5名在定西市市级医院帮扶的山东专家到通渭县人民医院巡诊，组织6名在陇南市市级医院帮扶的专家到礼县人民医院、武都区第一人民医院巡诊，深受受援医院好评和当地群众欢迎。三是凝聚帮扶医院人才力量。深挖帮扶医院人才潜力，组织12名帮扶医院专家到受援医院进行短期交流，选派21名受援医院管理和医技人员赴帮扶医院进修，在实践中学习先进的医院管理、临床诊疗、设备操作等知识技能。礼县人民医院成立青岛市中心医院"组团式"帮扶礼县第一人民医院专家工作站，进一步加强两院医疗卫生人才交流。四是凝聚山东优势医疗资源力量。组织53名甘肃医疗骨干人才到山东省国家临床重点专科学习。组织山东医师协会与山东省帮扶的5家国家乡村振兴重点帮扶县人民医院签订医师帮带协议，突出"五个中心"相关科室医师帮带重点，指导山东医师协会相关分会坚持"一个专业一个方案"，制定帮带方案，着力把山东精湛的医疗技术、规范的治疗流程、完善的医疗制度、丰富的科研经验、先进的医院文化融入5家医院建设中。

深化四项交流，落细落实共建共管机制。一是深化卫生健康行政部门之间交流。注重把医疗人才"组团式"帮扶纳入东西部协作联席会议、卫生健康行政部门交流范畴，及时沟通解决工作中存在的问题和重要事项，积极推动帮扶医疗团队挂职、兼职和有关待遇保障等事项落实。二是深化帮扶医院与受援医院交流。建立健全双方医院定期协商互访和院长例会机制，安排部署"组团式"帮扶阶段性任务，动态解决工作中的重点难点问题。积极组织双方医院管理和医技人才开展工作调研，找准短板，围绕"你之所有、我之所需"，研究确定了98项任务清单、责任清单、时限清单，确保"组团式"帮扶工作靶向施策、有的放矢。三是深化山东协作甘肃前方机构与受援医院之间交流。定期组织山东在受援市（州）、受援县（区）挂职干部到受援医院调研，倾听医院对"组团式"帮扶的建议，及时了解医院建设中遇到的实际困难，统筹东西部协作资金帮助解决事关"组团式"帮扶发展的具体问题。通渭县列支东西部协作资金300万元，帮助通渭县人民医院采购便携式超声诊断仪、光学相干断层扫描仪等开展新业务所需的设备，建设数字化手术室，与青岛大学附属医院联通远程会诊系统。四是深化远程会诊交流。充分发挥远程医疗服务在优化医疗资源配置方面的作用，建立远程医疗服务信息系统，开通远程医疗服务平台，先后开展18次远程会诊、远程查房、远程病理及医学影像诊断、远程继续教育等活动，使ICU、心内科等学科的疑难危重患者就地获得帮扶医院专家指导。

资料来源：山东省发展和改革委员会提供。

三 "互联网+"医疗帮扶的创新探索

2021年6月，国家卫健委、农业农村部、国家乡村振兴局、财政部等13部门联合印发了《关于巩固拓展健康扶贫成果同乡村振兴有效衔接的实施意见》。该意见要求东西部协作、对口支援和社会力量等帮扶措施进一步向卫生健康领域倾斜，推动更多优质医疗资源向脱贫地区倾斜。加快推进远程医疗向乡镇卫生院和村卫生室延伸，推进"互联网+"公共卫生服务、"互联网+"家庭医生签约服务、"互联网+"医学教育和科普服务，利用信息化技术手段，提升农村卫生健康服务效率。

（一）实证案例

"互联网+医疗健康"项目利用互联网、大数据等新技术，以智能医疗设备为载体，配套系统平台，创新本地化运维服务，加快推进医疗资源东西联动、上下贯通、信息共享、业务协同，提高农村基层医疗机构和医务人员的工作效率，让国家公共卫生服务直达乡村，让家庭医生签约服务和随访更便捷地进入群众家中，让群众在村里就能通过远程会诊与县里、市里的医生连线。该项目不仅强化了脱贫地区基本医疗保障，减少了群众和财政的医疗医保费用支出，并且在新冠疫情防控中发挥了积极作用。

由天津等东部省市援建的东西部协作"互联网+医疗健康"项目自2019年在甘肃落地运营以来，积极配合甘肃各项目地开展公共卫生体检、家庭医生签约、免费义诊等工作，通过远程会诊平台将东部优质的医疗资源输送到西部老百姓家门口。

1. 搭建系统平台打通县乡村三级医疗体系

第一，建设两套核心系统。一是分级诊疗医生工作站。该工作站可根据县乡村三级医疗机构医生所负责的工作内容，开通相应权限的工作站账号。该工作站包括：远程会诊，以视频会议远程同步等功能为基础，为县域内不同级别的医疗卫生机构提供远程医疗咨询、远程信息共享等服务；家庭医生签约系统，提供家庭医生无纸化签约、建档等功能，支持健康档案管理、服务记录呈现、健康一体机管理等功能；公共卫生服务系统，提供包含健康档案、公卫体检、公卫管理、居民变动、健康宣教、区域管理以及卫生计生监督协管功能，支持连接数字流动医院车载系统，对体检数据进行提取和记录。二是政府监管系统。该系统连接家庭医生签约系统、公共卫生服务系统，实时更新服务数据，精准追溯服务流程；对脱贫地区的易致贫返贫户、脱贫户和边缘户的健康信息进行精准管理，可以帮助主管部门提前发现、及时干预脱贫人员因病返贫。

第二，建设"1+N"的远程接诊网络。"1"即一个中心，依托县龙头医院建设县域智慧医疗中心，搭载2套核心系统、远程智能终端等软硬件，以县域智慧医疗中心为管理和赋能中心，支持实时查看全县项目运转情况和数据，接收乡镇卫生院和村卫生室的远程会诊需求，发起对乡镇卫生院和村卫生室医务人员的培训和会议。"N"即N个接诊点，在乡镇卫生院和村卫生室建立远程接诊点，基层医生可建立会诊室，邀请上级医生参与远程会诊，帮助基层群众在乡镇、在村里就能得到上级医院医生的诊疗服务，并且可实时查看自己所管理的患者的签约建档、健康体检等数据。

第三，建设三套智能硬件。一是数字流动医院。主要配备给乡镇卫生院，具备二级医院检查检验能力，可进行生化、B超、血常规、尿常规等7大项53小项检查检验，并支持数据通过车载系统实时上传至医生工作站和政府监管后台。数字流动医院可以巡回式对村民进行健康体检和随访，遇到健康状况异常的村民，能及时进行干预和治疗，防止小病拖大、慢性病拖重，同时极大地提高了医务人员的工作效率，更好地服务患者。二是云巡诊包。主要配备给村卫生室的村医，辅助村医进行家庭医生签约和公共卫生随访等工作，可以进行心电、血压、尿常规、体温、血氧等检查检验项目。三是智能终端。主要配备在县级智慧医疗中心和乡镇远程接诊点，通过硬件搭载政府监管系统和分级诊疗医生工作站，将上下级医生进行联动，将东西部资源进行连接，将数据进行汇总。远程一体机主要配备在村级远程接诊点，可以让村医在村里就能学习外部的培训课件，在村里与县级和乡级医生进行远程会诊，同时可以在线管理健康一体机签约的用户数据。

第四，创新本地化运营。组建本地化团队，提供持续性、紧密型运维服务。本地化的运维人员负责项目中所有硬件调试、软件升级、持续培训、快速响应、紧密服务等，并及时收集政府和相关部门，以及医护人员、村民等使用者和参与者的意见、建议，不断更新和完善项目服务内容和方式，扩展多种运用活动，扩大项目帮扶范围，丰富基本医疗保障效果。

（二）帮扶成效

"互联网+医疗健康"项目自实施以来，得到了群众、政府、社会等多方面的认可，通过项目的落地，为东西部城市架起优质医疗资源互通的桥梁。

一是提高基层群众的健康获得感和幸福感。通过实施"互联网+医疗健康"项目，构建公平普惠健康新模式，共享医疗卫生事业发展新成果，真正实现了让百姓享有公平的健康权和医疗权。通过互联网医疗技术、智能设备和软件系统，进一步做到"信息多跑路、群众少跑腿"，为百姓节省健康体检费、就医期间交通餐饮费、跨城市就医费等相关费用，有效减少当地百姓医疗卫生费用支出。"互联网+医疗健康"项目在推进县乡村三级医疗网络会诊治病的同时，充分发挥数字流动医院的作用，为群众提供便捷的体检服务，使群众小病早发现、早诊治，大幅度提高了基层医疗服务能力，增强了基层群众在医疗方面的健康获得感和幸福感。

二是提升基层医疗卫生机构的服务水平和质量。远程诊疗系统在大范围内实现了患者与医生的精准对接，充分调配和合理应用了医疗资源，加强了偏远地区远程医疗能力建设，助力当地的医疗帮扶实现"线上+线下""少数变多数""短期变长期"的转变，使东部城市的医生，既可以到当地开展医疗援助，又能通过互联网提供远程会诊，服务当地百姓，进行可持续的医疗帮扶工作。在赋能村医方面，首先，提高了村医的医疗卫生服务效率。例如云巡诊包代替了传统的听诊器、血压计，成为村医的超级助手；家庭医生签约最快只需要一分钟；等等。同时，打造"无感就医"体验，引导合理的诊疗路径，减少村民不必要的就医环节，提高了基层医疗卫生效率和质量，有效提升了整体医疗服务能力。其次，村民能够在村里检查和诊疗常见病，增加了村医的收入。最后，利用智能医疗辅助诊断系统和线上培训，减少基层医生培训费用，让村医不离岗就能参加规范化培训，帮助各级医生及时更新知识和技能，提升了村医的诊疗能力。

三是为政府公共卫生决策提供可靠依据。"互联网+医疗健康"项目给每个县搭建了政府管理后台，通过医疗大数据统计分析等功能，当地卫健部门和乡村振兴部门可以对辖区重点人群的健康状况进行全面的了解，可以准确研判因病返贫的概率并及时制定改善措施。结合医疗机构和家庭医生服务体系，实现对受援县脱贫户的标签化分类管理、定制化跟踪服务，提升公共卫生服务监管水平。相关部门运用"互联网+医疗健康"大数据来监督考核医疗卫生机构，能够保证数据的真实性，便于主管部门监督管理，减少医保费用支出。在全面推进乡村振兴的新征程中，东西协作"互联网+医疗健康"项目构建了"互联网+"健康帮扶新模式，把东部优质医疗资源进一步向中西部乡镇、向偏远山村倾斜。该项目通过提供便捷、高效的医疗体检通道与服务，让中西部地区老百姓能够享受到东部地区优质的健康服务，可以有效防止脱贫地区老百姓因病返贫的发生，对于巩固拓展脱

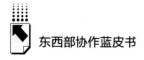

贫攻坚成果、推进乡村振兴具有重要意义，同时还可以助力项目地提升基层医疗机构的服务能力和服务水平。

（三）启示经验

"互联网+医疗健康"项目围绕群众健康和就医需求，从医疗服务供给端出发，依托平台优化配置资源，通过数字化手段赋能基层医疗机构和医生，全域化解决西部地区百姓"看病难、看病贵"问题，为更大范围内实现医疗卫生服务的普惠、共享、均等的政策目标提供了经验。基于"互联网+医疗健康"项目，我们可以得到以下四个方面的启示。

一是参与主体多元化形成合力，提升基本医疗卫生机构服务能力。公共医疗卫生服务具有明显的正外部性，单纯依靠市场或社会力量提供，很难达到医疗卫生服务普惠、共享、均等的政策目标。"互联网+医疗健康"项目，依托互联网医疗服务平台，实行"政府+企业+医院+帮扶支医队"多方参与、合作共赢的健康帮扶模式，赋能基层医生，实现了基层医疗机构服务方式和流程再造，方便群众就医。在坚持项目公益性的前提下，引入市场化运营机制，借助数字化手段，通过本地化运维服务，推动项目良性发展。

二是以县域智慧医疗中心为抓手，完善了医共体服务。围绕分级诊疗制度建设，以县域智慧医疗中心为抓手，依托第三方互联网医疗服务平台，建立上下联通的健康枢纽，推动优质资源向基层下沉，把大部分的多发病、常见病留在基层解决，把上级医院诊疗好的病人转回基层进行康复治疗，极大地缓解了县级医联体"联而不动、动而乏力"的问题。

三是扩大医疗架构的网点覆盖面是提升基层整体医疗水平和群众健康意识的重要措施之一。通过扩大网点覆盖面，整体提升群众的健康意识，形成关注健康、小病慢性病要及时介入的社会观念，做到防患未然，提升了群众的健康水平，减少了群众的健康支出，为医保基金和各级财政节约了开支。同时，在数字技术条件下，数字化、智能化设备有助于对患者信息进行连续记录，加强健康管理，加快提高居民自我健康管理的主动性、参与性和选择性，助力患者离开医院之后的随诊管理，为慢病患者提供精准、可靠的健康管理方案，有效管理、改善个体健康状况。

四是推进科技创新，提高"互联网+医疗健康"发展效益。"互联网+医疗健康"是一种互联网与医疗服务有机融合的帮扶模式，是随着信息技术的发展而发展起来的，也必将随着信息技术的发展而持续进步。"互联网+医疗健康"充分发挥互联网资源共享、超越时空、公平性等特色，实现了医疗健康数据等资源立体打通、多点互动，打破空间和医院的"围墙"，促进了优质医疗资源下沉，有助于打破农村优质医疗资源缺乏的困局，促进了大规模供需匹配，扩大了优质医疗资源的覆盖面，提高了优质医疗资源的可及性。

B.4

东西部（扶贫）协作研究的现状、特点与展望（1999—2023）[*]

黄　锐　冯宇坤　苏　浩　王心怡　周　坤[**]

摘　要： 东西部（扶贫）协作是缩小地域差距、解决发展不平衡、实现共同富裕的重要手段。本报告运用 VOSviewer 和 Citespace 构建了东西部（扶贫）协作的知识图谱，系统梳理了国内既有研究的现状、特征和趋势。通过文献计量发现：年度发文量呈波动上升趋势，但作者、机构间并未形成紧密的合作网络；中国东西部（扶贫）协作研究经历了奠基发展、制度化发展和深度协调发展三个时期；研究主题集中在东西部协作的历史演进、典型案例、具体领域和协作效应等方面；共同富裕、乡村振兴、职业教育扶贫可能继续成为研究热点。未来，东西部（扶贫）协作应拓展研究领域，赋能乡村振兴与县域治理；创新研究方法，综合常规协作与特色协作。

关键词： 东西部协作　东西部扶贫协作　知识图谱

---

[*] 本报告数据统计截至2023年4月，为论述方便，表述为2023年。

[**] 黄锐，中央民族大学教授，研究方向为乡村振兴、公共政策评估；冯宇坤，友成企业家乡村发展基金会副理事长、东西部协作专家委员会执行主任，研究方向为乡村振兴与扶贫、财政理论与政策；苏浩，中央民族大学研究生，研究方向为贫困治理；王心怡，中央民族大学研究生，研究方向为公共行政管理；周坤，中央民族大学研究生，研究方向为反贫困、公共治理。

一 东西部（扶贫）协作研究的现状

（一）东西部（扶贫）协作研究的文献类型

国内现有关于东西部（扶贫）协作的研究成果，主要集中于相关文献档案资料、纪实类论著和期刊。从文献档案资料的情况看，改革开放以来出版的大量党和国家主要领导人的报告、讲话、指示中，包含了许多关于东西部（扶贫）协作问题的重要论述。此外，中共中央、国务院、各地政府部门出台的关于东西部（扶贫）协作的一系列政策法规，也为了解东西部（扶贫）协作发展方向提供了借鉴。从相关论著的情况看，目前国内研究东西部（扶贫）协作的成果总体上不多，最具代表性的包括以下三种类型：一是国务院扶贫办主编和出版的文件、报告集，如《东西扶贫协作：实现共同发展》等；二是东部地区各级政府为总结和反映对口扶贫协作的帮扶历程及其主要成就而组织编写和出版的纪实类著作，如《之江情——浙江省十年对口支援、八年对口帮扶工作纪实》《携手铸辉煌：闽宁互学互助对口扶贫协作十年回望》等；三是包括东西部协作在内的、叙述中国扶贫开发和乡村振兴历史进程的有关著作，如《中国扶贫开发政策演变（1949—2005 年）》《中国扶贫开发历程（1949—2005 年）》等。相比而言，学术期刊因其较强的学术性，能够全面展现东西部协作研究概况，北大核心和 CSSCI 来源期刊作为学术界公认的高质量文献，更能准确反映此研究领域的创新变化。

（二）东西部（扶贫）协作研究的文献产量年度变化趋势

发文数量能够直观反映某一研究领域在特定时间内的研究热度与进展。为从整体上把握东西部协作研究的文献数量变化及时序规律，本报告对 1999—2023 年 64 篇核心期刊相关文献进行统计分析，绘制了东西部（扶贫）协作研究文献数量变化趋势图，如图 1 所示。

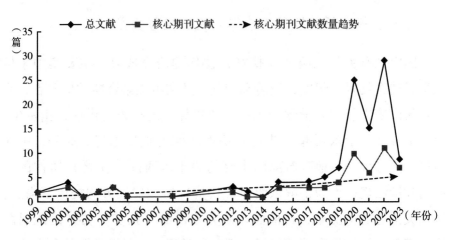

图1 1999—2023 年东西部（扶贫）协作研究文献数量变化趋势

从图 1 可知，东西部（扶贫）协作研究最早出现于 20 世纪末期。当时，改革开放的深入使东西部差距逐渐凸显，中央适时做出"东西部（扶贫）协作"重大决策，相关领域的研究由此展开。1999—2016 年，东西部（扶贫）协作研究正式进入起步阶段，其进展相对缓慢，每年的文献发表数量均少于 5 篇，但核心期刊的发文量在总文献数量中占比较高，反映了该领域的研究具有重要性与稀缺性。2016 年，习近平总书记对东西部（扶贫）协作在实现共同富裕目标方面的意义做出重要阐释，自此，东西部（扶贫）协作研究出现拐点，文献发表数量快速增长。2021 年以来，在脱贫攻坚全面胜利的背景下，"东西部协作"取代"东西部扶贫协作"正式进入国家政策话语体系，成为实现乡村振兴与共同富裕的长效机制，东西部协作研究步入纵深发展阶段。

整体而言，东西部（扶贫）协作研究领域文献发表数量呈现逐年递增的趋势，但年度发文数量仍然较低，相关领域的研究尚不充分。此外，东西部（扶贫）协作作为一项长期政策，有望成为未来相当长一段时间内的研究热点。

（三）东西部（扶贫）协作研究文献期刊来源分布

截至 2023 年 4 月，共发现 49 种不同来源的刊物，其中既包括专业型期刊，也包括综合型期刊；既包括由高校创办的期刊，也包括由各类科研机构创办的期刊。如图 2 所示，从文献发表数量来看，发文量超过 2 篇的刊物主要有 3 种，分别是《改革》（4 篇）、《广州大学学报》（社会科学版）（3 篇）、《贵州民族研究》（3 篇）。如图 3 所示，从期刊的学科归属和办刊特色来看，东西部（扶贫）协作研究主要分布于行政学及国家行政管理、经济学、中国政治与国际政治、教育学、中国共产党等主题论域。其中，主要期刊来源的研究领域重点聚焦于行政学及国家行政管理、中国政治与国际政治、经济学三方面，这表明东西部（扶贫）协作研究以行政管理为主要研究论域，重点关注方向为农业经济与经济体制改革。

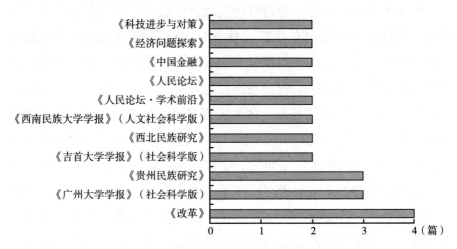

图 2　1999—2023 年东西部（扶贫）协作研究主要期刊来源及发文量

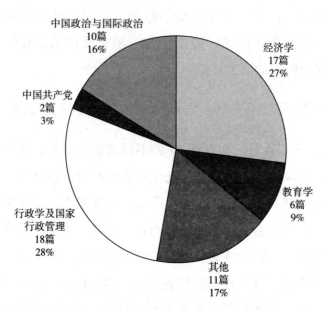

**图3　1999—2023年东西部（扶贫）协作研究主要
期刊来源的学科归属及发文量**

（四）研究作者与机构分析

经由 VOSviewer 对作者与机构的数据信息进行共现分析与可视化处理，可以直观发掘出东西部（扶贫）协作研究领域内的主要研究力量与合作关系。如图4所示，节点代表作者或机构，节点越大代表作者或机构发文量越多，被线条连接起来的作者或机构存在合作关系。截至2023年4月，较大的研究团队有以杨艳、李勇为代表的8人研究团队、由冯平等人组成的7人研究团队。但从东西部（扶贫）协作研究作者及机构二模共现网络可知，研究团队的规模与机构合作规模并不一定呈正比例关系，因为存在多个作者来自同一机构，以及一个作者挂名多个机构的情况。从东西部（扶贫）协作研究主要作者及发文量来看，多数作者的发文量均为两篇及两篇以下，这说明作者间的合作次数较为有限，该研究领域尚未形成固定的、长期的研究团队，学者间的交流合作有待进一步加强；从东西部（扶贫）协作研究主要机构及发文量来看，在 72 家研究机构中，发文数量较多的是广州大学公共管理学院（8 篇）以及华南理工大学公共管理学院（3 篇），其余机构的发文量均为两篇及两篇以下，这说明机构间的合作多为单次合作，其在东西部（扶贫）协作研究领域的交流不够充分（见图 4）。

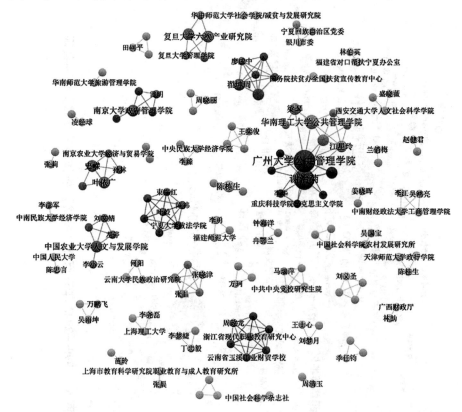

图 4　1999—2023 年东西部（扶贫）协作研究作者及机构二模共现网络

（五）研究热点

关键词是研究主题的高度概括，对文章关键词进行共现聚类分析可以明晰东西部（扶贫）协作的研究热点，图 5 和表 1 展示了 1999—

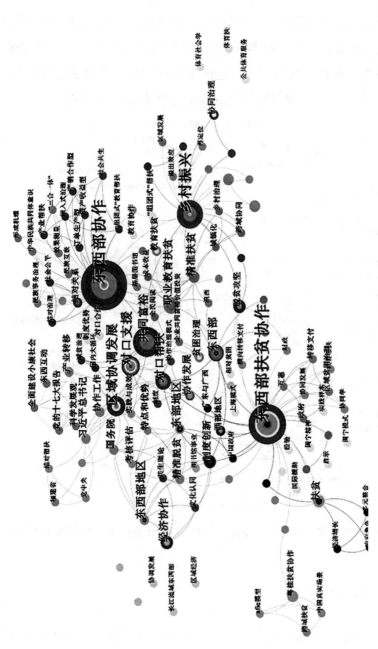

图5 1999—2023年东西部（扶贫）协作相关文献关键词共现

2023 年东西部（扶贫）协作研究共现和聚类情况。结果表明，共现图谱的模块值（Q 值）为 0.7021（大于 0.3），轮廓值（S 值）为 0.8851（大于 0.7），因此可以认为聚类结果高度可信。图 5 中节点越大，说明关键词出现的频次越高，除研究主题东西部（扶贫）协作外，研究热度最高的关键词是乡村振兴，其次是共同富裕、区域协调发展、对口支援、对口帮扶、职业教育扶贫、经济协作、东西部地区、制度创新等，关键词共现图谱反映了东西部（扶贫）协作的相关研究聚焦的主题是共同富裕和区域协调发展问题。为明晰研究主题，对关键词进行聚类分析（见表 1），得到排名前七的聚类模块为东西部（扶贫）协作、乡村振兴、东西协作、对口帮扶、东部地区、共生理论和共同富裕，但每个聚类包含的关键词具有高度同质性，多为以往研究的具象化特征，难以真正反映当前研究热点。因此，本报告综合关键词词频、中心性等指标，通过查阅 1999—2023 年相关文献，将东西部（扶贫）协作的研究主题归纳为以下四个方面。

表 1　1999—2023 年东西部（扶贫）协作相关文献关键词聚类

聚类标签	关键词(前五位)
#0 东西部(扶贫)协作	区域发展差距、多元整合、教育帮扶、贫困治理、互惠
#1 乡村振兴	跨域协同、乡村治理、精准扶贫、教育协作、增收致富
#2 东西协作	结对关系、产业帮扶、嵌入式治理、社会共生、中华民族共同体意识
#3 对口帮扶	对口合作、党中央、协作治理模式、对口支援、制度优势
#4 东部地区	产业转移、东西部地区、东西互动、西部地区、考核评估
#5 共生理论	文化认同、协调发展、制度创新、经济协作、应对策略
#6 共同富裕	跨域治理、减贫治理、相对贫困、国内大循环、上海模式

1. 东西部（扶贫）协作的内涵与历史沿革

相关热点关键词包含历史演进、对口支援、对口合作、协调发展等。首先是历史演进。李勇首次梳理了改革开放以来东西部扶贫协作政策的演进，以东西对口支援政策的提出及东西扶贫协作政策的提出为节点对政策演进历程进行了系统梳理。[①] 有学者在东西扶贫协作历史演进方面达成一定的共识，认为其具有缘起（1979—1993年）、启动（1994—2000年）、发展（2001—2010年）、完善（2011年至今）四个阶段的发展历程。[②] 更进一步，结合新中国成立后的制度建设、贫困治理以及乡村发展等重要议题，梁琴将东西部协作关系细分为社会主义建设时期的东西部结对支援关系、扶贫开发时期的东西部结对扶贫关系以及乡村振兴时期的东西部结对发展关系。[③] 王小林、谢妮芸则将结对支援时期归纳为制度初创阶段，将结对扶贫时期归纳为制度实践阶段，将结对发展时期归纳为制度强化阶段。[④] 整体而言，东西部（扶贫）协作具有从"扶助型"脱贫攻坚转向"发展型"乡村振兴的演化倾向。[⑤]

与历史演进相吻合，东西部（扶贫）协作的概念在时间上表现出不同历史阶段的现实特点与内涵。总体而言，其经历了由"对口支援"到"东西部扶贫协作"再到"东西部协作"的概念演化历程。一是"对口支援"。李勇指出，对口支援起源于改革开放后东西部发

---

① 李勇：《改革开放以来东西扶贫协作政策的历史演进及其特点》，《党史研究与教学》2012年第2期。

② 韩广富、周耕：《我国东西扶贫协作的回顾与思考》，《理论学刊》2014年第7期；张丽君、李臻：《民族地区东西协作治理模式的机理与实践》，《西北民族研究》2020年第4期；万鹏飞、吴雨坤：《东西部扶贫协作：模式的研究与未来的发展——以北京市东西部扶贫协作为例》，《贵州民族研究》2021年第3期。

③ 梁琴：《由点到网：共同富裕视域下东西部协作的结对关系变迁》，《公共行政评论》2022年第2期。

④ 王小林、谢妮芸：《东西部协作和对口支援：从贫困治理走向共同富裕》，《探索与争鸣》2022年第3期。

⑤ 翟坤周：《共同富裕导向下乡村振兴的东西部协作机制重构——基于四个典型县域协作治理模式的实践考察》，《求实》2022年第5期。

展的不平衡与不充分，表现为东部发达地区结对帮扶西部落后地区。[①] 王小林、谢妮芸强调，对口支援主要关注经济领域，以政府援助和技术援助为主要方式。[②] 二是"东西部扶贫协作"。张天悦又将其称为"对口合作"，指通过政策性引导与市场化合作，将不同区域、行业进行结对，形成跨区域或跨行业的合作关系。[③] 该概念以贫困问题为目标，强调双方的合作共赢。三是"东西部协作"。左停等立足于乡村振兴目标，将其再定位为"对口协作"，表示为市场经济下人口、土地、资金、技术等各类生产要素的合理流动和高效集聚，以增强跨区域协作的协调性、联动性及整体性。[④] 比较而言，东西部协作在促进乡村振兴、铸牢中华民族共同体意识以及实现共同富裕等方面具有更广泛的意义。

2. 东西部（扶贫）协作的典型案例研究

相关热点关键词包含闽宁精神、上海模式、粤桂扶贫协作、广东与广西等。一是闽宁模式，林伯英首次介绍了闽宁对口扶贫协作机制，并将闽宁协作成功的经验归结于福建省委、宁夏党委领导下的结对帮扶制度、联席会议制度和政府牵头、企业积极参与、全社会关心支持的三大行为并举制度[⑤]；姜志刚认为随着中国贫困治理的深入发展，闽宁模式逐步完善，产业带动和两地干部挂职交流的互学互助的

---

① 李勇：《改革开放以来东西扶贫协作政策的历史演进及其特点》，《党史研究与教学》2012 年第 2 期。

② 王小林、谢妮芸：《东西部协作和对口支援：从贫困治理走向共同富裕》，《探索与争鸣》2022 年第 3 期。

③ 张天悦：《从支援到合作：中国式跨区域协同发展的演进》，《经济学家》2021 年第 11 期。

④ 左停、刘文婧、于乐荣：《乡村振兴目标下东西部协作的再定位与发展创新》，《华中农业大学学报》（社会科学版）2022 年第 5 期。

⑤ 林伯英：《闽宁形成对口扶贫协作机制》，《发展研究》1999 年第 2 期。

作用逐渐加强①；盛晓薇、马文保在总结闽宁模式实践经验的基础上，从实干、创业和协作三方面总结了"闽宁精神"。② 二是上海模式，张晓颖、王小林认为上海在40年对口帮扶经验的基础上探索出"三链联动"产业扶贫、职教联盟扶贫、平台驱动消费扶贫、"组团式"帮扶公共服务扶贫以及资源整合型社会组织扶贫五种东西部协作模式③；张晨则聚焦于东西部扶贫协作中职业教育存在的问题，发现上海市职业教育在与喀什地区扶贫协作中存在顶层设计缺乏、与当地实际需求脱节和偏重硬件投入而忽视软件建设三大问题，据此从供需、地方实际、软硬件等方面提出改进建议。④ 三是粤桂协作模式，祝慧、雷明重点研究了粤桂扶贫协作模式中存在的问题，发现该模式侧重于物质方面的帮扶，缺乏对贫困户思想观念上的引导，同时帮扶对象受知识技能、传统习俗的羁绊，参与意识和内生动力不足⑤；林劼全面分析了2016—2020年广西财政支持粤桂扶贫协作的成效，发现财政支持在带动地方产业发展、增加就业岗位等方面作用突出，但也存在资金整合力量不足、财政资金监管不到位的现象。⑥

3. 东西部（扶贫）协作的具体领域

相关热点关键词包含产业转移、职业教育、劳务协作、教育协作

① 姜志刚：《开创东西部扶贫协作的"闽宁模式"》，《中国党政干部论坛》2020年第9期。
② 盛晓薇、马文保：《"闽宁模式"：东西部扶贫协作对口支援的实践样本》，《人民论坛·学术前沿》2021年第4期。
③ 张晓颖、王小林：《东西扶贫协作：贫困治理的上海模式和经验》，《甘肃社会科学》2021年第1期。
④ 张晨：《职业教育"东西部扶贫协作"中的问题与实践研究——以上海对口支援喀什地区为例》，《教育发展研究》2018年第7期。
⑤ 祝慧、雷明：《东西部扶贫协作场域中的互动合作模式构建——基于粤桂扶贫协作案例的分析》，《苏州大学学报》（哲学社会科学版）2020年第1期。
⑥ 林劼：《我国东西部扶贫协作机制创新——以粤桂扶贫协作财政视角为例》，《地方财政研究》2020年第10期。

等。一是产业协作。郑楷、刘义圣认为东西部产业协作存在供需不匹配、重短期利益轻长期利益、政府大包大揽，产业转入地贫困人群内生动力不足等弊端。[①] 张丽君、李臻基于德宏青浦的东西协作治理实践，认为一方面产业接入地要立足于自身产业基础与转出地开展产业合作，另一方面要充分利用东西协作机遇，大力发展特色产业。[②] 二是教育扶贫协作。兰俏梅发现东西部高校人力资源在师资队伍、管理观念和创新意识等方面存在差距，因此建议加强东西部高校的互利合作，把东部的技术、人才、信息等方面的优势与西部地区资源、市场巨大的潜力相结合。[③] 也有学者重点关注东西部职业教育协作，李尧磊、韩承鹏从参与主体、内生动力、东西部优势互补和就业脱贫导向四方面总结了东西部职业教育参与滇西扶贫的治理模式[④]；张晨基于上海对口支援喀什地区实践，认为职业教育对口援助要在充分考虑受援地的资源禀赋、产业发展和就业状况的同时，结合当地人力资源开发短板，优化顶层设计。[⑤] 瞿连贵等[⑥]从共同富裕的视角分析了职业教育东西协作的作用，认为职业教育东西协作应面向新的社会诉求，着力提升贫困人口内生动力，统筹个体增收致富与区域持续发展。也

---

① 郑楷、刘义圣：《产业梯度转移视角下的东西部扶贫协作研究》，《东南学术》2020 年第 1 期。

② 张丽君、李臻：《民族地区东西协作治理模式的机理与实践》，《西北民族研究》2020 年第 4 期。

③ 兰俏梅：《论东西部高校人力资源的开发与协作》，《西北大学学报》（哲学社会科学版）2004 年第 4 期。

④ 李尧磊、韩承鹏：《东西部职业教育协作参与滇西扶贫的模式研究》，《中国职业技术教育》2018 年第 9 期。

⑤ 张晨：《职业教育"东西部扶贫协作"中的问题与实践研究——以上海对口支援喀什地区为例》，《教育发展研究》2018 年第 7 期。

⑥ 瞿连贵、周政龙、李耀莲：《职业教育东西协作赋能共同富裕的实践基础及路径转向》，《教育与职业》2022 年第 8 期；陈超杰、张晓津、张晶：《职业教育东西协作赋能共同富裕的逻辑理路、现实困境及行动路径——以"云上五金职校"建设为例》，《职教论坛》2022 年第 10 期。

有学者聚焦于劳务输出、公共文化服务、体育扶贫等方面的东西部协作研究。

4. 东西部（扶贫）协作效应及优化路径

相关热点关键词包含效果测量、溢出效应、减贫治理、消费帮扶、考核评估等。郑楷、刘义圣实证检验了东西部产业协作的减贫效应，发现西部地区承接国内产业的减贫效应更为显著，而承接境外产业的影响不明显。[①] 何阳通过实地调研和半结构化访谈，发现东西部协作可以强化中华民族身份认同，促进中华民族行为自觉，从而实现铸牢中华民族共同体意识的目标。[②] 在优化路径方面，学者们主要基于乡村振兴和共同富裕两大目标对东西部协作提出完善建议，左停等认为乡村振兴目标下的东西部协作还面临市场机制不充分、协作项目层次水平低、乡村振兴的创新不足等挑战，建议从治理方式、产业升级、跨区域优化资源配置等方面为东西部协作注入新动力[③]；谢治菊、李华探讨了消费帮扶中政府与市场的关系模式，认为消费帮扶扶贫既要关注末端流通环节，又要关注前端生产环节和中端流通环节，预防政府与市场的"双重失灵"[④]；廖成中等认为推动东西部协作，关键要发挥市场、组织、制度等方面的合力，形成有效有序协同、活力秩序并举的东西部协作机制[⑤]；王小林、谢妮芸建议东西部协作发展要面向新时代共同富裕，在厘清政府、市场与社会治

[①] 郑楷、刘义圣：《产业梯度转移视角下的东西部扶贫协作研究》，《东南学术》2020 年第 1 期。

[②] 何阳：《东西部协作铸牢中华民族共同体意识的效果测量及形成机理》，《西南民族大学学报》（人文社会科学版）2022 年第 12 期。

[③] 左停、刘文婧、于乐荣：《乡村振兴目标下东西部协作的再定位与发展创新》，《华中农业大学学报》（社会科学版）2022 年第 5 期。

[④] 谢治菊、李华：《东西部产业协作：类型·逻辑·未来》，《吉首大学学报》（社会科学版）2023 年第 2 期。

[⑤] 廖成中、毛磊、翟坤周：《共同富裕导向下东西部协作赋能乡村振兴：机理、模式与策略》，《改革》2022 年第 10 期。

理关系的基础上，逐步推动治理目标、考核评价和协作机制优化升级。①

二　东西部（扶贫）协作研究的趋势与特征

从图6可以发现，东西部（扶贫）协作的研究受国家宏观政策的影响，热点关键词出现时间与政策文件出台相一致。结合关键词出现的时期和密集程度，可将东西部（扶贫）协作的研究分为奠基发展、制度化发展和深度协调发展三个时期。

（一）奠基发展时期（1999—2013年）

这一阶段的主要关键词有东西部扶贫协作、区域协调发展与对口支援。从关键词的密集程度和时间线的长度来看，这一时期，东西部扶贫协作仅被少数学者关注。从关键词的内容和类型来看，该时期的相关研究受政策引导，关注重心为单向度的"对口支援"以及减贫问题。整体而言，在该阶段，东西部扶贫协作研究集中于经验总结、案例分析、问题发现与改进建议，相关研究不够丰富、系统、深入，缺乏对东西部扶贫协作减贫机制的深入剖析，对其历史演进的相关研究亦不够充分，同时存在研究方法单一、研究视野相对狭窄的问题。但与此同时，部分研究关注到该阶段东西部扶贫协作研究的局限性，指出扶贫协作存在重"扶贫"轻"协作"、过度依赖行政力量等问题②，提出了由"对口支援"走向"协作治理"、不断拓宽协作领域

---

① 王小林、谢妮芸：《东西部协作和对口支援：从贫困治理走向共同富裕》，《探索与争鸣》2022年第3期。

② 李勇：《改革开放以来东西扶贫协作政策的历史演进及其特点》，《党史研究与教学》2012年第2期。

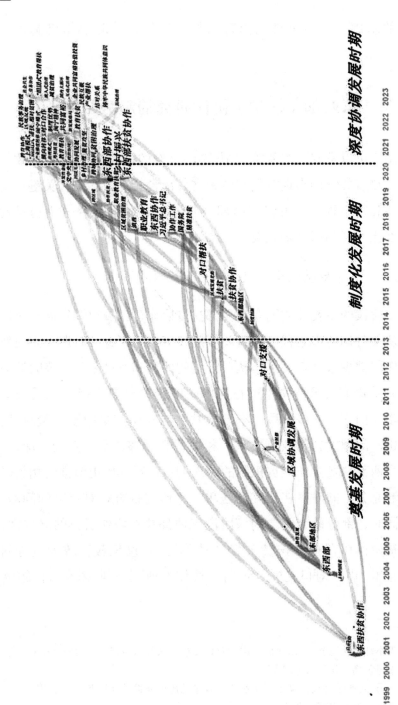

图 6 1999—2023 年关键词共现时区

等东西部扶贫协作优化路径①，为后续的深入研究打下坚实基础。因此，这一阶段可以归纳为奠基发展时期。

（二）制度化发展时期（2014—2020年）

这一阶段的主要关键词有扶贫协作、东西协作、职业教育、精准扶贫、习近平总书记。从关键词的密集程度和时间线的长度来看，这一时期，东西部扶贫协作研究的数量明显增长、研究热度持续上升。从关键词的内容和类型来看，该时期的相关研究具有明显的政策导向性，即在"精准扶贫"的理念指引下，更加关注"协作式"治理。整体而言，在该阶段，东西部扶贫协作研究更加关注中国扶贫模式背后的逻辑——由东西部扶贫协作机制"是什么"拓展到东西部扶贫协作机制"如何完善"。其中，教育扶贫协作是学者们关注的热点。从以案例研究为基础的东西部职业教育协作实践出发②，深化到职业教育协作作用于精准扶贫的内在机制解析③，再升华到教育扶贫协作机制的生成机理与模式④，研究视角不断拓宽、研究层次不断深化，有力推动了扶贫先"扶智"的现实实践，提供了协作过程信息化、

① 叶依广、史嵘、孙林：《加强长江流域东西部经济协作与协调发展的思考》，《长江流域资源与环境》2003年第1期；周晓丽、马晓东：《协作治理模式：从"对口支援"到"协作发展"》，《南京社会科学》2012年第9期；田钊平：《我国东西部地区经济协作机制构建的研究》，《西南民族大学学报》（人文社会科学版）2013年第2期。

② 张晨：《职业教育"东西部扶贫协作"中的问题与实践研究——以上海对口支援喀什地区为例》，《教育发展研究》2018年第7期；李尧磊、韩承鹏：《东西部职业教育协作参与滇西扶贫的模式研究》，《中国职业技术教育》2018年第9期。

③ 王奕俊、吴林谦、杨悠然：《受教育者成本收益视角的东西部职业教育协作精准扶贫机制分析——以"滇西实施方案"为例》，《苏州大学学报》（教育科学版）2019年第1期。

④ 江星玲、谢治菊：《协同学视域下东西部教育扶贫协作研究》，《民族教育研究》2020年第6期。

智能化、精准化与现代化的东西部扶贫协作新思路。因此，这一阶段可以归纳为制度化发展时期。

（三）深度协调发展时期（2021—2023年）

2021年以后，东西部协作进入了乡村振兴新时期。脱贫有效解决了农村绝对贫困的问题，为乡村振兴奠定了物质基础。2021年4月，习近平总书记对深化东西部协作和重点帮扶工作做出的重要指示也为新时期东西部协作指明了方向。从关键词的数量和密集程度来看，这一阶段的研究主题有了突破性创新。代表性的关键词有共同富裕、劳务协作、结对关系、相对贫困、互动式治理、县域治理、铸牢中华民族共同体意识等。具体表现为以下三点。第一，目标转为乡村振兴和共同富裕，自2021年全面乡村振兴战略实施以来，东西部协作的目标由解决绝对贫困问题逐渐转向以解决相对贫困为重点的乡村振兴和共同富裕。第二，结对关系进一步深化，由"插花"式结对关系转为省对省、市对市、县对县的结对格局，同时，结对帮扶重心向脱贫基础较差的乡村振兴重点帮扶县倾斜。[①] 第三，更加强调东西部互利共赢的新发展格局，东西部地区不断创新产业协作方式，劳务协作不仅为西部贫困人口创造了就业增收发展机会，也为东部劳动密集型企业稳岗做出贡献。[②] 此外，民族互嵌、铸牢中华民族共同体意识等民族事务治理也被纳入东西部协作之中[③]。因此，这一阶段可以归纳为深度协调发展时期。

① 梁琴：《由点到网：共同富裕视域下东西部协作的结对关系变迁》，《公共行政评论》2022年第2期。
② 谢治菊、李华：《东西部产业协作：类型·逻辑·未来》，《吉首大学学报》（社会科学版）2023年第2期。
③ 温士贤：《东西协作与铸牢中华民族共同体意识》，《贵州民族研究》2022年第4期；何阳：《东西部协作铸牢中华民族共同体意识的效果测量及形成机理》，《西南民族大学学报》（人文社会科学版）2022年第12期。

三　东西部协作研究的未来展望

综上所述，东西部协作研究热点逐渐从早期的扶贫导向发展为协作共赢，研究热点有职业教育扶贫、东西部协作、共同富裕、乡村振兴、新发展格局、县域治理。从关键词突现强度来看，除研究主题"东西部协作"和"东西部扶贫协作"外，2018—2023 年突现强度较高的关键词分别是共同富裕、乡村振兴、职业教育扶贫，可能成为未来研究重点。但相关研究也存在些许不足：一是研究领域较为局限，多从经济学和行政学视角研究东西部协作，跨学科对话欠缺；二是研究方法侧重于单案例分析和经验总结，关于多案例比较和协作效能评估的研究较少。因此，今后研究应在研究领域和研究方法上进一步完善。

（一）拓展研究领域：赋能乡村振兴与县域治理

东西部协作是在中国扶贫实践中产生和发展起来的特有政治术语，具有鲜明的中国特色。自 2021 年 4 月习近平总书记对深化东西部协作和定点帮扶工作做出重要指示以来，"东西部协作"这一关键词迅速取代"东西部扶贫协作"，上升为研究热点。与此同时，立足于新发展格局，基于巩固拓展脱贫攻坚成果和全面推进乡村振兴的形势任务，"共同富裕""乡村振兴""县域治理""东西部协作"一并成为该领域的关注焦点。这说明在未来相当长的时间内，东西部协作将成为展开县域治理、实现乡村振兴与共同富裕的长效机制。但就目前来看，现有研究的研究领域仍多局限于行政学与经济学范畴，未能展开多领域、跨学科的综合性研究，亦无法实现对乡村振兴与县域治理的有效赋能。因此，在今后东西部协作研究中应引入法学、信息技术学、工程学等多学科研究范式，促进东西部协作研

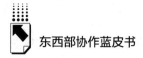
究向综合化、科学化、数字化、精准化等方向发展，拓展东西部协作研究的范畴与外延，以加强东西部协作的治理效能。

（二）创新研究方法：综合常规协作与特色协作

一方面，东西部协作具有较长的政策历史，且在新发展格局下不断焕发出新的生机与活力。与之相适应，新发展阶段的形势任务对东西部协作研究的要求亦不断深化，仅仅停留在静态的理论框架分析、案例研究与经验总结，难以完成时代赋予的新使命与新任务。另一方面，简单复制脱贫攻坚时期的东西部扶贫协作模式也难以实现乡村振兴、共同富裕背景下东西部协作治理的新突破。因此，后续研究应在研究方法上进行一定的创新，重视多案例比较、统计检验、混合方法等工具的使用，体现相关研究的客观性与严谨性。此外，东西部协作的新要求需要相关研究转变协作思维、识别协作需求、促进协作升级，实现从"扶贫援助"型协作到"互动发展"型协作的转化，在稳步推进被检验过的常规协作的基础上，突出特色协作和重点领域协作。

区域协作东部案例篇

Case Study of Regional Collaboration in Eastern China

B.5

2022年北京市推动东西部协作的
成效与案例研究

孙燕清*

摘 要： 北京市紧紧围绕内蒙古"两屏障、两基地、一桥头堡"
的战略定位，落实"三个转向"工作要求，加强统筹协
调，狠抓帮扶成效，推动京蒙协作工作继续走在全国前
列，助力京蒙两地区域协同发展、人民群众持续增收，
为内蒙古实现巩固拓展脱贫攻坚成果同乡村振兴有效衔
接做出了突出贡献。北京市注重把首都的"米袋子"、
"果盘子"、"肉案子"与内蒙古的粮仓、肉库、奶罐对
接，把北京城市运行能源需求与内蒙古能源基地对接，
北京市高科技产业发展与内蒙古稀土等战略资源对接，
实现京蒙优势互补、合作共赢。2021—2022年，共落

---

* 孙燕清，北京市支援合作办二处处长。

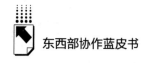

实协作资金 39.12 亿元，实施协作项目 1662 个，帮助农村牧区劳动力 14.58 万人次实现就业，协助打造 114 个乡村振兴示范村，京蒙消费帮扶连续两年实现历史性突破。

关键词： 东西部协作　京蒙协作　劳务协作

2022 年，北京市紧紧围绕内蒙古"两屏障、两基地、一桥头堡"的战略定位，认真落实东西部协作工作，高质量完成年度目标任务，为内蒙古自治区实现巩固拓展脱贫攻坚成果同乡村振兴有效衔接做出了突出贡献，提供了有力支撑，京蒙协作工作再上新台阶。

一　凝聚力量整体推进

一是健全工作机制。深化"前方有抓手、后方有支撑、前后方统筹联动"工作机制，分片区召开东西部协作工作座谈会，赴协作地区实地督查，逐区调研，督导落实。内蒙古挂职干部团队把挂职当任职，认真履责持续发力。围绕提升资金项目效益、加强产业合作、促进稳岗就业、深化消费帮扶等工作，出台一系列政策文件。北京市 17 个区、38 个委办局坚持党政领导负责抓、分管领导具体抓、业务部门一线抓。参与结对帮扶的学校、医院、乡镇（街道）、村（社区）、企业和社会组织，落实职责分工，发挥职能作用，整体推进帮扶工作提质增效。

二是提升投入力度。2021—2022 年，共落实协作资金 39.12 亿元，实施协作项目 1662 个，帮助农村牧区劳动力 14.58 万人次实现就业，协助打造 114 个乡村振兴示范村，京蒙消费帮扶连续两年实现历史性突破。[①]

三是积极宣传动员。注重讲好京蒙协作北京故事、北京经验，京蒙协作纪录片《纪录东方之使命如山共筑致富路》在中央电视台《发现之旅》栏目播出，《北京对口帮扶内蒙古——搭建平台助创业 引才返乡促振兴》《浓浓京蒙情 协作促双赢》等文章在《人民日报》《内蒙古日报》等报纸上刊发，《以消费扶贫促乡村发展——北京消费帮扶双创中心典型案例》《数字赋能助力西部儿童共享北京优质教育资源》入选第三届"全球减贫案例"，《京蒙携手推进"两个基地"建设，谱写京蒙协作新篇章》入选全国社会帮扶典型案例。

二 突出重点巩固脱贫成果

一是坚持就业优先，深化劳务协作。强化政策资金支持。制定出台企业招用脱贫人口享受社会保险补贴办法。落实国家开发性金融支持劳务协作工作要求，协助国开行北京分行为北汽福田公司发放13.5亿元劳务协作贷款。安排京蒙协作资金近5000万元，用于稳岗补贴、就业帮扶和技能培训。强化稳岗就业服务。会同协作地区组织线上线下招聘会135场，提供18.7万个就业岗位。在"58同城"搭建招聘专区，覆盖近3万家企业，超过6万个岗位供求职者选择。建成210个"务工人员之家"，为在京务工人员提供政策咨询、权益维护等服务40余万人次。强化岗位技能培训。精准支持协作地区举办劳务培训班225期，培训农村劳动力1.2万余人次。在赤峰市探索建立"劳务合作专业村"新型劳务用工模式，以村为单位培养专技人才，累计用工2000多人次。敖汉"望京保安"已成为国家优秀劳务

[①] 《实施协作项目1662个 消费帮扶连续实现历史性突破 京蒙协作交出亮眼成绩单》，北京市人民政府网，2023年4月13日，https://www.beijing.gov.cn/ywdt/gzdt/202304/t20230413_3031428.html。

品牌，目前在京就业保安 7000 余人。

二是统筹整合资源，倾斜支持国家乡村振兴重点帮扶县。针对结对帮扶的 10 个国家乡村振兴重点帮扶县经济社会发展实际，制定帮扶措施，强化责任落实。加强资金人才支持。县均投入财政援助资金较非重点县高出 400 余万元。选派干部人才 441 人，县均较非重点县多出 14.2 人。坚持产业带动。引导落地企业 30 个，实际到位投资 20 多亿元，助力重点帮扶县提升产业发展水平。京能集团在化德县投资 7000 万元建设铁合金项目吸纳 610 人就业。北京英大国际信托有限公司在化德县开展"东城德融乡村振兴慈善信托项目"，每年筹资 100 万元助力社会事业和发展乡村产业。助力扎赉特旗瑞秋农牧专业合作社发展黑木耳全产业链基地，该基地被人力资源和社会保障部、国家乡村振兴局授予国家级就业示范基地。北辰集团助力鄂伦春诺敏镇产业园区滑子菇基地升级扩产，带动 20 名脱贫人口就业，人均年增收 5000 元以上。扎实开展教育医疗"组团式"帮扶。坚持名师名医挂帅，选优派强教育医疗人才 100 余人，赴内蒙古脱贫旗县、医院开展帮扶。北京市怀柔区教育团队撰写的《国家乡村振兴重点帮扶县教育人才"组团式"帮扶校长调研报告》得到中组部和教育部充分肯定。做好易地扶贫搬迁后续帮扶。投入京蒙协作资金实施乡村特色产业培育、基础设施完善等项目 20 余个，援建帮扶车间 20 多个，帮助 4423 名劳动力实现稳定就业。北京市丰台区 2018 年以来累计投入 3000 余万元在林西县十二吐乡达康扶贫产业园建成 8000 多亩日光温室大棚，每棚年收入 6 万元，惠及易地搬迁人口 300 余人。

三是发挥市场主体作用，深化消费帮扶。2022 年，北京采购、帮助销售内蒙古农畜牧产品和特色手工艺产品 100 多亿元。坚持政策引导。签署《京蒙全面深化农畜产品流通合作框架协议》，继续组织 4000 余家预算单位预留 30% 脱贫地区农副产品采购份额（全国排名第一）。深入实施北京市消费帮扶"京彩西品"行动。利用京蒙协作资金支持协作地区农副产品展示展销、冷链物流设施建设和物流运输补贴。强化产销对接。发挥北京市消费帮扶双创中心示范作用，创新"商贸企业、批发市场+消费帮扶双创中心""商超企业+专馆、专区、专柜"等集采联销模式，线下以新发地、岳各庄等大型批发市场以及大型超市和各区消费帮扶专店专柜为重点，线上以美团、京东、天猫等平台的消费帮扶电商馆为重点，完善提升消费帮扶营销网络。积极宣传推介。继续开展"北京文旅消费帮扶直通车"活动，以"四季风物、节气甄选"为主题，打造文旅消费帮扶新模式。"京彩西品"工会消费帮扶月期间，组织北京市2万台公交电视、1万个地铁终端、0.6万台楼宇电视集中宣传支援合作地区农副产品。

三 协同发展强化区域协作

北京市始终注重把首都的"米袋子"、"果盘子"、"肉案子"与内蒙古的粮仓、肉库、奶罐对接，把北京城市运行能源需求与内蒙古能源基地对接、把北京市高科技产业发展与内蒙古稀土等战略资源对接，实现京蒙优势互补、合作共赢。近年来，北京市进一步积极推动内蒙古企业融入北京产业链，推动内蒙古经济深度融入首都经济圈，实现区域协同发展。

一是搭建京蒙区域协作的"四梁八柱"。北京市党政代表团赴内蒙古调研对接期间，京蒙党政主要领导共同把建设内蒙古农畜产品生产基地、能源和战略资源基地作为京蒙区域协作的重点领域，搭建区域合作框架，市政府主要领导专题研究京蒙协同发展中的八大重点项目。市相关部门制定重大项目落地实施方案，并会同内蒙古出台《落实京蒙协作促进产业高质量发展若干政策措施》。

二是健全京蒙区域协作长效机制。强化精准交流对接机制。举办"京蒙百企情"暨2022年京蒙产业对接启动仪式，立足内蒙古资源禀赋、产业发展需求和北京企业投资意愿，组织京蒙两地 500 多家单位和 120 余家企业参会，现场线上签约 31 个项目，签约金额 1464 亿元。[①]"京企草原情"活动常态化。每年市国资委、工商联分别组织国企、民企组团赴内蒙古实地考察调研对接。2022 年市属国企赴呼伦贝尔市、兴安盟调研对接期间签署合作协议 30 余份，意向投资 10 亿多元。建立健全产销对接机制。其一是以新发地农产品中心批发市场为代表的"市场+基地"模式。近年来，新发地农产品中心批发市场每年组织上百场京蒙供销对接会并现场签订购销合同，在批发市场内开设内蒙古农产品专柜，在赤峰市、锡林郭勒盟、乌兰察布市自建 2.4 万亩蔬菜种植基地，2022 年销售额超过 30 亿元。其二是以物美集团等大型连锁超市为代表的"商超+品牌企业"模式。物美集团与内蒙古名优产品企业合作，每年在京销售内蒙古牛羊肉、奶制品、蔬菜、杂粮约 6 亿元。打造品牌特色。助力协作地区深化"三品一标"建设，兴安盟大米、乌兰察布马铃薯、锡林郭勒牛羊肉、赤峰杂粮等"蒙字号"农畜产品走进北京、走向全国。

三是推动京蒙产业融合发展。种植养殖和农畜产品加工业、能源产业是内蒙古两大支柱产业，京蒙协作助力做大做强支柱产业。京蒙合力共同推动北京企业赴内蒙古投资，京蒙共建产业园区 50 余个，引导多家企业入驻园区，以乌兰察布宏福现代农业产业园为代表的设施农业园区、以兴安盟科右中旗肉牛良种繁育示范基地为代表的现代养殖园区、以凯达恒业马铃薯现代产业园为代表的农副产品深加工园区、以呼和浩特市中关村联盟产业园为代表的大数据科技产业园，在推动当地特色优势产业发展壮大、产业链供应链升级和带动农牧民就业增收等方面发挥了积极带动和引领作用。为解决内蒙古企业人才短

---

① 《京蒙产业对接启动仪式线上签约 1464 亿元》，人民网，2022 年 9 月 14 日，http://nm.people.com.cn/n2/2022/0914/c196667-40123042.html。

缺、研发能力较弱的问题，京蒙共同探索在北京发展内蒙古"飞地经济"。北京经济技术开发区与内蒙古赤峰市签署《全面战略合作协议》，按照"研发孵化在北京、转化落地在赤峰"的思路，在北京建设6.5万平方米的京蒙（亦庄·赤峰）科技创新产业园。

四是不断深化教育医疗帮扶。推动教育帮扶转型升级。以校（园）长工作室、"培训+跟岗"为代表的高质量帮扶项目不断推广，以首都教育远程互助工程为代表的"互联网+教育"持续深化。共同打造校（园）长工作室8个，已在线培训校长26名。免费为内蒙古7个盟市开通北京"空中课堂"账号73000个，京蒙共享优质教育资源。北京二中帮扶阿尔山一中，2018—2022年阿尔山一中高考成绩一年上一个台阶，2022年高考本科上线率48%。密云二中帮扶库伦二中，2022年库伦二中高考本科上线率47%（较上年提高了13.6个百分点），专科上线率100%。帮助内蒙古医疗卫生机构建立临床重点科室50多个，完善管理制度500多项，输出医疗卫生技术400多项，培训内蒙古骨干医生1.5万余人次。帮助建成"北京—兴安盟—阿尔山市—下属乡镇"四级远程医疗体系。天坛医院帮助太仆寺旗医院建立胸痛中心。海淀区医院帮助科右中旗人民医院实现妊娠期高血压患者诊治零的突破。顺义区医院帮助巴林左旗医院填补了尺动脉血管吻合术、血透通路术等多项技术的空白。

五是积极拓展合作领域。加强文旅合作。利用中国国际服务贸易会平台举办京蒙文旅产业协作推介活动，京蒙两地签署《京蒙文旅合作框架协议》，北京市17家企业与内蒙古11个盟市文旅部门和企业签署合作协议，意向投资21.9亿元[①]，推出北京到内蒙古旅游10条精品线路。加强生态环境保护。召开京蒙生态环境督察队伍建设座

---

① 《高质量推进文旅协作 京蒙文旅计划实施三个合作行动方案》，快资讯网，2023年3月25日，https://www.360kuai.com/pc/9b98c2794dbb7203a? cota = 3&kuai_ so = 1&sign = 360_ 57c3bbd1&refer_ scene = so_ 1。

谈会，为呼伦贝尔市无偿编制《鄂伦春阿里河防洪工程初步设计报告书》。中科院植物研究所支持内蒙古在盐碱地、退化草场、戈壁沙漠上开展羊草种植研究，已实施 25 万亩的生态修复工程，建成 11.29 万亩羊草种子基地。京都农业科技公司在阿鲁科尔沁旗采取"科研机构+公司+村集体+农户"的中科羊草种植模式，村集体每亩可获得 1000 元收益，入股农牧民每亩草场可获得 150 元以上收益，户均增收 3000 元以上。加强民族交往交流交融。签署《京蒙统一战线协作框架协议（2022—2026 年）》，组织承办"爱我中华·民族团结心向党——2022 年边疆民族地区各族青少年北京夏令营"主题活动，依托中央民族大学、北京市民族团结进步促进中心等机构组织开展民族文化互学共鉴。

四 积极稳妥推进乡村振兴

一是严把"三关"管好用好资金项目。安排财政帮扶资金近 20 亿元。严把立项关。坚持把资金项目聚焦年度协议任务和国家东西部协作考核评价指标，聚焦产业、就业、乡村振兴示范等重点领域，会同自治区修改完善《京蒙协作资金和项目管理办法》，联合举办项目计划编制培训班。严把实施关。坚持市区一体、前后联动，注重发挥挂职干部作用，压实旗县主体责任，协作项目全部开工，完工率 87.6%，直接间接带动数万余人就业增收受益。严把风险防控关。会同协作地区坚持全口径全过程管控，严守政策规定，严格立项流程，及时公告公示。

二是多措并举加强社会事业帮扶。选准派强 981 名干部人才，实现人才数量和帮扶时长双提升。扎实开展能力培训。举办党政干部、专业技术人才等培训班 600 多期，培训 5 万余人次。采取远程教学、跟岗实习等方式，帮助内蒙古地区 1800 多名专业技术人才来京培训。

持续推进残疾人帮扶工作。投入京蒙协作资金，持续推进"温馨家园"建设、无障碍设施改造和产业就业帮扶，服务脱贫残疾人3000余人。积极动员社会力量参与。成立北京市工商联助力乡村振兴工作专委会，与部分盟市召开工商系统视频会，对接开展"万企兴万村"活动，帮助10个国家乡村振兴重点帮扶县新建发展社工站27个，服务近万人次。

三是积极稳妥推进乡村振兴示范村建设。助力内蒙古114个乡村振兴示范村建设。① 坚持规划先行。聘请京蒙两地专业技术团队，以整村打造为基本模式，以城乡融合为基本路径，以服务群众为基本方向，编制多规合一的实用性村庄规划。探索实践路径。以产业振兴为引领，协调支持中国供销合作社中合万家总公司投资50亿元②，在呼和浩特推进"中和万家田园综合体+现代农业科技产业园"项目建设，打造百亿级"粮油肉菜"冷链仓储及农产品深加工产业园，探索实践京蒙协作乡村振兴解决方案。助力察右中旗乳泉村以"四产联动、五业并举、六方运营"方式打造乡村振兴示范村，打造中国北方首个彩色油菜花试验田。

---

① 《京蒙协作交出亮眼成绩单》，新浪财经，2023年4月13日，https：//finance. sina. com. cn/jjxw/2023-04-13/doc-imyqeras6960812. shtml。

② 《绿色发展引领 内蒙古达拉特旗启动中合万家乡村振兴项目》，中国经济网，2023年4月9日，http：//www. ce. cn/xwzx/gnsz/gdxw/202304/09/t20230409_38487576. shtml。

B.6
2022年上海市推动东西部协作的
成效与案例研究

刘 军*

摘 要： 2022年，上海市按照"三个转向"要求，聚焦"守底线、抓发展、促振兴"，以超常规举措，在巩固成果、拓展协作、完善机制上共同发力，围绕助力乡村振兴，创新产业协作、园区共建、消费帮扶、"组团式"帮扶等方式，更好地服务国家重大战略，全面助力云南省巩固拓展脱贫攻坚成果同乡村振兴有效衔接，推动沪滇两地合作续写新篇章。积极助力云南"百千万"乡村振兴规划。以"上海企业+云南资源""上海研发+云南制造""上海市场+云南产品""上海总部+云南基地"即"四个+"协作模式为牵引双向赋能产业协作，围绕绿电、双碳、云品等，推进重点领域、重点项目合作。在乡村建设上大力推进"三园"（"美丽家园""绿色田园""幸福乐园"）工程，已打造300个美丽乡村示范村、建成150个乡村振兴示范村。

关键词： 东西部协作 沪滇协作 产业合作 乡村振兴

---

* 刘军，上海市人民政府合作交流办对口协作处处长。

2022年，上海市按照"三个转向"要求，聚焦"守底线、抓发展、促振兴"，以超常规举措，全面助力云南省巩固拓展脱贫攻坚成果同乡村振兴有效衔接，开创沪滇协作新局面。

一　持续深入推进东西部协作工作

一是优化协作机制，加强帮扶资源统配。上海市党政领导与云南省党政代表团共同召开上海—云南对口协作联席会议，强调要在巩固成果、拓展协作、完善机制上共同发力，围绕助力乡村振兴，创新产业协作、园区共建、消费帮扶、"组团式"帮扶等方式，更好地服务国家重大战略，推动沪滇两地合作续写新篇章。上海市政府、云南省政府还签订了《关于深化开放协同支持云南建设面向南亚东南亚辐射中心的框架协议》以及8份配套协议，使衔接过渡期东西部协作发展目标、重点任务、关键举措和政策框架日臻完善。

二是精准有效衔接，激发协作体系力量。2022年恰逢援滇队伍大轮换，两省市协商确定了"优中选强、任务匹配"和"先进后出、压茬轮换"总方针，通过充分对接，征求各方需求，形成第十二批援滇干部人才选派方案。2022年7月轮换工作有序完成，统一派进的党政干部较上一轮数量有所增加、结构更加优化。州市层面，援滇干部小组长统一挂任州（市）委副秘书长，任务重的州市加派乡村振兴局副局长，更有利于加强宏观协调和统筹调度。两省市领导小组办公室落实经常性对接、会商和调度机制，从组织领导、制度建设、力量配备、工作保障等多方面促进携手联动。结合阶段性任务，举办东西部协作业务培训班、现场观摩会、重点工作调度会，组织赴东部交流见学活动等，加强两省市乡村振兴、东西部协作及专业人才队伍能力提升和经验复制推广，帮助新选派人员尽快熟悉情况、尽早转换角色、尽好发挥作用。

三是聚焦项目推进，优化提升执行效率。提升项目执行率和资金报账率，简化流程，并联推进，落实计划快审、资金快拨、项目快建要求，抢抓工作主动权。2022年3月16日，年度援滇计划正式下达和函告。在金融机构受新冠疫情影响暂停窗口服务的情况下，多部门联手简化流程，通过"一对一"财政窗口快速办理业务。2022年3月29日，上海市财政局将东西部资金全额拨至云南省国库，并由云南省财政厅有序下达各州市、脱贫县和项目责任单位。在督促落实项目前期工作的同时，同步启动月报机制，分阶段调度项目开工、资金划拨、施工进度、竣工验收、结算报销等关键指标，落实"以周保月、以月保季、以季保年"工作要求。根据建设体量和示范效应，确定重点项目清单，明确挂包主体、推进目标、督查措施、应对方案和激励机制。市分管领导多次部署召开对口帮扶计划调度会、重点项目推进会，针对进度滞后、调整变更项目，逐一核实原因，提出对应举措，纳入督查清单。沪滇双方组织调研组、工作队分赴项目点位巡查督导，加大信息数据应用共享力度。各责任主体根据月度通报，查缺补漏，破解堵点，加快进度。

二　全面推进"守底线、抓发展、促振兴"重点任务

一是紧盯产业、就业"两个重点"，促进群众增收。结合云南省打好绿色食品牌、"一县一业"规划，稳步提升援滇资金投入产业发展项目比重，重点对农产品基地的产业道路、水利设施、初加工、仓储物流、推广营销等进行全链条扶持。全面推广"四权分置"（所有权、经营权、受益权、监督权）模式，产业项目产权原则上归属村集体，收益用于扶持脱贫群众发展、举办村内公共事业、培育壮大村集体经济等领域，联农带农机制有效体现。结合沪滇产业发展阶段、布局和互补优势，以市属国企为引领探索产业梯度转移路径，推动形

成国企、民企、外企联动的"雁阵"队形。促进龙头企业强强联合，通过股权互持、合资建厂等方式，发展壮大优势产业。深化沪滇"1+16+N"产业示范园区共建体系，以临港昆明科技城为龙头，出资成立临港昆明科技产业发展有限公司，重点打造数字工业示范高地、工业创新策源高地、双碳工业实践高地。制定《上海市就业促进条例》，将"按照国家东西部协作部署要求，完善劳务协作相关政策措施，支持对口地区以及中西部地区的农村劳动力、脱贫劳动力就地就近就业、异地就业和来沪就业"以地方性法规形式固化下来，为依法推进劳务协作提供遵循。按照国家"六稳"要求，印发《上海市人民政府关于做好本市当前和今后一个时期稳就业工作的意见》，多部门印发《上海市家政兴农工作实施方案》，结合大调研、大走访，专题调研云南脱贫劳动力在沪正规就业和灵活就业状况，将中西部农村人口与脱贫人口转移就业纳入上海市促进就业行动中，对在沪务工就业的农村劳动力、脱贫劳动力给予关心关爱。修订专项资金支持沪滇劳务协作相关政策口径，扩大促进来沪就业支持范围，向招工用人单位、中介服务提供支持，调高技能培训、异地就业生活补贴等标准。

二是突出国家重点帮扶县、易地搬迁后续扶持"两个关键"，促进县域发展。在中西部省份中，云南省的国家乡村振兴重点帮扶县的数量最多，云南省也是巩固拓展脱贫攻坚成果和全面推进乡村振兴任务最吃重的省份。上海市坚决按照国家关于支持重点县加快发展的一系列政策举措，在干部人才、资金项目、产业协作、劳务就业、社会事业等方面持续加大帮扶。对27个重点县安排足额资金，并按照"1+1"方式，每县选配1名干部任县委常委、副县长，增配1名乡村振兴局干部。对重点帮扶县实现"组团式"教育医疗帮扶全覆盖，其中上海结对重点帮扶县高中、职高38所，结对重点帮扶县人民医院10家，引导落户重点县投资项目68个。结合"万企帮万村"行动，在每个重点县均安排 3 家以上民营企业结对帮扶。将上海市"双一百"村企行动向重点县倾斜，市属国企对怒江州、昭通市给予专门安排。对云南 19 个易地搬迁大型集中安置区集中安排资金，援建医疗机构、教育机构、帮扶车间等，帮助当地劳动力实现就业。

三是用好教育、医疗"两大优势"，促进民生改善。发挥上海教育、医疗卫生资源集聚优势，打造民生保障"金名片"，持续加大对云南对口地区教育、医疗卫生帮扶力度，确保在结对覆盖"一县一学校、一县一医院"保底目标基础上，积极探索"大组团"链接"小组团"帮扶模式，以三级医院结对帮扶、中组部"组团式"帮扶为骨干，辐射带动脱贫县社会公共服务能力提升，构建县、乡、村三级公共服务体系。做好"组团式"帮扶工作，抓好"选、送、用"各环节，重点选派学校校长、医院院长，配强中层管理团队，通过远程培训、师徒带教、抓点带面等方式，整体提升业务能力，帮助对口地区建设提升一批重点学科、特色专科。

三　聚合各方资源力量构建对口协作新格局

一是坚持"两轮驱动"，政府市场互补促进。坚持政府主导助力乡村振兴大格局，发挥援建项目先导性、引领性作用，政府援建项目重在打基础、补短板、惠民生，以社会效益为引领，并依托当地党委、政府提升功能支撑，完善营商环境，更好吸引市场主体投资兴业。面对新时代新任务，更加注重用好市场"无形之手"，持续强化政策引导，鼓励各类市场主体到云南考察发展，促进资本、管理、人才、市场等与云南区位、资源、劳务等深度对接。发挥上海市国有企业体量、效能优势，秉持国资国企先行思路，引导光明食品、上海医药、浦发银行等大型国企在云南建设高品质花卉园区、药材基地、农产品基地等，开展惠农便民金融服务。

二是坚持"双向发力",援受双方加强联动。深化沪滇两地乡村振兴的联动推进,将上海乡村振兴的经验复制推广到云南,将奉贤吴房村、宝山毛家弄等创新经验与对口地区交流分享,积极助力云南"百千万"乡村振兴规划。以"上海企业+云南资源""上海研发+云南制造""上海市场+云南产品""上海总部+云南基地"即"四个+"协作模式为牵引双向赋能产业协作,围绕绿电、双碳、云品等,推进重点领域、重点项目合作。在深化开放协同中助力借力,用好进博会、华交会、南博会等优质平台,例如澜沧古茶作为专属伴手礼亮相第五届上海进博会,彝族(撒尼)刺绣、宜良竹编等10项非物质文化遗产在第五届上海进博会上向全世界精彩展示。

三是坚持"各方参与",深入推进两个融合。推动一二三产业融合发展。针对云南部分对口地区产业链短、附加值低、群众受益弱的特点,积极转变思路,注重引导多元参与,结合当地生态、物产、民俗、文旅等资源优势,努力延展产业链、提升附加值。利用沪滇协作机制,在红河州开远市引入深耕花卉产业的上海虹华园艺有限公司,围绕菊花产业,用好国际国内市场,加快新品培育和资源库建设,打造开远"知花小镇"金字招牌。在普洱市墨江县,发挥互联网上海分尚科技公司渠道优势,从单一的花卉网订配送服务向生产端延伸,利用现代技术在当地废弃用地上发展大规模花卉种植,开发鲜切花、永生花生产链条,带动群众参与种植、加工和营销,走出现代高效精致农业与新型城镇化有机结合的发展新路。促进城乡融合发展,推进援建教育、卫生资源下沉,提升乡村建设质量,帮助农村劳动力进入城市,实现高质量就业。积极引导社会组织助力社区服务,提升乡村治理水平。围绕楚雄州彝绣产业,引入东方国际等时尚头部企业帮助其制订标准、提升品牌、融入时尚,变"指尖技艺"为"指尖经济",实现了劳务收益、产业收益、创意收益的三级跳。在普洱市,促成星巴克中国、中国乡村发展基金会深度发掘当地咖啡产业资源,合力打造沪滇合作—星巴克"共享价值 美丽星村",让咖农从小生产者跃升为咖啡文化的践行者、受益者。在文山州砚山县浴仙湖畔,运用世界前沿的生活污水处理技术和光伏发电利用技术,在根本性改善村庄人居环境的同时,客观上保护城镇居民供水安全。通过加强人员交往和理念融通,通过看发展、看改革、看成就活动,加大乡村致富带头人培育培训力度,提高脱贫群众的思想认识,改变其生活理念,促进内生发展动力的形成。

四 双向赋能打造东西部协作新模式

(一)产业合作探索新模式

沪滇双方以合作促振兴,高站位进行前瞻谋划,宽领域落子布局,聚点发力产业协作。一是探索"四个+"协作模式。沪滇两地主要领导谋划,保持经常性沟通,上海—云南对口协作第二十五次联席会议指出,深化探索"上海企业+云南资源""上海研发+云南制造""上海市场+云南产品""上海总部+云南基地"的产业协作新模式。上海市印发《关于深化沪滇对口协作促进更高水平开放协同的实施方案》,发挥上海市场、管理、人才等优势,以及云南区位、劳动力、空间优势和口岸优势,加大产业梯度转移力度,加强区域协同协作。云南省出台《深化沪滇产业协作工作方案》,提出要重点谋划一批协作项目、招引一批重点企业。二是以项目化推动产业梯度转移。坚持政府引导和市场主导相结合、经济效益和社会效益相统一,以项目为牵引,聚焦重点领域、重点产业,有序引导产业梯度转移。上海电气风电集团与云南玉溪市签订战略协议,并追加投资升级改造落地项目,建成大容量智能化的风机制造基地,在新能源领域共同推动产业发展。上海医药向云南白药股权定增,云南白药正式成为上海医药的战略投资者，合作金额超百亿元，双方将共同打造中药非处方药及大健康平台等重磅合作产品。太保集团在大理州建设高品质旅居康养的太保家园·大理国际乐养社区，致力打造"文化+健养+旅居"新地标。三是园区合作向纵深迈进。按照"有序推进、宜建尽建、效能优先"的指导意见，鼓励有条件的上海开发区、综合保税区等与云南对口地区结对共建产业园区。丰富拓展"1+16+N"沪滇产业园区共建体系，以临港昆明科技城为龙头的示范园区建设取得突破性进展，重点打造数字工业示范高地、工业创新策源高地、双碳工业实践高地，加快建设形成沪滇合作临港中心、科技交流创展中心、数字工贸服务中心。

（二）乡村振兴打造新样本

聚焦打造宜居宜业和美乡村目标，着力在促进"五大振兴"中打造乡村振兴新样本。一是复制推广东部乡村振兴经验。上海是中国经济发展的重要引擎，也是具有都市乡村鲜明特色的超大城市。在乡村建设上大力推进"三园"（"美丽家园""绿色田园""幸福乐园"）工程，已打造300个美丽乡村示范村、建成150个乡村振兴示范村，形成了一批可复制可推广的好经验好做法。按照国家乡村振兴局工作要求，上海市积极加强两地对接，通过研学交流、见学活动等方式，依托区县结对体制，复制推广乡村振兴经验，推进示范村"一对一"结对。沪滇双方坚持乡村建设为民而建的理念，注重保护民族村落，保留原有风貌形态肌理，原汁原味展现少数民族特色，留得住青山绿水，记得住乡愁眷恋。在德钦县雨崩村、元阳梯田等徒步探险、特色旅游开发中，充分发挥上海乡村振兴积累的优势，针对性开展总体规划和详规研究，全面提升乡村建设能级。二是合力打造乡村振兴示范村。对近三年得到过援滇项目支持、具备较完善的基础设施条件的村寨，从一二三产业融合发展、发掘民族文化及农旅游资源禀赋、发挥基层党建引领作用等方面给予扶持，经过当地推荐和逐级审核把关，从候选对象中遴选了沧源县班洪村、隆阳区新寨村、玉龙县玉湖村等生态优美、环境整洁、民风质朴、治理有方的乡村振兴示范点，在项目支持、品牌推广、软件支撑等方面给予优先保障。三是推动"三师彩云行"。立足云南乡村振兴新需求，注重全域规划、战略规划、未来发展规划，提出了用好上海优质资源，推进百名规划师、设计师、建造师赴云南对口地区开展智力支援的工作方案，目的是从专业视野、专业层面对助力云南乡村建设给予指导。已组织两批次专家赴普洱市、迪庆州实地调研考察，上海市、徐汇区、嘉定区也结合援建方向，组织规划团队，对德钦雨崩村、元阳梯田综合打造开展规划援建，相关专家对当地乡村振兴发展阶段、现实需求、资源条件、痛点堵点进行深刻全面剖析，提出了有针对性的意见建议。

（三）消费帮扶激发新活力

发挥上海大市场、大平台、大流通优势，以"百县百品"为引领，打造消费帮扶新路径、实现产销对接新突破。一是消费帮扶深度对接大市场。"五五购物节"是上海市政府为促进消费回补和潜力释放举办的大型主题活动，已成为"上海购物"的重要支点，2022年第三届上海"五五购物节"有近百万商家参与，特色活动超2000项。为把消费帮扶融于大市场，利用好"旺铺效应"，上海市政府积极筹划将消费帮扶纳入"五五购物节"总体安排，达到统筹资源、优势联动、拉动消费的目标。申情购·沪爱帮——上海对口地区"百县百品"特色展销活动通过线上线下、集中分散相结合，分为渠道发布、新品推介、网络直播、爆款争霸、社区推广等环节，持续深耕主流消费市场，赢得了消费者的口碑。二是严选优品燃爆消费新势力。多年持续深耕"百县百品"工程，擦亮金字招牌，按照"动态、扩容、增量、提质"的要求，经由上海市对口地区申报、平台梳理、专家评审、市场检验等环节，完成新一轮"百县百品"遴选扩容，品类达到 9 大类近 800 个产品。① 在此基础上，对诺邓火腿、保山咖啡、昭通苹果、普洱小青柑等市场前景好、销售规模大、联农带农强的产品进行深度发掘，打造了 21 个云南省具有区域影响力的品牌产品，年销售额均达到千万元级。三是数字赋能反促产业端改造。适应消费升级"新潮流"，迎合消费者购物"新习惯"，强化数字赋能，通过"百县百品"微官网、直营店网络直播带货等形式，在增加产品销售的同时，通过精准画像分析，反向促进消费帮扶产品提质升级。上海市通过"121"消费帮扶骨干网络，创建"百县百品粉丝福利群"，活跃用户突破 10 万，部分明星商品广受好评。将消费者的体验需求及时反馈给生产、营销主体，促进产品在包装、加工、物流、宣传等方面的针对性改进提升，扭转了长期以来云南部分农产品辨识度低、不成规模、质量不稳定的市场偏见。普洱市孟连县运用当地气候、区位优势，引进以色列技术，从无到有持续培育牛油果产业，打破了国内牛油果主要依靠进口的窘境，种植面积已达 7 万亩，产能近 6 万吨，产业链条逐步延展，产品进入盒马生鲜、叮咚买菜、沃尔玛等主流市场，带动群众参与近万名。

（四）社会参与创设新举措

充分发挥上海社会组织资源丰富、发育完善和上海市民参与公益热情高的特点，通过建机制、搭平台、树品牌，社会力量成为上海市参与东西部协作工作的重要组成部分。一是完善专项政策支撑。根据上海社会力量参与的特点，从人才支持、资金支撑、组织动员等各方

---

① 《深化帮扶合作 促进共同富裕》，上海市人民政府合作交流办公室官网，2023 年 1 月 18 日，http：//hzjl.sh.gov.cn/n1308/20230118/11e580f2f71a4722b3d182f89267f273.html。

面给予政策保障，用好《上海市对口支援专项资金支持社会力量参与对口帮扶工作的实施细则》专项政策，安排专项资金对社会力量参与对口帮扶给予支持。对上海企业到对口地区开展固定资产投资、劳务用工、采购消费帮扶产品的，给予单个企业专门政策补助。对社会力量到对口地区开展社会公益项目的，给予单个项目专门政策资助，创新了财政资金支持社会力量参与途径，充分释放了财政资金的杠杆作用和政策激励作用。同时，加强政策实施过程中的流程管理，项目资助原则上采用"事先申报、事后资助"的方式，所有项目要经过真实性初审、合规性复审、专家委员会可行性评审，再经公示、会审报批、公告后，一项目一协议，待项目实施完成后视第三方独立审计结果按实拨付资助金，确保真投入、真见效。二是开展"163百万公益行动"。从放大公益项目影响力角度出发，组织开展"163百万公益结对帮扶行动"，即16家有实力、有代表性的社会组织结对15个沪滇帮扶州（市），重点聚焦东西部协作地区和国家乡村振兴重点帮扶县，签订《上海社会组织助力对口帮扶地区全面推进乡村振兴结对帮扶框架协议》，3年内为公益项目落地县市提供公益援助，主要用于支持促进产业发展、人才培育、特殊群体关爱、乡村治理、交流交往交融等，进一步整合了社会资源，确保项目捐赠精准用于帮扶对象，资金使用情况接受社会监督。三是打造"小而美""小而精""小而灵"产品。在公益项目选择上，注重"小而美""小而精""小而灵"项目安排，提高群众美誉度。例如，社会力量与政府部门联手推进绣娘大联盟取得显著成果，不仅吸纳了当地妇女在家稳定就业，有助于解决留守老人、留守儿童、留守家庭带来的社会问题，还擦亮了民族文化传承保护的名片，让彝绣走秀上海和纽约时装文化舞台。在医教帮扶方面，社会组织发起"光明行"公益活动，为白内障患者解除病患。发起"行走的渴望"公益助残活动，累计为文山州因战致残人员安装维护4000多条义肢。

B.7

2022年天津市推动东西部协作的
成效与案例研究

杨毅东　王　震*

摘　要： 2022年，天津市坚持"升级加力、多层全覆盖、有限无限相结合、有形无形相结合"的工作思路，不断拓展帮扶领域，健全帮扶机制，优化帮扶方式，为津甘深化东西部协作提供坚强有力的机制保障。先后出台《天津市高质量推进东西部协作和支援合作2022年实施方案》和人才支援、产业合作等11个专项方案，明确工作目标和任务，压实各专项工作组、各区主体责任，健全行业部门系统动员、区县主责落实、社会各界广泛参与的工作推动机制。积极打造"津陇共振兴"合作交流洽谈大会、"津诚所至·协作同甘"产业节等帮扶平台，持续推进津甘东西部协作工作再上新水平、再创新佳绩。积极引导人才、教育、医疗、科技等优质资源向91个乡村振兴示范村倾斜，不断提升示范村村容村貌、村集体经济和村民收入。

关键词： 东西部协作　津甘协作　乡村振兴

---

* 杨毅东，天津市合作交流办二级巡视员、支援合作三处处长；王震，天津市合作交流办支援合作三处副处长。

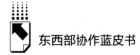

天津市成功打造"津陇共振兴"合作交流洽谈大会、"津诚所至·协作同甘"产业节等帮扶平台，创办全国首档东西部协作大型综艺栏目《生机勃勃的我们》、举办津甘东西部协作和对口支援纪实图片展等宣传活动，持续推进津甘东西部协作工作再上新水平、再创新佳绩。先后出台《天津市高质量推进东西部协作和支援合作2022年实施方案》和人才支援、产业合作等11个专项方案，明确工作目标和任务，压实各专项工作组、各区主体责任，健全行业部门系统动员、区县主责落实、社会各界广泛参与的工作推动机制。聚焦示范村建设、联农带农等重点任务，印发实施配套政策10余个，及时调整资金支持、工作举措、帮扶方向，最大限度地防范化解巩固拓展脱贫攻坚成果、推进乡村振兴的各类风险。

一 在助力巩固拓展脱贫成果中创造新业绩

一是紧盯就业促增收。2022年天津市开展就业稳岗行动，打出政策、服务、培训组合拳，试点打造返乡创业示范基地、创业孵化基地等创业平台，建设就业帮扶车间715个。健全东西部劳务协作机制，拓展劳务服务工作站等线下渠道，搭建直播带岗等云端途径，组织专场招聘109场，提供岗位信息16.3万条，帮助6.21万农村劳动力实现输转就业。实施"津甘技工"品牌共建计划，为1.05万人实施技能培训，形成了"拉卜楞工匠""张家川伊香拉面师""庄浪梯田妹"等劳务品牌。推进"雨露计划+"就业促进行动，天津市职业院校招收3025名农村学生在津就读，通过"海河工匠"建设、"实习+就业"双元育人等方式有效提升劳务就业能力与质量。

二是紧盯重点促宜居。全面落实乡村振兴重点帮扶县和易地搬迁集中安置区倾斜支持政策，12个国家乡村振兴重点帮扶县县均财政援助资金超过其他县的40%。新增引导落地投产企业53家，实际投资额 5.4 亿元。全面启动教育医疗人才"组团式"帮扶国家乡村振兴重点帮扶县工作，新增医院结对 22 个，高中、职业院校结对 23 个，选派医生、教师 126 人。针对甘肃省提供的 874 个易地搬迁集中安置区，实施基础设施建设、公共服务提升等帮扶项目，援建帮扶车间 63 个，有针对性地引导一批企业投资落地，帮助民众拓宽增收致富渠道。

三是紧盯消费促发展。创新"陆海空宣传、国内外联销、线上下同步"的消费帮扶思路，继续推广集中展销、直播带货、果树认购等多种途径的消费帮扶模式。天津市消费帮扶服务平台上线消费帮扶产品 8650 种，累计注册用户超过 30 万个。加大预留脱贫地区农副产品采购份额，通过 832 平台采购 1 亿元。积极开展"津品陇味""嗨购河北"等展销活动，加强"甘味"农特产品、中药材等宣传推广与集中采购，助推兰州百合、甘谷辣椒、华池香菇等甘肃农畜牧产品、特色手工艺品"跨越山海"、闻名津城、出口世界，累计完成消费帮扶 39.11 亿元。健全滞销农产品快速响应机制，帮助销售景泰西瓜、静宁苹果等滞销产品上千万元。

二 在加强津甘区域协作中开创新局面

一是园区共建成效初显。依托天津园区经验与优势，健全园区东西共建与结对发展机制，从人、钱、企、信息等多方面助力 46 个共建园区良性发展。动员天津园区（企业）与共建园区建立结对关系，累计提供各类咨询、管理、招商类信息上千条。积极助力园区完善基础设施、优化营商环境、加强园区招商和企业服务，津甘共建产业园区 46 家，引导入驻园区企业 95 家，实际投资额 8.32 亿元，吸纳农村劳动力就业 4066 名。

二是产业合作提档升级。加大产业项目支持力度，投入特色优势产业扶持资金占比达 56%。借鉴"津企陇上行"经验，成功举办 2022 年"津陇共振兴"合作交流洽谈大会，涉及括产业合作、招商引资、文化交流、技术推广、消费帮扶、劳务协作等多个领域，首次打造报、网、微、端、屏全方位宣传矩阵，动员上千家企业和社会组织参与，推动签署合作项目 76 个，合作金额达 111.9 亿元。[1] 继续举办"津诚所至·协作同甘"产业节等活动，策划推出全国首档以东西部协作为主题的大型综艺节目《生机勃勃的我们》。落实产业合作奖补资金 1518.8 万元，引导奥群牧业、中天盛世等 127 家企业落地投产，实际到位资金 12.58 亿元，吸纳农村劳动力就业 4548 人。[2]

三是科技帮扶提能增效。健全津甘省际科技特派员制度，津甘联合认定三批次、291 名科技特派员，组织专家"进百企入千户"，基本覆盖甘肃特色主导产业。安排帮扶资金 3854.98 万元，实施科技项目 79 个，推动牦牛专家工作站、天农—甘南青稞联合研发中心等平台落地，推广转化新技术、新产品、新品种 300 项。推广使用"津科帮扶"App，实现"订单式""菜单式"精准科技服务，累计入库科技特派员 680 余名，发布教学视频 50 个，帮助甘肃 5406 名农户在线解答各类问题 1245 个，累计访问量达 10 万人次，有效提升科技创新能力和水平。

三 在促进乡村全面振兴中展现新作为

一是聚焦鱼渔兼授引人才。依托干部轮换、"组团式"帮扶，人

---

[1] 《2022 年"津陇共振兴"合作交流洽谈会开幕》，天津市人民政府网，2022 年 8 月 31 日，https：//www.tj.gov.cn/sy/tjxw/202208/t20220831_ 5973501.html。

[2] 《帮扶工作实现新突破！2022 年天津全面实施协作支援"十大行动"》，百度百家号，2023 年 1 月 3 日，https：//baijiahao.baidu.com/s？id = 1753998564120749026&wfr = spider&for = pc。

才支援实现"质"上升级、"量"上加力。顺利完成 200 名党政干部压茬交接，确保帮扶工作不断档。结合脱贫县人才需求，选派各类专技人才 1287 名，其中，中级以上职称占比超过 70%，帮扶 6 个月以上占比达 64%。加强援派干部人才组织管理、学习教育和日常关爱，完善网格化管理制度，11 人次获得国家、津甘两省市表彰，36 人获得提拔重用。开展乡村振兴干部人才培训 532 期（2.98 万人次），激活乡村振兴"本土引擎"。

二是聚焦民生保障投资金。坚持"两会"后第一时间拨付资金，2022 年 4 月底前完成市、区、镇三级财政援助资金拨付工作，启动实施项目 901 个，确保 50% 以上用于产业、80% 以上惠及民生。已完工项目 792 个，资金使用率达 95.5%。拓宽社会帮扶渠道，做优"协作献爱心　共圆中国梦""爱心家庭一元捐"等公益品牌，动员152 个社会组织、1588 家企业、32 万名爱心人士参与，累计捐赠款物 2.85 亿元。加强资金项目管理，出台联农带农等制度，强化"事前指导、事中监管、事后问效"全流程管理，提升财政、社会帮扶资金使用绩效。

四　在创新发展中开启新征程

一是"移植栽培"行动加速东部经验复制。依托津甘部门联动、院校结对、镇村共建等务实举措，推广复制东部经验 81 条。复制首届世界职业技术教育发展大会的宝贵经验，强化天津 12 所高职国家示范校和骨干校、14 所中职国家级示范校分别与甘肃 26 所职业院校结对合作。[①] 发挥天津在新能源产业的先行优势，携手甘肃打造新能

[①] 《职教"天津方案"全方位帮扶中西部发展》，天津市教育委员会官网，2020 年 11 月 11 日，https：//jy.tj.gov.cn/JYXW/TJJY/202011/t20201111_ 4052356.html。

源产业重点城市对口合作新典范。滨海新区"党建引领美丽滨城建设"经验助力合作市卡四河村打造"五彩联心"党建品牌。和平区推广5次蝉联"长安杯"的平安建设经验，促进靖远县、舟曲县打造平安乡村。南开区在环县习仲勋红军小学设立"南开基地班"，在夏河县夏河中学、藏族中学成立"周恩来班"，实现学科全覆盖和教师队伍稳定。北辰区将"五常五送"工作法推送到华池县，为当地点亮为民服务的"长明灯"。宁河区在榆中县推广"四级网络+积分制"，鼓励村民定期以积分换取奖励，增强乡村治理的统揽力。静海区将"时间不超5天、礼金不超50元"的红白喜事"规矩"引入镇原县，用移风易俗保障乡村振兴行稳致远。

二是"百村示范"行动加快乡村建设发展。进一步调动津甘两省市各类资源，集中支持91个乡村振兴示范村建设，实施改善乡村环境、强化民生保障和特色产业发展等项目186个，打造了富坪村、富民新村、贾洼村等一大批具有示范引领效应的样板和典型。创新"N家企业+1个社会组织"和"组团式"结对帮扶，40家社会组织、896家企业结对帮扶示范村发展，加强农村公共服务提升，促进集体经济发展，帮助村民就业970人。

三是"青春建功"行动加强治理能力提升。以津甘两省市联合打造的乡村振兴示范村为重点，从天津农村党务工作者人才库中，选拔平均年龄29岁并在天津五星、四星村担任村党支部书记、村委会主任"一肩挑"1年以上的农村专职党务工作者，到示范村担任村党组织副书记。34名"天津书记"充分发挥基层工作经验和专业所长，加强天津帮扶资金使用管理，助力当地加强基层组织建设、开展志愿服务，复制推广网格化、积分制、"红黑榜"等治理方式，创作示范村宣传视频、App和"村规民约三字经"等，推动津甘两省市村（社区）、企业互动交流，引导东部企业、人才、技术等资源助力示范村振兴发展，取得显著成效。

四是"文化惠民"行动助力文化认同。深入推进文化交流，在海河与黄河文化交相呼应中深化协作。天津图书馆辟出核心区域举办2022津甘东西部协作和对口支援纪实图片展，天津博物馆联合麦积区博物馆举办"不期而玉——天津博物馆馆藏明清玉器展"，天津文化遗产保护中心策展"彩韵陶魂——甘肃出土彩陶文物精品展"，天津美术馆举办第四届京津冀甘黔湘非物质文化遗产创新创意大联展，周恩来邓颖超纪念馆将原创展览"周恩来邓颖超的家风"推送到西路军纪念馆、古浪县博物馆和天祝县博物馆，高水平的文化交流得到津甘两地群众的普遍欢迎。各区文化和旅游局分别在官媒上开辟东西部协作专栏，和平区在结对县举办"空中音乐会""行走的美术馆"等活动，河西区举办曲艺专场惠民演出暨东西部文化交流线上展演，津南区在秦安县举办"沽水谣"曲艺团陇原行惠民演出活动，宝坻区举办永登县博物馆馆藏文物图片展，蓟州区向天祝县、古浪县推送现代评剧《刘胡兰》《盘山往事》，滨海新区、红桥区与结对县开展书画作品交流展等，生动展示了两地的秀美风光、厚重文化。

B.8
2022年山东省推动东西部
协作的成效与案例研究

韩晓林 *

摘 要: 2022 年,山东省坚定扛牢东西部协作重大政治责任,把
协作重庆、甘肃作为分内之事、应尽之责,认真落实
"三个转向"工作要求,聚焦提升协作地自我发展能力,
以"走在前、开新局"的昂扬工作姿态,用心用情用力
做好协作工作,圆满完成鲁渝、鲁甘协作工作任务,各
项工作取得显著成效。会同国家乡村振兴局、重庆市成
功举办 2022 年中国农民丰收节"强协作 促振兴——社
会帮扶在行动"活动;"鲁渝、鲁甘实施'东产西移'工
程,助力协作地产业提档升级"入选国家乡村振兴局社
会帮扶助力巩固拓展脱贫攻坚成果同乡村振兴有效衔接
典型案例;山东省发展改革委推荐的 3 个消费帮扶典型
案例入选国家发展改革委组织的 2022 年全国消费帮扶助
力乡村振兴优秀典型案例。

关键词: 东西部协作 鲁甘协作 鲁渝协作

2022 年,山东省准确把握新形势、新任务、新要求,坚定扛牢

---

* 韩晓林,山东省发展和改革委员会对口支援协调处处长。

东西部协作重大政治责任，把协作重庆、甘肃作为分内之事、应尽之责，认真落实"三个转向"工作要求，聚焦提升协作地自我发展能力，以"走在前、开新局"的昂扬工作姿态，用心用情用力做好协作工作，圆满完成鲁渝、鲁甘协作任务，各项工作取得显著成效。

成功举办 2022 年中国农民丰收节"强协作　促振兴——社会帮扶在行动"活动；"鲁渝、鲁甘实施'东产西移'工程，助力协作地产业提档升级"入选国家乡村振兴局社会帮扶助力巩固拓展脱贫攻坚成果同乡村振兴有效衔接典型案例；山东省发展改革委推荐的 3 个消费帮扶典型案例入选国家发展改革委组织的 2022 年全国消费帮扶助力乡村振兴优秀典型案例；"发挥职业教育优势、助力协作地强技能促就业"的经验做法在全国东西部协作示范培训会上进行典型交流。

一　高标准完成东西部协作各项工作任务

（一）强化政策保障落实

山东高度重视东西部协作工作，认真落实省际年度协议，研究制定 2022 年度工作要点，明确 22 条重点工作事项。及时出台了《关于进一步健全完善帮扶项目联农带农机制的实施意见》等 10 余项政策文件，并对年度工作重点事项、"十四五"规划、推进措施进行分解，明确责任单位，压实工作责任，以协议目标为牵引、各项推进措施为支撑的政策保障体系日益健全。承担任务的市、县及省有关部门负责同志 1520 人次赴协作地调研对接。实行"月调度、季通报、年总结"制度，确保各项工作抓实抓细、抓出成效。省委、省政府主要负责同志负总责，省政府分管负责同志牵头抓，省对口支援办具体抓，相关部门、各市按职责抓落实的工作推进机制得到有效实施。

（二）帮助巩固脱贫成果

一是强化稳岗就业。大力实施鲁渝劳务品牌领军人才培育工程和"鲁甘人力"劳务协作品牌建设行动，健全务工需求和岗位供给"两张清单"精准对接机制，降低补贴政策享受条件，提高稳岗补贴标准，扩大政策覆盖面，在山东设立劳务工作站，开展"春风行动"等线上线下招聘会，实行包车、包机等方式"点对点"输送来鲁务工人员。2022年帮助农村劳动力就业11.29万人，其中，脱贫劳动力6.58万人。[①] 通过发展劳动密集型产业、援建帮扶车间、设立公益岗位等多种方式，帮助提升县域就业容量，帮助8.37万农村劳动力就近就业。加大订单式、项目制式培训力度，举办就业技能培训班282期，培训农村劳动力1.38万人次。二是倾斜支持国家乡村振兴重点帮扶县和易地扶贫搬迁集中安置区。拨付15个国家重点帮扶县财政援助资金10.44亿元，实施帮扶项目408个；选派挂职干部36人、专业技术人才721人，其中选派教师289人、医生255人；新增引导落地投产企业53个、实际到位投资额6.08亿元。加强易地扶贫搬迁集中安置区后续扶持，完善配套设施和公共服务，投入资金1.3亿元，实施项目63个，帮扶车间87个，帮助就业4752人。三是持续扩大消费帮扶规模。充分利用山东消费市场和外销渠道，组织开展"渝货进山东·共筑山海情"、"甘货入鲁"、山东会客厅东西协作城市主题周、青岛消费协作月、济南年货节等系列产销对接活动，拓宽"农商联动+电商帮扶"产销对接渠道，实行政府采购承销、社会力量助销、专馆专柜展销等多种模式，累计采购、帮助销售重庆、甘肃农副产品46.06亿元。

[①] 《跨越三千里 山东126家企业来渝送出1.1万余个岗位》，搜狐网，2023年2月27日，https：//www.sohu.com/a/647134488_120388781。

（三）提升协作地发展动能

一是帮助协作地培育富民产业。充分发挥山东经济大省优势，结合重庆、甘肃资源禀赋和产业发展需求，聚焦种养殖、农产品深加工、现代物流等重点领域，扎实开展"鲁企走进协作地"等系列招商推介活动，大力引导东部企业到协作地投资兴业，进一步健全完善协作项目联农带农机制。在重庆，鲁商集团投资建设的实验动物养殖及临床前研究公共服务平台项目、威海引进的PCBA集成电路板研发制造项目；在甘肃，青岛海尔日日顺物流园、陇南利和生物萃取项目等一批大项目好项目的落地投产，成为当地产业发展的"加速器"和就业帮扶的"助推器"。二是强化产业园区建设。结合重庆、甘肃实际，通过帮助建设公共配套、参与规划设计和运营管理等方式，积极引导东部资金、技术、人才向园区聚集，与协作区县累计打造产业园区109个。三是助推帮扶车间提质增效。落实"四个不摘"要求，坚持分类指导，加大帮扶资金投入、政策支持力度，转型建设帮扶车间810个，成为承接东部劳动密集型产业转移、带动就地就近就业的重要载体。

二 坚持以工作创新打造典型经验为重点，推动东西部协作工作全面提档升级

（一）山东"寿光模式"东产西移，助推重庆蔬菜产业高质量发展

一是高位统筹，建立高效推动机制。搭建"六大支撑机制"，在开州区打造鲁渝（寿光）蔬菜现代产业园。二是精准协作，优化产业运营模式。复制寿光蔬菜"六统一分"运营模式，实现蔬菜生产规模化、

集约化。三是示范引领，产业协作成效初显。培育绿色食品、有机农产品，打造深加工经营主体，带动劳动力就地就近就业，农民通过土地租金、务工薪金、分红股金"三份收入"，带动农民增收致富。

（二）数字赋能乡村振兴，探索智慧农业数字乡村新路径

一是聚焦数据驱动构筑产业"新引擎"。构建种植、养殖、农产品加工等标准化数字服务模式，为特色产业园区、文旅项目和民宿农家乐提供数字化服务。二是聚焦数据跑路推动服务"无缝隙"。在示范村部署村级政务服务智能终端，整合在线政务服务事项，实现与市级"渝快办"政务服务平台对接。三是聚焦综合治理实现管理"数字化"。建设平安乡村视频感知体系，打造乡村就业培训服务系统，开展在线培训服务，推行乡村积分数字化管理系统。四是聚焦智慧旅游提升发展"新空间"。针对原有旅游场景提供个性化改造服务，打造贯穿游前、游中、游后的文旅数字化服务。

（三）非遗助力乡村振兴，巧手共筑幸福生活

一是扶志扶智双促进。在非遗传统技艺中筛选产业化程度较高、市场销售前景开阔的项目，举办非遗传统技艺培训。二是工坊建到"家门口"。建设鲁渝协作非遗工坊，通过多种管理模式，帮助农村劳动力实现就近就业。三是宣传推广增活力。在景区设立"非遗工坊产品展销专区"，举办"非遗购物节""重庆好礼旅游商品设计大赛"等活动，推介展销非遗项目、非遗产品，带动非遗工坊产值超亿元。四是多方共建齐发力。深入挖掘乡村地域文化特色，创建特色乡村产品品牌，打造非遗研学旅游项目。

（四）探索形成联农带农八种模式，带动脱贫群众致富增收

一是资产租赁收益型。投入帮扶资金形成经营性固定资产，由企

业租赁使用，按比例缴纳租金，增加村集体经营性资产收入。二是农户入股分红型。建设农业产业园，由合作社吸纳农户入股，以"保底收益+按股分红"的方式享受经营收益。三是乡村示范带动型。引进龙头企业，培育壮大经营主体，带动农户参与，吸纳就近就业获得工资性收入。四是金融保障型。实施政企合作"保险+期货"项目，对冲农产品市场价格波动风险，增强农民生产市场预期。五是订单收购型。引进龙头企业向农户提供优良品种和生产技术指导，双方签订订单收购、保护价收购合同。六是技能增收型。开展技能培训，推行"培训+就业"模式，推动农民从"靠劳力吃饭"向"凭技能就业"转变。七是党建引领型。推行党支部领建合作社模式，发展特色产业，带动农民稳定增收。八是链条嵌入型。实施全产业链帮扶，使农民分享链条增值收益，实现产业增值、企业增效、农民增收。

（五）打造就业技能培训"四化"机制，提升劳务协作精准性

一是一体化机制。整合"培训机构+劳务中介+信息平台+就业企业"资源，开展订单、定向、定岗式培训。二是精准化机制。引进山东培训机构与甘肃技工院校联合办学，推行"三合一"培养方式，实现"入校即就业"。三是特色化机制。围绕甘肃产业特色和市场需求，开发特色品牌职业培训项目，提升就业率。四是品牌化机制。实施高技能人才共育行动，建设鲁甘"工匠联盟"、"鲁甘技工院校教师能力提升研修基地"等，打造"鲁甘人力"劳务协作品牌。

（六）创新开展"4×4"工作法，提高医疗人才"组团式"帮扶成效

一是强化组织领导四方责任。强化各方责任，建立上下联动、责任明确、无缝衔接的工作推进体系。二是探索科室帮建四种模式。对

不同科室类型，采取"提档升级""优先发展""重点帮扶""从无到有"等模式，提升当地医疗水平。三是凝聚人才培养四股力量。开展个性化培养，建立常态化交叉巡回诊疗制度，组织进修学习，打造人才梯队，建立常态化交流对接机制。四是深化共建共管四项交流。深化行政主管部门交流，帮扶医院与受援医院交流，前方机构与受援医院交流，远程会诊交流，实现优质资源共享。

三　切实谋实谋细后续工作，推动协作帮扶再创佳绩

山东省东西部协作树立"以协作促发展"的鲜明导向，聚焦产业合作、劳务协作、消费帮扶、人才支持等方面，进一步落实帮扶责任，突出帮扶重点，拓宽帮扶领域，优化帮扶方式，助力协作地增强自身发展能力，推动鲁渝、鲁甘协作上台阶、谱新篇。

（一）聚焦产业合作精准发力

持续开展"鲁企走进协作地"等系列活动，引导更多企业、更好项目落地重庆、甘肃。指导督促企业、帮扶项目建立健全联农带农机制，让更多农户分享收益。持续抓好产业园区共建，完善配套基础设施和服务功能，引导企业、要素向园区集聚，打造承接产业转移的重要平台。

（二）聚焦劳务协作精准发力

继续实施鲁渝劳务品牌领军人才培育工程和"鲁甘人力"劳务协作品牌建设行动，进一步健全劳务输出对接服务机制，落实稳岗就业政策，加大输转力度，扩大转移就业规模，确保来鲁务工人员数量有新增长。强化职业技能培训，推进帮扶车间提质增效，扩大就地就近就业规模。

（三）聚焦消费帮扶精准发力

扎实开展"渝货、甘货入鲁"等产销活动，引导鼓励政府、企事业单位、社会组织加大采购规模，建立长期稳定供销关系，不断拓展电商销售渠道。打造"十万山东人重庆游、陇上游""十万重庆人、甘肃人齐鲁游"文旅协作品牌，拓展文旅消费空间。

（四）聚焦人才交流精准发力

高标准完成新一批挂职干部轮换工作，精选各类专业技术人才赴协作区县开展技术指导，深入开展教育、医疗人才"组团式"帮扶国家乡村振兴重点帮扶县工作，创新支持保障政策，探索形成一批典型经验模式。抓好专业技术人才和乡村振兴干部培训工作。

（五）聚焦乡村振兴示范精准发力

加大对国家乡村振兴重点帮扶县和易地扶贫搬迁集中安置区倾斜支持力度，在资金、人才、招商、项目等方面做到稳中有进。统筹推进"五大振兴"，发挥好东西部协作资金引导示范作用，复制推广乡村振兴齐鲁模式，助力打造一批东西部协作乡村振兴示范村。深化"万企兴万村"行动，动员更多社会力量参与东西部协作工作。

B.9
2022年江苏省推动东西部
协作的成效与案例研究

李泓君　戴晓茹*

摘　要： 2022年，江苏坚持系统谋划、统筹推进，多方联动、狠抓落实，务实推进东西部协作工作，助力协作地区巩固拓展脱贫攻坚成果、全面推进乡村振兴和经济社会高质量发展。严格落实"四个不摘"要求，保持财政协作资金支持、人才支援等政策总体稳定，强化结对地区人才培养和造血机能培育，坚持和完善社会力量参与帮扶机制，推动形成巩固拓展脱贫攻坚成果的强大合力。整合各方力量，统筹推进乡村振兴示范村的经济建设、政治建设、文化建设、社会建设、生态文明建设和党的建设，加快推进乡村治理体系和治理能力现代化，为推进乡村振兴发挥示范带动作用。全力支持协作地区新能源建设和绿色产业发展，因地制宜培育发展乡村特色产业，共建产业园区，拓展产销渠道，加强劳务对接，努力形成区域协调发展、协同发展、共同发展的良好局面。

关键词： 东西部协作　苏青协作　苏陕协作

---

* 李泓君，江苏省发展和改革委员会支援合作处处长；戴晓茹，江苏省发展和改革委员会支援合作处副处长。

2022年，江苏坚持系统谋划、统筹推进，多方联动、狠抓落实，务实推进东西部协作工作，助力协作地区巩固拓展脱贫攻坚成果、全面推进乡村振兴和经济社会高质量发展。

一　健全工作机制，统筹推进落实

（一）强化协同、上下联动

江苏省将东西部协作工作纳入党委、政府重要议事日程，先后组织召开省委常委会会议、省政府常务会议、领导小组会议以及座谈会、专题工作会等30余次，深入分析形势任务，研究贯彻落实举措，部署新阶段东西部协作工作。调整设立省委、省政府主要领导为组长的省对口支援协作合作工作领导小组，与陕西省、青海省签署2022年《东西部协作协议》，确定年度主要工作任务。落实年初部署、按月监测、按季调度、年度评估的工作推进机制，做到常规工作按时监测调度、专项工作适时协调推进、重点工作及时研究部署，强化部门协同，上下联动，形成合力。

（二）精心组织、扎实推进

印发《2022年江苏省东西部协作工作要点》《2022年度东西部协作任务指标分解计划》《关于选好配强专业技术人才助力对口协作地区发展的通知》，对年度工作和具体任务进行分解，明确责任单位和工作要求。先后印发《助力对口协作地区应对新冠肺炎疫情影响持续巩固拓展脱贫攻坚成果的工作举措》《关于进一步深化东西部协作助力协作地区巩固拓展脱贫攻坚成果同乡村振兴有效衔接重点工作的通知》《关于动员引导社会组织参与乡村振兴工作的通知》等文件，部署和推进各项具体工作。

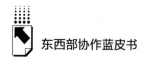
二 聚焦重点任务，提升协作质量

（一）助力培育壮大特色产业

发挥协作资金撬动作用和选派专业技术人员帮扶作用，按照"一县一品""一村一态""一户一业"工作部署，通过引入新品种、指导种植养殖、开展深加工、创意提形象、设施破瓶颈，帮助引入龙头企业、培育本土经营主体，发展庭院经济，将农村劳动力嵌在特色产业链上，让脱贫群众持续稳定增收。采取协作共建、单独兴建、联合共管等多种形式，通过共同谋划发展定位、联合开展招商引资、帮助优化营商环境等方式，持续推进共建产业园区高质量发展。苏州工业园区中新集团选派技术人员组成工作组进驻青海，协助当地制定零碳产业园规划和控规。

（二）推动就业帮扶扩量提质

组织实施劳务品牌共建工程，健全工作机制，强化部门对接、信息互通、工作互动，强化技能培训，培育乡村工匠，打造山阳辅警、镇安月嫂、商南焊工、丹凤厨工、柞水汽配工、化隆拉面师等劳务协作区域品牌，开展"春风行动""百日百万""带岗直播"等线上线下招聘，实施农民工返岗复工点对点服务行动，强化供需对接、精准匹配、快速到岗，出台"人社助企纾困12条"等政策举措，将就业人员稳在岗位、稳在企业、稳在当地。

（三）不断扩大消费帮扶规模

组织实施消费共享升级工程，帮助打造柞水木耳、勉县小龙虾、丹凤核桃、富平乳业、周至猕猴桃、白水苹果、平利茶叶、耀州香菇、乐都蔬菜、互助独头蒜、循化辣椒、湟中土豆等一批消费帮扶品牌产品和生产基地。组织开展江苏省"对口支援协作合作地区特色商品展""消费帮扶新春行动"等消费帮促活动，与电子商务、商贸流通、大型市场等建立稳定合作关系，加强"田间直采""直播带货"，落实政府采购和工会经费使用政策，实施进机关、进学校、进市场、进企事业、进商会、进展销会"六进"工程，稳步扩大消费帮扶规模。

（四）助力提升教育医疗保障水平

组织 509 所江苏学校与协作省份 518 所学校、176 家江苏医院与协作省份 167 家医院开展结对帮扶，采取师带徒、专家带团队、名师工作室等模式，开展"1+N"（以一个帮扶干部带多个人员）跟学，坚持"请进来""走出去"相结合，通过"互联网+"共享"智慧空中课堂""名师在线"等优质教育医疗资源，助力培养一支"带不走"的高素质人才队伍，帮助打造名师、名医、名校和特色专科。"组团式"帮扶 12 所普高、12 所职高（职教中心）、6 家县人民医院（中医院）。教育帮扶突出完善管理制度、强化学科建设、加强师资建设、提升学生素养、共享优质资源、开展教学改革等重点；医疗帮扶突出规范管理制度、建强重点科室、加强人员培养、改善硬件条件等重点，助力教育医疗水平提升。苏陕协作资金安排 5000 万元用于支持 5 所医院"组团式"医疗帮扶工作，苏青协作资金支持共和县中医院实施医疗设备采购项目。

三 加强区域协作，实现共赢发展

（一）深化产业合作

围绕青海省打造清洁能源输出高地，帮助其引进天合光能、远景能源、苏州阿特斯等知名企业，总投资超千亿元。其中苏州阿特斯计划在海东零碳产业园投资 600 亿元建设一体化光伏制造产业基地，这是青海省近年来投资规模最大的引进项目。[①] 针对陕西汽车制造业优势，帮助其引入新能源微车、汽车内饰件、轮胎生产等项目，助推陕西汽车零部件生产本地化。结合榆林市煤化工产业和风力资源优势，帮助其引入精细化工、风机和储能系统制造等项目进行延链补链，帮助其打造智慧路灯、特种电缆、特种矿井工作靴等配套产业。持续助力安康市发展毛绒玩具文创产业，已集聚各类毛绒玩具文创企业 736 家，形成从创意设计、原辅料生产到产品加工、贸易销售的全产业链，年产值 35 亿元，出口额 2.8 亿元，并推出仿真毛绒玩具、纳米防菌面料毛绒玩具、毛绒玩具盲盒，推动传统产业向高端发展，助力安康市成为全国第四大毛绒玩具生产基地。[②]

（二）拓展合作领域

推动江苏省产业技术研究院与陕西省秦创原创新促进中心（以下简称"秦创原"）对接合作，分享江苏科技体制改革的系列做法，助力秦创原打造高质量发展的科创平台。无锡市着眼"政产学研金"常态化合作，探索"研发孵化在西安、产业落地在无锡"的合作模式，设立"惠山区西安创新中心""西安人工智能梁溪科创飞地""无锡锡山（西安）荟智中心"等科创飞地。组织实施文旅资源互推工程，帮助深度挖掘文旅资源，助力打造和提升品牌文旅景点，联合开展品牌营销活动，组织实施游客互送活动，共同打造旅游精品线路。西安周至、宝鸡、安康等地将发展猕猴桃和蓝莓种植、桑蚕养殖与发展乡村旅游、特色手工制作、农产品展销等有机结合，推进农文

---

① 《计划投资 600 亿元建设一体化光伏制造产业基地》，海东市人民政府网，2022年 8 月 8 日，http：//www.haidong.gov.cn/html/342/105997.html。
② 《苏陕推动东部产业转移 打造毛绒玩具之都》，国家乡村振兴局官网，2023 年 3 月 3 日，https：//new.nrra.gov.cn/2023/03/03/ARTIzCzhCr3yMTVdfIPh32TS230303.shtml。

旅融合。帮助海东市打造的循化乙日亥、乐都峰堆、互助磨尔沟等景点均已成为青海省乡村旅游和乡村振兴示范点。推动无锡市与延安市开通了直航航班。与协作地区联合拍摄首部反映东西部扶贫协作的电影《乐都传奇》，在全国上映并获得好评。

（三）强化经贸交流

第六届"丝博会"、第23届"青洽会"期间，江苏共组织200多家企业参会参展，分别洽谈落实合作项目85个、31个，投资及贸易总额分别为312亿元、80亿元，涉及新能源、新材料、中医药、装备制造、高效农业、危废处理等领域，参与企业数量、合作项目数量、投资贸易金额均为历年之最。举办连云港（西安）新丝绸之路合作交流恳谈会和海南州投资环境说明暨专场签约仪式，有力推动了区域经济合作。

四 注重民企作用，调动社会力量广泛参与

江苏省工商联向全省民营企业发出"村企联手谋发展，共走双赢振兴路"的倡议，召开村企联建推进部署会，建立健全责任传导、部署推进、调研核查、宣传激励、信息使用、服务跟踪6项机制，已有519家民营企业参加省外帮扶工作，江苏民营企业与陕西、青海重点帮扶县实现结对全覆盖。组织开展医疗公益行动，开展义诊超2.6万人次，实施"心佑工程"，累计为1.2万余名先心病患儿免费检查，为70名患儿提供到南京的免费手术治疗。

五 创新做法和典型经验

（一）整合资源，协同发力，发挥多种帮扶体系叠加效应

主动适应帮扶青海省范围由西宁市、海东市扩大到青海省全省、

承担对口合作革命老区重点城市延安市的新任务，将东西部协作和对口支援、对口合作工作统筹谋划、同步推进，形成叠加效应。一是整合力量建机制。在青海省，将东西部协作和对口支援两支队伍和两种资源整合使用、共同发力，建立由省对口帮扶工作队统筹协调、对口支援海南州各工作组具体负责的前方工作体系，对口支援海南州各工作组定期赴青海省15个重点帮扶县调研对接工作、推进协作项目、商谈协作事宜。无锡市各工作组在负责结对县东西部协作、对口合作工作的同时，将工作任务和范围向延安市非结对县延伸和拓展。二是同步谋划强统筹。苏青两省政府签订《"十四五"对口支援和协作框架协议》，推动产业转移、园区建设、市场对接、清洁能源、劳务协作、消费帮扶、交往交流交融和教育、医疗、科研、人才等主要领域开展深层次合作，努力形成"1+1>2"效应。无锡市和延安市签订了《东西部协作、革命老区重点城市对口合作框架协议》，创新东西部协作、对口合作新模式，开展弘扬延安精神、推进文旅合作、实施园区共建、深化消费协作、助推乡村振兴五大行动，推进党建融合、产业融合、项目融合。三是工作融合增成效。围绕产业协作、消费帮扶、就业帮扶、智力支援等领域，将对口协作工作向已有其他省市对口支援的青海省15个重点帮扶县拓展，依托对口合作向延安市非结对县拓展，在海南州开展对口支援和东西部协作融合试点。对口支援海南州的5个设区市已安排15个经济强县结对帮扶青海省15个重点帮扶县，组织开展学校、医院、企业结对帮扶工作，实现全覆盖并开展实质性帮扶。统筹使用东西部协作和对口支援海南州的医疗教育人才，帮扶海南州人民医院、共和县中医院、海南州高级中学和海南州职业技术学校。常州市发挥既对口支援又东西部协作共和县优势，统筹推进支援协作工作融合开展，帮助其打造"光伏+"、文旅产业，助力牦牛、藏羊、青稞、油菜等特色产品开拓市场。无锡市在与延安市协作过程中，将延安精神与无锡"四千四万"精神有机融合，在无锡市建设"延安精神无锡学习天地",将延安市能源行业转型需求与无锡市打造雪浪小镇工业互联网等"新基建"相融合。

(二)强化引领,结对帮扶,共同打造乡村振兴示范标杆

苏陕协作开展"四方双结对、共建示范村"工作,即在陕西省56个脱贫县各选1个村与江苏1个经济强村结对共建[①],再安排1名协作干部人才与共建村党支部书记结对,以党建为引领,集聚政策、规划、资金、技术、人才等多种资源,聚力支持发展特色产业、壮大集体经济、改善乡村环境、带动村民增收,共推共建村乡村振兴。共建以来,累计帮助30个共建村编制发展规划,实施项目161个。一是培育特色产业,持续壮大集体经济。聚焦种养殖业、农产品加工、乡村旅游、农文旅融合等重点领域,培育壮大柞水中台村木耳、耀州王家砭村瓷器、汉滨龙泉村茶叶、子洲张家坪村绒山羊、镇安青树村小龙虾等特色产业,建设产业园(基地)38个,帮助引导落地企业42家,投资额为2.72亿元,持续壮大村集体经济。紫阳大连村盘活集体资产,培育扶持紫阳茗安茶业、陕焕茶业等集体企业,培育茶叶经营主体8家、专业合作社3家,年产干茶60吨,产值1800余万元。西乡五丰社区培育富民生猪专业合作社、利民粮油等30余家省、市、县级龙头企业,成立品牌运营公司,集体经济迅速壮大。二是坚持党建引领,提升乡村治理水平。协作干部和党支部书记定期开展活动,带领支部一班人共同想在前、干在前,村党支部战斗堡垒作用得到强化。略阳徐家坪社区把支部建在产业链上,成立桑蚕产业联合党支部,辐射带动8个乡镇25个村626户群众共同发展致富。富平大樊村形成支部党建"4313"特色工作法,率先完成农村产权制度改

---

① 《苏陕工作队部署"四方双结对 共建示范村"工作》,陕西省发展和改革委员会官网,2022年4月12日,https://sndrc.shaanxi.gov.cn/rdzd/ssfpxz/gzzt/UFjuay.htm。

革。商州闫坪村形成党建网络、治理网格、服务群众网络"三网合一"的基层治理模式，太白杨下村形成自治、德治、法治"三治融合"的乡村治理模式，勉县雍东村开展基层社会治理积分制试点。三是强化富民惠民，构建长效增收机制。帮助就业创业，扩大消费帮扶，强化联农带农，多措并举构建富民增收长效机制。2022年，帮助56个共建村近5000名农村劳动力实现就业，累计帮销农特产品超0.89亿元，带动人均增收超千元。榆林韩家硷村建立全县首个村播实训基地，带动36名劳动力就业，人均增收超6000元。镇安青树村打造"安业清真"餐饮劳务品牌，已在西安开办餐饮店300余家，带动1000余名劳动力在外就业创业。柞水中台村建立"订单农业""股份合作"等多种利益联结机制，带动196户600多名脱贫人口增收致富，户均增收超万元。[①] 四是完善基础设施，改善乡村人居环境。在56个共建村建设59个乡村设施项目，帮助共建村完善基础设施，提升公共服务能力，有效改善了农村人居环境。[②] 延安延川县梁家河村实施人居环境整治、整村道路绿色等项目，同步开展环线塬面保护、山洪治理、水土流失综合治理、植被修复等工作，提升村庄生态宜居水平。宜君县淌泥河村以旅游景区建设为标准，对村基础设施和环境进行改造，打造"中国美丽休闲乡村""全国乡村旅游重点村"。"四方双结对、共建示范村"工作取得阶段成效，《人民日报》、《光明日报》、央视网等中央媒体多次对此进行报道。

（三）聚焦优势，打造载体，着力推进乡村产业振兴

江苏省紧扣工作举措转向支持发展的要求，聚焦协作地区产业资

---

① 《"四方双结对、共建示范村"》，陕西省发展和改革委员会官网，2023年2月23日，http://sndrc.shaanxi.gov.cn/rdzd/ssfpxz/dxjy/mYfAri.htm。

② 《"四方双结对、共建示范村"》，陕西省发展和改革委员会官网，2023年2月23日，http://sndrc.shaanxi.gov.cn/rdzd/ssfpxz/dxjy/mYfAri.htm。

源优势，加大产业协作力度，帮助协作地区打造一批特色产业基地、培育壮大特色优势产业。一是紧盯战略定位，明确产业发展方向。全方位支持陕西发展以草果为代表的果业、以奶山羊为代表的畜牧业和茶叶、核桃、食用菌等区域特色产业，支持青海发展蔬菜、水果等特色种植和牦牛、藏羊等产业。配合开展《东西部产业协作推进陕西果业高质量发展战略路径研究》，着力推动陕西苹果产业品质提升、品牌打造、标准化生产和消费帮扶升级，从产业链、市场链、价值链全方位助力构建现代苹果经济体系，协作打造惠农助农效果最明显的产业。多年来，通过苏陕协作，帮助陕西苹果出口80多个国家和地区，销售到江苏的陕西苹果近7亿元。帮助榆林市子洲县张家坪村建设绒山羊养殖示范基地，完善饲草饲料储备、怀孕繁殖母羊饲养、配种空怀母羊饲养、产羔母羊饲养、种公羊饲养等功能区布局。① 安排协作资金支持、协调南京卫岗乳业提供技术和渠道支持，帮助西宁市湟中区西堡镇建成青海省规模最大的现代化生态奶牛养殖基地，形成"牧草—奶牛—有机肥—牧草"循环绿色养殖生态。二是打造产业基地，推动产业融合发展。围绕农牧资源和特色产业，加大资金、技术、人力协作力度，转移转化新品种、新技术，注重补链强链延链，推进农业与文化、旅游、康养等相融合，大力发展田园养生、农耕体验、民宿康养等新业态，推动三产融合发展，合作共建一批特色彰显、联农效益好的基地（园区）。通过强化制度引领、科技赋能、规模发展、延链补链、质量管控、农旅融合，江苏省累计投入东西部协作资金超1亿元，聚力帮助陕西省商洛市柞水县打造全国木耳全产业链示范基地，将其培育成全县首位产业，年产出干木耳5000吨，年产值可达17.2亿元，将全县60%以上的农户镶嵌在木耳产业链上。帮助青海省引入国内规

---

① 《苏陕协作发挥新作用 携手共建示范村》，网易，2022年10月18日，https：//www.163.com/dy/article/HJVQ3B830550D6TP.html。

模最大的大蒜加工企业江苏东方黎明集团和有机独头蒜新品种，在海东市互助土族自治县哈拉直沟乡盐昌村建设 580 亩高原有机独头蒜种植基地，配套建设晾晒、保鲜等设施，通过"龙头企业+村集体经济合作社+农户"模式，稳定联农带农就业增收，使该村成为全县首个获得欧美有机认证的种植基地，也是青海省乃至西北地区最大的规模化独头蒜种植基地，并向全县推广，种植面积扩大到 1500 亩。三是壮大县域经济，工业反哺乡村振兴。在青海省海东市，帮助引入天合光能股份有限公司打造"源网荷储一体化零碳产业园"，计划总投资 500 亿元，规划布局创新中心和从工业硅、高纯多晶硅及配套新型材料到拉晶、切片、电池、组件生产的全产业链，预计建成投产后可实现年营业收入 488 亿元、年入库税收 18.3 亿元、带动约 9500 人就业。在商洛市洛南县，帮助引入环亚源铜业，落地固危废综合利用项目，并以此为龙头引入 29 家关联企业，形成有色金属环保产业联盟，打造环亚源生态岛环保科技产业园，目前已累计实现产值 23.1 亿元、税收 1.3 亿元。在汉中市西乡县，依托国动产业园，承接东部纺织服装产业梯度转移，先后引进索克斯、捷得等一批服饰企业，帮助其打造服装产业聚集区，推动服装产业成为西乡县域经济发展新支撑。在商洛市商州区，依托共建电子信息产业园，帮助其引进东部电子信息企业 9 家，建设了工业级无人机、LED 半导体封装及应用、动力储能锂电、半导体复合材料等项目，形成总规模 50 亿元的电子信息产业集群。

（四）"三链"同构，综合发力，促进消费帮扶共享升级

组织实施消费帮扶共享升级工程，坚持从供需两端综合发力，突出生产基地和产品品牌建设，建强产业链，加强市场主体和产销渠道对接，打通供应链，强化政策支持和引导，完善政策链，推动"西货东进""西货出境"。一是建基地、育品牌，确保供得上、供得好。按照"一县一品"培育特色产业、"资金+园区+项目"打造特色园

区、"技术+标准+品牌"做大做强产业的思路，通过共同研发提升或引入种苗品种、选派专业技术人员指导种植养殖、帮助引入企业开展深加工、提供创意设计提升产品形象、支持建设冷链仓储设施等突破发展瓶颈，全方位支持特色产业发展，提升供应能力和产品质量。二是拓渠道、搭平台，确保卖得出、卖得快。新开设一批农特产品展示馆、直营店、电商商城、专柜等线上线下展销平台，开展"对口支援协作合作地区特色商品展""消费帮扶新春行动"等消费帮促活动，组织苏果超市、徐工电商、南通亲家公等商贸流通企业和众彩物流、徐州雨润、常州凌家塘、苏州南环桥等大型农批市场建立稳定合作关系，搭建线下线上产销对接平台。实施"数商兴农"工程，推进电子商务进乡村，开展"百县千村万主播"行动，在陕西、青海等地建立村播基地，助力直播带货。江苏汇鸿集团依托青海供应链公司，整合上下游资源、搭建内外销网络、推进线上线下融合，构建"青货出青"专业渠道，向全球推介青海特色产品。三是优政策、重宣传，确保放心购、便捷购。印发《关于进一步做好消费帮扶工作的通知》，落实政府采购和工会经费使用政策，引导党政机关和企事业单位优先采购协作地区农副产品，拓展消费帮扶平台范围，构建"832""鲜丰汇""悦购钟山""江苏工会"等线上营销矩阵，推进进机关、进学校、进市场、进企事业、进商会、进展销会"六进"工程，引导社会力量采购帮销，组织苏食集团、农垦集团等省属企业开展订单采购。针对西部地区道地药材优势，印发《关于继续支持对口支援协作合作地区中医药产业发展的通知》，鼓励医疗机构采购道地中药品种和产品。利用江苏有线"助农"节目、新华报业"交汇点"平台、地铁宣传渠道等进行相关宣传。

（五）"四项"赋能，全程闭环，促进就业帮扶扩量提质

坚持"以劳务塑品牌、以品牌促劳务"，扎实推进劳务品牌共建

工程，紧盯市场需求，统筹资源力量，通过建机制、塑品牌、强培训、优政策，实施培训、输转、就业全程闭环管理，促进转移就业扩量提质。一是品牌赋能，让就业渠道更宽。坚持双向发力，在助力协作地区打造劳务输出品牌、提高劳务输出质量的同时，建立和完善劳务品牌宣传推介、定点定向劳务输出、用工评价反馈等机制，不断增强劳务品牌市场竞争优势。近年来，江苏省通过技能化开发、市场化运作、组织化输出、产业化打造，培育、发展、壮大了山阳辅警、镇安月嫂、柞水汽配工、紫阳修脚师、丹凤厨工、商南焊工、洛南嫂子和叉车工、化隆拉面师等一批标志性区域劳务品牌。二是培训赋能，让就业质量更高。加大政策和资金支持力度，加强与江苏职业院校合作、提高培训师资力量，深入调研市场用工需求、调整优化培训内容，采取"企业下单、学员点单、培训接单"精准培训模式，变"要我学"为"我要学"，由点到面扩大培训范围，由少到多增加培训数量，由会到精提高培训质量。2022年，累计开展劳务协作培训班165期，帮助培训农村劳动力7044人次。三是机制赋能，让就业转移更准。完善政府间劳务协作对接机制，建立江苏企业用工信息定期发布制度，组织开展"春风行动"等专项招聘，通过网络平台、直播带岗、远程招聘等开展线上招聘，利用"互联网+大数据"强化云端供需快速对接、精准匹配。2022年，共面向中西部地区开展各类线上线下劳务协作招聘活动890场次，参与招聘企业12879家，提供就业岗位37.4万个。四是政策赋能，让就业环境更优。先后颁布《江苏省就业促进条例》、出台"人社助企纾困12条"举措、印发《关于做好2022年就业帮扶工作巩固脱贫攻坚成果的通知》，健全并落实稳岗就业政策，做好中西部地区来苏就业人员特别是脱贫人口稳岗工作。南京、淮安等市出台给予劳务基地建设运营补助、非公益性人力资源服务机构招引外埠劳动力补贴和奖励等优惠政策。

B.10
2022年浙江省推动东西部
协作的成效与案例研究

潘建勇*

摘　要： 浙江省以践行"八八战略"、打造"重要窗口"、推进"两个先行"的使命担当，扎实开展新一轮浙川东西部协作各项工作，紧扣重点区域、重点领域、重点群体，谋深谋实对口工作任务计划，推动更多项目落地见效，助力四川省巩固拓展脱贫攻坚成果、全面推进乡村振兴，为全国区域协调发展贡献浙江力量。选派了155名优秀挂职干部和1264名技术精湛的专技人才入川，同时，帮助当地培养一支"留得住、能战斗、带不走"的干部人才队伍，为四川脱贫地区发展提供智力支撑。着力强化产业合作在东西部协作中的基础性和引领性作用，以补链强基为抓手，努力把共建园区打造成四川结对地区洼地崛起、后发赶超的"发动机""火车头"。2022年，浙江省新增引导590家企业在四川省投资，实际到位资金489.7亿元。

关键词： 东西部协作　浙川协作　"八八战略"

　　浙江省以践行"八八战略"、打造"重要窗口"、推进"两个先

---

* 潘建勇，浙江省发展和改革委员会对口支援处处长。

行"的使命担当，扎实开展新一轮浙川东西部协作各项工作，助力四川省巩固拓展脱贫攻坚成果、全面推进乡村振兴，为全国区域协调发展贡献浙江力量。

一 坚持高位推动，持续强化组织动员

浙江省委、省政府高度重视浙川对口工作，召开省对口工作领导小组会议，要求浙江省要以走在前列的工作要求，紧扣重点区域、重点领域、重点群体，谋深谋实对口工作任务计划，推动更多项目落地见效。在2021年印发的《关于打造对口工作升级版的实施意见》基础上，又先后印发了《浙江省东西部协作2022年度工作清单》《"万企兴万村"行动倾斜支持乡村振兴重点帮扶县专项工作方案》《浙江省"万企兴万村"行动倾斜支持国家乡村振兴重点帮扶县2022年度工作清单》《关于做好产业顾问组成员推荐工作的通知》《浙江省打造消费帮扶"金名片"省级层面2022年度重点推进工作事项》等21个文件，进一步完善了东西部协作政策体系，为全面推进东西部协作工作提供了政策支撑。

二 坚持就业优先，持续巩固脱贫成果

（一）抓好来浙务工中西部脱贫劳动力稳岗工作

一是着力优化就业环境。出台在浙脱贫人口同等享受浙江省就业创业扶持政策，享有租房补贴、交通探亲补贴等优惠政策，解决外来务工人员子女入学、住房等痛点难点问题，建好"数字就业平台"，及时掌握脱贫人口来浙就业情况，提供不讲年龄、不讲技能、不讲学历的爱心岗位3.2万个。二是着力健全劳务机制。深化"十省百市千县"省际劳务合作，签署协议、定期会商、互通信息。浙江省人力社

保厅积极组织人员赴 2022 年省市县三级与劳务输出省份签订协议 157 份。与劳务输出省份实地对接，深入推进省际劳务协作，目前已建立省外劳务工作站 195 个。三是着力提高就业能力。深化运行浙川中职合作培养机制，浙江省中职学校定向招收对象由脱贫家庭学生扩大到农村家庭，招收结对地区农村学生 3649 人。舟山市发挥海员培养优势，经过培训的四川宣汉海员月薪超 10000 元。发挥浙江创新创业资源优势，帮助结对地区开展创业师资、农村电商等培训，大力培训电商运营、品牌推广、物联网建设、农文旅融合等方面的创新创业人才。

（二）帮助四川脱贫人口实现就地就近就业和转移到其他省就业

一是创新车间模式，推进"帮帮摊"项目。在广元市率先开展"帮帮摊"项目并逐步向四川全省结对地区推广，按照"政府搭平台、市场化运营、社会化发动"原则，将传统的帮扶车间存量进行拓展升级，打造集来料代工、货物仓储分发、人员培训等功能为一体的"帮帮驿站"，铺设摊贩发展"小摊经济"，重点帮助当地残疾人、脱贫人口、重点监测对象等低收入人群稳增收促就业。截至 2022 年底，该项目已在广元、绵阳、巴中、乐山等地推广，拉动就业超过 500 人，人均月增收 2000 元。二是加大帮扶力度，拓展"来料加工"成果。推广四川来料加工模式，帮助群众实现"家门口"就业。比如在广元市昭化区建设 5 个"归雁工程"来料加工车间，吸纳妇女就业近 200 人，2022 年生产产品 20 余万件；在汶川县建成来料加工车间 37 个，吸纳农村劳动力就业 1500 余人，人均月增收超过 1300 元，实现务农和务工两不误。义乌市在巴中市巴州区复制推广来料加工模式，组织了 57 名来料加工经纪人来浙江培训学习。三是培训提升能力，开展定制化技能培养。深化劳务协作培训模式，根据产业发展和用工需求，定制化开展家政服务、物流配送、

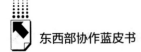

电商直播等劳动技能培训，打造劳务协作品牌。阿里巴巴在广元、甘孜等地开展"热土计划"，派遣电商特派员培养当地电商人才。舟山市帮助达州中职院校设立"达州化工班"，为达州市宣汉县化工产业园培养定制的化工人才。

三 坚持内生发展，持续深化产业合作

浙江不断强化产业合作在东西部协作工作中的基础性和引领性作用，不仅在产业园区硬件建设上加大帮扶力度，在完善联合招商机制方面狠下功夫，2022年新增引导590家企业在四川投资，实际到位资金489.7亿元。

（一）大力推进产业园区共建

共同创建一批特色鲜明、优势突出、示范性强的产业园区、"飞地园区"，形成东西部产业错位发展、优势互补、互利共赢的良好格局。2022年3月，嘉兴市海盐县与屏山县共建浙川纺织产业园，被国家乡村振兴局邀请参加"奋斗新征程——2022年乡村振兴特别节目"。嘉善—九寨沟"飞地"作为全国首个跨省"飞地园区"，累计已实现投资收益4110万元。2022年，浙川共建产业园93个，新增引导企业入驻165家，入园企业实际投资额70.47亿元，吸纳农村劳动力17296人。①

（二）大力发展特色产业

依托结对双方特色资源优势，聚焦当地重点特色产业，增加帮扶资金进行扶持，一批蓝莓、菌菇、青花椒、魔芋等蔬果种植基地

---

① 《签约34个项目、投资金额138亿元，川浙产业协作"双向奔赴"》，澎湃，2023年5月26日，https://www.thepaper.cn/newsDetail_ forward_ 23233871。

（园区），一批牦牛、白鹅、乌鸡、稻鱼等养殖基地（园区）有序推进。如帮助甘孜县建设高原特色农业产业园区，帮助九寨沟县建设现代农业园区，成功引进浙江珍稀果树品种"檿李"，销往浙江批发均价高达 80 元/斤。

（三）大力完善联合招商机制

学习借鉴浙江湖州招商做法，共搭信息平台，结合双方各自优势资源，共同编织项目、人才等资源共享"信息网"，组建"点对点""一对一"师徒式招商小组，实施"一起跑企业、一起谈项目、一起做推介、一起搞研判"的"抱团式"招商策略。

四 坚持精准施策，持续深化消费帮扶

（一）出台消费帮扶政策

在《浙江省打造消费帮扶"金名片"巩固拓展脱贫攻坚成果的实施意见》基础上，印发了《浙江省打造消费帮扶"金名片"省级层面 2022 年度重点推进工作事项》，对 32 个省级有关部门列出 50 条年度工作事项，推动落实消费帮扶工作。用考核"指挥棒"推动 11 个设区市消费帮扶工作，印发《浙江省东西部协作工作 2022 年度指标任务分解表》，将浙江省消费帮扶任务分解到设区市，并作为年底东西部协作工作考核重要内容。

（二）拓展产品销售渠道

在省行政中心开展了"浙川东西部协作优质农产品进浙江省直机关消费帮扶活动"，组织了四川省近 100 种名优特农产品进机关展销活动，引导机关干部以购代捐，扩大对口地区农产品销售。宁波市和凉山州轮流组织消费协作洽谈对接活动，在宁波设立凉山州消费帮

扶产品直销店（馆）11个、服务站2个。嘉兴市帮助宜宾市屏山县成立"东西部协作李产业联盟上海销售办事处"，助力茵红李优质果在上海及长三角地区销售。

（三）加快推进电商帮扶

充分发挥浙江省电商产业发展优势，支持对口脱贫地区发展电商产业，指导建设电商网店，帮助开展电商业务培训。比如义乌市场集团开发了集"小程序+公众号+视频号+信用兑换+政采云"等功能于一体的"百县万品"微商城，在售产品4436款，公众号粉丝数约3.1万人，引进专业MCN机构，成立合资公司拓展直播业务，挖掘适销农产品，孵化部分农产品"网红"品牌，已开设8个百县万品运营号，开展直播带货786场，链接营销社群247个，着力开展社区团购，累计销售额达1.12亿元。

五 坚持尽锐出战，持续开展组团帮扶

2021年以来，浙江选派了155名[1]优秀挂职干部和1264名技术精湛的专技人才入川，同时，帮助当地培养一支"留得住、能战斗、带不走"的干部人才队伍，为四川脱贫地区发展提供智力支撑。

（一）创新干部人才工作模式

浙江发挥各帮扶工作队和挂职干部人才优势，打破原有地区工作模式限制，集聚智慧力量、有效整合资源，创新干部人才"组团式"工作模式，以项目化、体系化、专班化运作，重点做好省级层面浙川

---

[1] 《浙江干部"入川"如何稳稳接下东西部协作的"接力棒"?》，四川省乡村振兴局官网，2021年10月16日，http://xczxj. sc. gov. cn/scfpkfj/inportantnews/2021/10/16/b959a5da9f654c5087409aebfbe76cf4. shtml。

东西部协作管理服务平台、浙川共建产业园提档升级、牦牛产业全产业链发展、浙川能源合作等 15 个①"组团式"帮扶重点项目，进一步推动资源共享、优势互补，形成"全省一盘棋"的良好局面，凝聚协同发展和共同发展的强大合力。

（二）组建挂职干部人才讲师团

充分发挥多领域挂职干部、人才业务能力的特长，组织挂职干部、人才组建讲师团，手把手对当地干部、人才进行传帮带。在阿坝州组织 31 名挂职干部申报个人专长，组建援派干部讲师团，将涉及数字化改革、重大项目谋划管理、产业培育、数字经济、文明城市创建等方面的 14 名援派干部人才加入州、县委组织部讲师库，并多次为当地干部开展授课培训。

（三）加大组团帮扶力度

浙江从各设区市排名靠前的 59 所学校、44 家医院遴选出 110 名教育专家（含 28 名高中校长）和 66 名医疗专家（含 13 名医院院长），分别选派到四川重点帮扶县的 28 所学校和 13 家医院挂职。通过互访交流、师资力量培训、数字化教学共享等措施提升重点帮扶县教师、医生的能力水平。

六 坚持经验共享，持续推进数智赋能

（一）数智赋能助力防返贫监测

借鉴浙江省低收入农户帮促平台建设思路，主动对接四川省乡村

---

① 《孟刚：以"两个先行"的使命担当，干字当头、敢为人先，高质量做好 2023 年全省对口工作》，浙江省发展改革委官网，2023 年 2 月 27 日，https：//fzggw. zj. gov. cn/art/2023/2/27/art_ 1629218_ 58935661. html。

振兴局、省大数据中心、省财政厅、省公安厅、省民政厅，助推四川省防返贫数字化监测帮扶平台建设，形成常态化排查、动态化监测、精准化帮扶的长效机制。嘉兴市以"两联一进"工作为载体，织密"线上+线下"两张网，助力茂县成功建立四川首个县级数字化防返贫监测系统。

（二）数字赋能推动人岗对接

完善杭州广元劳务协作数字化平台，构建劳务协作"智慧大脑"。截至 2022 年底，该平台已集聚浙川两地招聘企业 15000 余家、在招岗位 26 万余个、就业创业服务机构 347 家、职业类院校 893 所，提供技能培训、就业指导、视频面试等服务。宁波市开发了东西部劳务协作系统（镇 E 惠），建立跨区域、跨部门、跨层级的协同体系，精准信息匹配，引入预警机制，实现招聘就业全过程高效管理运行、补贴资金快速直达。

（三）数智赋能助推产业发展

金华市帮助南江县公山镇卫星村建成数字农业云平台，已实现 3500 亩金银花产业园节水 50%、肥料利用率提高 20%、人工节省 90%的显著效果。杭州市在乡城县投入 2300 万元，打造"一个基础、一个云库、一个平台"为一体的"苹果+藏猪种养循环"现代农业模式，全天候采集生产数据，实现过程管控智能化。利用云计算技术，全方位赋能指挥平台，实现决策分析智慧化。苹果和藏猪产值分别达到 5400 万元和 6000 余万元。[1]

---

[1]《赋能苹果产业提质升级！乡城县苹果+藏猪种养循环现代化农业园区》，2022 年 6 月 24 日，焦点日报网，http：//www.cnjdz.net/hqrw/2022/0624/98446.html。

七　坚持重点倾斜，持续集聚各类资源

（一）在政策保障上倾斜

在《浙江省应对新冠肺炎疫情影响助力四川省持续巩固拓展脱贫攻坚成果的若干措施》中，专门将重点帮扶县倾斜支持内容作为单独部分进行重点部署。浙川两省相关部门共同印发了《"万企兴万村"行动倾斜支持乡村振兴重点帮扶县专项工作方案》，要求在"十四五"期间，为每个国家乡村振兴重点帮扶县开展一次以民营企业为主体的实地考察对接活动以及动员 3 家以上浙江民企参与结对帮扶。

（二）在"学前学普"上倾斜

浙江高度重视"学前学普"工作，在全省对口办主任会议上，将四川彝区"学前学普"作为专项工作予以部署，要求浙江省驻川工作组开展情况摸排，着手编制专项工作方案。省对口办专程赴川开展实地调研，与四川省乡村振兴局和浙江省驻川工作组进行专题研究，明确要在四川彝区复制推广浙江省在新疆、西藏等地的"推普"模式，在资金上予以倾斜支持，同时，动员有实力的浙江企业、社会组织参与"学前学普"相关活动。

八　坚持广泛动员，持续凝聚各方合力

（一）深化"万企兴万村"行动

在 24 家浙江省属国企带头结对帮扶四川省 50 个脱贫村的示范

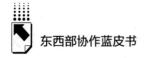

下，省内企业和社会组织与四川脱贫村签订结对帮扶协议，开展产业合作、劳务协作、消费帮扶、捐款赠物等方面的帮扶工作。杭州市动员浙江开农贸易有限公司结对帮扶四川省康定市2个脱贫村，通过流转3000亩土地打造有机茶种植基地，每年为村集体增加40万元收益，提供300余个就业岗位。

（二）动员社会奉献爱心

引导群团组织、社会组织、公民个人等积极参与帮扶，开展助困、助医、助学、助残、助老等主题活动。如宁波市部署开展向时代楷模钱海军学习活动，在大凉山脱贫家庭中开展"千户万灯"工程。丽水市持续推进丽水·泸州"百名华侨"结对"千名乌蒙山区学子"工作。

（三）拓宽社会帮扶渠道

开展两地乡镇（街道）、村（社区）、学校和医疗卫生机构结对，建立健全"点对点"协作机制。比如，杭州市萧山区中医院在四川甘孜州康定市、阿坝州九寨沟县和广元市旺苍县启动"重塑人生脊梁"公益慈善项目，免费治疗三地生活困难的脊柱畸形患者，截至2022年底，已完成手术23例，将组织其余患者赴杭州市萧山区接受手术。

九 坚持创新发展，持续探索典型经验

（一）互利共赢共建产业园区

浙江着力强化产业合作在东西部协作中的基础性和引领性作用，以补链强基为抓手，努力把共建园区打造成为四川结对地区洼地崛

起、后发赶超的"发动机""火车头"。一是引进大项目。引导中国民营企业500强的浙江正凯集团到四川宣汉县普光化工园区投资建厂，投资122.7亿元，建设年产120万吨MEG联产10万吨电子级DMC新材料项目，这为宣汉县建设先进制造产业园奠定坚实基础。二是延伸产业链。依托浙川屏山纺织产业园打造产业"生态圈"，实行产业链"链长制"，打造"平湖产业园""秀屏产业园"等"园中园"，招引非水介质印染企业，补齐印染链条。在凉山州帮助当地"苹果""青花椒""凉山腊味"等农产品全产业链协同发展，引导苹果渣生物饲料项目落户盐源，打通苹果全产业链的"最初一公里"和"最后一公里"。三是拓宽新市场。四川处于中国西南核心位置，还有成渝双城经济圈和长江经济带两个国家战略加持，区位优势明显，土地、用工等要素充裕，市场前景广阔，浙川两省产业合作既发展了四川经济，又为浙江企业拓展了生存空间。在南浔·广安东西部协作产业园落地的沃克斯迅达电梯、南洋电机和世友地板等企业，其产品很快打入西南市场，实现产业的梯度转移和有效空间布局。

（二）数字赋能助力转型升级

推广浙江数字化改革经验，推动脱贫地区数字化转型。一是助力建设监测平台。在四川省级层面，帮助四川省乡村振兴局建设四川省防返贫数字化监测帮扶平台，形成常态化排查、动态化监测、精准化帮扶的长效机制。在市（州）层面，建设"凉兴码"，打通社区、乡镇和州县政府，联通就业、医疗、保险等数据端口，覆盖面扩大至11个重点帮扶县的14个大型易地扶贫搬迁集中安置点，实时掌握脱贫户动态情况，已整合各类数据近百万条。在县级层面，帮助阿坝州茂县打通政府部门现有数据，完善了基层主动发现机制、动态调整机制和多部门联动机制，实现对重点监测户风险点的早发现和早帮扶，给四川其他脱贫县树立了"样板"。二是助力当地产业发展。针对

"白叶一号"生产、种植、加工、销售等各个环节，建设"青川茶智—茶叶溯源指挥中心"数字综合服务平台，打造"白叶一号"数字驾驶舱，构建起技术培训—管护—加工—销售"四位一体"的精准化茶产业发展新格局。在"中国松茸之乡"雅江县开发松茸产业"五云一码"数字化平台，通过一个二维码，将松茸采摘、服务、流通、治理、监管五个环节进行串联。三是助力基层科学治理。在广元市苍溪县打造本土化"苍政钉"移动数字办公平台，集成沟通协同、苍溪发布、数字党建、疫情防控四大模块，推出 21 个特色应用，目前已被全部推广使用。在甘孜州康定市建成基层数智管理平台"榆智汇"，聚焦基层治理体系重塑，探索以"3+3+N 模式"（人本化、生态化、数字化+村社党建、基层治理、村社服务+数字党建、数字公益、应急管理、智慧养老等 N 个应用场景），实现"人、地、物、事、组织"的网格化管理，带动康定村社会管理源头治理体系、动态协调机制、应急管理体制建设，实现基层村社管理"精确化"、社会服务"人性化"，提升社会服务效能。四是助力发展改善民生。帮助绵阳医疗卫生服务领域进行"诊间支付"改革，依托医院信息、计算机系统，将挂号付费、门诊收费、住院缴费等接入互联网平台，把结算功能前移到医生诊室里，打通了服务群众就医的"最后一米"。在屏山县建成覆盖全县每个乡镇学校的海盐—屏山远程互动直播课堂 24 间，通过与海盐县结对学校远程互动同步课堂，实现管理共进、教学共研、资源共享、信息互通、师生互动、差异互补，促进优质教育资源共建共享。

（三）稳岗就业巩固脱贫成果

为克服新冠疫情影响，浙江省打出"政策引领+精准对接+人文关怀+品牌打造"系列组合拳。有组织输送脱贫地区农村劳动力来浙稳定就业。一是政策激励助稳岗。2022 年初出台稳岗留工政策意见，鼓励省外务工人员留浙过年，春节期间外省员工留岗率达52%。落实助企纾困政策，实施稳岗返还、技能提升补贴、一次性留工培训补助、一次性扩岗补助等政策，帮助企业稳住岗位，把外省劳动力特别是脱贫人口留在浙江。二是人文关怀暖人心。设立劳务站点，为务工人员提供政策落实、权益保障、就业安置、生活关心等"娘家人"服务。在春节、夏季高温、台风、少数民族重要节日期间，对四川来的务工人员开展走访慰问。宁波市为彝族员工打造彝汉双语车间，在彝族火把节期间，为木里、盐源两地员工举办火把节活动。三是精准对接树品牌。实施个性化、特色化、品牌化技能培训，不断提升四川务工人员在浙就业竞争力。绍兴启动"蓝鹰工程"，整合浙川两地职业教育资源和力量，通过"校校联盟，校企合作，产教融合，人才共育"等，促进职业教育培养链与就业链有效衔接，目前开设了5个定制冠名班。宁波市打造"宁波船员"劳务品牌，在象山县稳定从事渔业、养殖业、滨海旅游业、水产品加工等四川籍劳动力超2500人。

（四）发展特色农业助力振兴

浙江通过资金支持、企业引进、技术指导等措施，帮助四川脱贫地区做大做强特色农产品种植产业。一是"世界农业非遗"来助力。泸州市古蔺县有四川西南地区保存最为完整的梯田，浙江青田县在古蔺县德耀镇凤凰村试点推广"世界农业非遗"——青田稻鱼共生种养，通过规划引领、产业协作、人才培养等方式，带动410多户农户自发参与稻鱼共生种养，构建"万亩梯田+二十八宿+网红风力发电风车群"旅游带，打造古蔺县城周末近郊游首选地。二是小蓝莓助推大产业。引导浙江蓝美股份有限公司到四川投资，共种植蓝莓50000余亩，帮助当地村民流转土地近30000亩，涉及农户4000余户，打造了一条从蓝莓鲜果销售到花青素产品研发的全产业链条，共

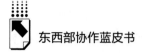
同打造了蓝莓精品产业园。三是构建高山露地蔬菜现代化生产体系。投入东西部协作帮扶资金，建成"朝天云蔬"全产业链数字化平台，实现11个高山露地蔬菜种植示范园区环境监测、田间管理、灾害预警等全生产流程的可视化感知和智能化控制。动员浙江爱心企业捐赠价值200万元的269台（套）农机设备，在蔬菜种植专业村铺设单轨运输轨道12000米，为蔬菜种植户降低70%的搬运劳动强度、节约80%的搬运时间等。通过浙江的帮扶，四川加快构建了高山露地蔬菜现代化生产体系，推动高山露地蔬菜产业高质量发展。

（五）构建立体交通物流通道

浙川两省发挥比较优势，抢抓两地协作发展机遇，着力构建畅达高效、互联互通的交通物流网络，全面深化两地交流交往，助力结对地区高质量发展。一是拓展空中直航通道。推动宁波至西昌、义乌至巴中、舟山至达州等结对地区开通直航航线，进一步推进两地人文交流、经贸往来、物流运输及旅游发展。二是搭建高效物流通道。充分发挥浙江市场发达、民营企业众多、数字经济先行等优势，四川阿坝州、巴中市、得荣县等地积极引入优质商贸物流产业、龙头物流企业、现代化仓储行业，积极构建"川产东出、浙产西进"的顺畅东西双向循环格局，助力当地特色产业发展。三是打通水陆联运通道。舟山充分发挥宁波舟山港作为世界第一大港的优势，全力布局海港力量服务中西部发展全局，借助长江黄金水道开展舟山达州海江铁联运，实现整体物流效率提高近1/3，成本降低20%。

B.11

2022年广东省推动东西部协作的
成效与案例研究

刘正跃 *

摘　要： 广东省务实深化产业协作、劳务协作、科技协作，持续推进消费帮扶、社会帮扶，为助力广西、贵州巩固拓展脱贫攻坚成果、全面推进乡村振兴做出了广东贡献、展现了广东担当。组织108个结对帮扶县（市、区，东莞、中山市镇、街）与广西、贵州99个脱贫县结对，建立长期协作结对帮扶关系。开展粤企入桂、粤企入黔两个"双百"行动（分别动员引导100家以上广东企业到广西、贵州各投资100亿元以上），协作共建共商共管、企业合作、服务保障"三个平台"，确保行动有序展开。2022年以来，与广西、贵州共建产业园区209个，其中农业产业园140个，引导企业入园570家，实际到位投资213.08亿元。

关键词： 东西部协作　粤黔协作　粤桂协作

　　2022年，广东省按照全国东西部协作和中央单位定点帮扶工作要求，务实深化产业协作、劳务协作、科技协作，持续推进消费帮

---

* 刘正跃，广东省农业农村厅东西部协作处处长。

扶、社会帮扶，超额完成 2022 年粤桂、粤黔《东西部协作协议》各项指标任务，为助力广西、贵州巩固拓展脱贫攻坚成果、全面推进乡村振兴做出了广东贡献、展现了广东担当。

一 强化组织动员，促进协作交流

一是高质效推进。2022 年初，广东省委农村工作领导小组接连以"粤农组"1 号、2 号、3 号、4 号文件印发省考核评价实施方案、年度工作要点、粤桂和粤黔年度协议任务。2022 年下半年，粤黔两省人民政府联合印发《关于建立粤黔两省更加紧密的结对帮扶关系的实施意见》，广东省委实施乡村振兴战略领导小组办公室印发《广东省支持国家乡村振兴重点帮扶县巩固拓展脱贫攻坚成果同乡村振兴有效衔接"九大加力行动"方案》，强化深化重点工作。广东省委组织部，省民政、教育、财政、人社等部门，充分发挥行业部门资源优势，出台 35 个行业指导性文件，形成强大政策支撑力。

二是高频次对接。广西党政代表团来粤调研对接，召开粤桂东西部协作联席会议，签署《全面深化粤桂合作框架协议》《粤桂机关党建协作方案》。贵州党政代表团来粤调研对接，召开粤黔东西部协作联席会议，签署《广东省贵州省建立更加紧密的结对帮扶关系的框架协议》。广东省直有关单位、11 个帮扶市主动对接，积极沟通，拓宽产业、劳务、人才、消费等领域协作。组织 108 个结对帮扶县（市、区，东莞、中山市镇、街）与广西、贵州 99 个脱贫县结对，建立长期协作结对帮扶关系。2022 年，广东赴桂黔调研对接 7518 人次，广西、贵州来粤考察交流 5108 人次。

二 强化产业引领，促进区域合作

一是注重产业集聚，推动园区建设。以协作共建"一县一园"现代农业产业园为切入点和突破口，努力推动协作地区产业向现代、优质、高效迈进。2022年，与广西、贵州共建产业园区209个，其中农业产业园140个，引导企业入园570家，实际到位投资213.08亿元。珠海市联合横琴粤澳深度合作区投入1.5亿元，助力遵义市打造正安吉他产业园，促进4202户农户18237人增收。

二是注重龙头带动，培育优势产业。积极引导广东大型国有、民营企业特别是农业龙头企业，结合自身比较优势、发展需要和协作地区产业布局，到协作地区实施重大项目，开展产业合作，帮助发展壮大当地特色优势产业。通过"企业+村集体+脱贫户""公司+合作社+脱贫户"等模式，建立联农带农机制，提高农民参与度，确保群众持续增收。2022年新增入桂入黔广东企业933家，实施产业项目943个，吸纳6.88万名农村劳动力就业。湛江市帮助柳州三江县发展油茶产业，截至2022年底，种植面积达61.7万亩，年产油4381吨、产值5.2亿元，油茶种植面积与产量均居全国前列、广西首位。

三是注重互利共赢，深化交流合作。充分利用粤港澳大湾区建设、泛珠三角区域合作、深圳先行示范区建设、前海和横琴两个合作区建设等国家战略，坚持以协作促合作，聚焦区域协调发展和产业梯度转移，深度结合广东资金、技术、市场优势和广西、贵州资源、生态、劳动力优势，深化交流、共谋合作，携手高质量发展。组织121家企业赴广西参加中国—东盟博览会、中国—东盟商务与投资峰会，签约投资48亿元。广东中山市与贵州六盘水市加强旅游资源开发，推出5条精品旅游线路，六盘水市2022年接待过夜游客376.35万人次。

三　强化"四项协作"，巩固拓展成果

一是强化劳务协作。坚持把劳务协作放在突出位置来抓，努力克服新冠疫情影响和经济下行压力，强化稳岗就业举措，保存量、拓增量，实现中西部省份412.1万名脱贫人口在粤稳岗就业，约占东部地区8省吸纳脱贫人口务工规模的43.8%。[①] 紧抓新产业、新业态带来新岗位契机，支持鼓励企业挖掘就业潜力，落实稳岗政策，确保转得出、接得住、能就业。通过产业带动、设置公益岗位、建立帮扶车间等方式，拓宽就地就业渠道、增加就近就业机会。创新推进校校合作、校企合作，深入实施"粤菜师傅""广东技工""南粤家政""乡村工匠"四项工程，打造招生、培养、就业闭环链条，促进精准就业、高质量就业。2022年广东共举办各级各类劳务协作培训班1735期，帮助协作地区培训农村劳动力7.27万名，其中脱贫劳动力4.36万名。创新建立"粤桂高质量职教就业联盟"，首批联盟成员单位筹集1895.68万元，免费培训1277人。携手广西、贵州协作共建"一县一企"农村劳动力稳岗就业基地，将稳在企业、稳在岗位的责任明细到企到人，兜住脱贫人口稳岗就业底线，175个"一县一企"稳岗就业基地全部挂牌并兜底尽责。

二是强化消费协作。坚持打造品牌、搭建平台、拓宽渠道、完善设施多措并举，建立健全生产前端、营销后端、消费终端联动机制，拓宽线上线下营销渠道，培育消费帮扶新载体、新热点。创新成立消费帮扶联盟，搭建"1（政府）+1（联盟）+21（广东21个地市）"立体平台，做强平台服务，加强产销对接，聚合900多家企业参与消

[①] 《稳住就业"压舱石"，助"粤字号"经济巨轮行稳致远！》，广东省人力资源和社会保障厅，2022年12月26日，http：//hrss.gd.cn/zwgk/xxgkml/gzdt/content/post_ 4070554.html。

费帮扶。在广西、贵州累计认定粤港澳大湾区"菜篮子"基地236个、供深农产品基地159个，认证"圳品"131个，2022年采购、销售广西、贵州农畜牧产品和特色手工艺产品420.43亿元。

三是强化科技协作。以科技项目实施、技术攻关、成果转化、产业合作、人才交流为"主抓手"，充分发挥广东科技优势及科技支撑引领作用，推动科技协作取得新成效。粤黔两省签署《丘陵山区农业机械化发展战略合作框架协议》，广州国家农业科创中心在广西、贵州设立分中心，广东高校、科研机构等与广西、贵州签署科技合作框架协议，中国科学院华南植物园广东科技特派员专家组5名专家到广西富川开展脐橙产业科技对接活动，广东省农科院在广西设立科技特派员工作站等，推动科技专利走出实验室，走向市场，既促进了产业协作，又促进了成果转化，更促进了科技人才交流和资源共享。佛山引入中国工程院院士、华南农业大学罗锡文院士团队在黔东南剑河建设450亩"无人农场"。

四是强化社会力量协作。充分发挥广东民营企业、社会团体、商会协会和广东扶贫济困日活动、中国公益慈善项目交流展示会口碑好的优势，创新开展粤企入桂入黔"双百"行动，推动广东"万企兴万村"行动落地协作地区，广泛动员广东企业、社会组织、行业协会等社会力量积极参与东西部协作，凝聚成"巩固脱贫成果、全面乡村振兴"合力。解决协作地区"急难愁盼"民生问题，组织68位老专家持续开展"银龄行动"。深圳市引导中国社会科学院、腾讯公司、友成企业家乡村发展基金会联合投入6039万元，在桂林市龙胜县打造"数字赋能、文旅兴村"共富乡村建设示范项目。

四 强化政策导向，促进乡村振兴

一是突出干部人才双向交流。针对援派干部人才"去哪里、干什么"问题，加大培训力度，加强关心关爱，激发工作内生动力，多渠道、多举措促进实现协作双方多领域"人员互动、技术互学、观念互通、作风互鉴",为协作地区打造了一支"带不走"的工作队。2022 年共举办乡村振兴干部培训班 723 期,培训 7.07 万人次。举办乡村振兴专业技术人才培训班 3394 期,培训 23.37 万人次。

二是突出乡村振兴示范典型打造。坚持突出重点、抓住关键,有所为、有所不为,结合协作地区需求,将广东乡村建设、乡村治理好经验、好做法,因地制宜推广到协作地区,打造可学习、可推广的示范典型,着力在编好乡村规划、建好基础设施、提升公共服务、改善农村人居环境上下功夫,帮助建设宜居宜业和美乡村,助力推进《乡村建设行动实施方案》落地落实。支持广西、贵州启动打造 428 个乡村振兴示范点,引入广东村级事务"积分制"管理等成功模式,引导村民参与村庄建设、产业培育、文明创建等各项事务,形成全体村民共建、共治、共享治理体系。

三是突出推进民生工程建设。持续加大财政投入,高质量、高标准推进民生实事项目建设,帮助提升群众获得感、幸福感和满意度。2022 年,广东支持协作地区乡村公共基础设施建设、提升教育医疗等乡村基本公共服务水平、改善乡村人居环境、帮扶脱贫残疾人等,帮助建设学校(幼儿园)265 所、医院(卫生室)159 家、养老院 3 家,帮助残疾人家庭创业扶持、康复服务、家庭无障碍改造,受益脱贫残疾人 5089 人。

五 强化倾斜支持,加力重点帮扶

一是加力政策支撑。制订印发《广东省支持国家乡村振兴重点帮扶县巩固拓展脱贫攻坚成果同乡村振兴有效衔接"九大加力行动"方案》,稳步实施财政、干部人才、社会力量、产业、就业、消费、科技、乡村建设、探索创新"九大加力行动",帮助广西、贵州 40

个国家重点帮扶县改善发展条件、提升发展能力。广东省委组织部等部门联合印发教育、医疗人才"组团式"帮扶国家重点帮扶县文件，为倾斜支持重点帮扶县提供有力支撑。

二是加力"组团式"帮扶。省统筹选派 268 名教师、100 名卫生医疗人才"组团式"帮扶国家重点帮扶县 74 所学校、20 家医院，省财政安排"组团式"帮扶国家重点帮扶县工作保障经费 1922.69 万元，激发工作动力，提供有力保障。

三是加力易地搬迁集中安置区后续帮扶。持续加大易地搬迁集中安置区资金、项目支持力度，优先满足安置区群众就地就近就业、发展产业、完善基础设施、提升公共服务、加强社区治理等需求，让搬迁群众稳得住、有就业、能致富。全年共实施产业、就业、基础设施建设等项目 301 个，援建帮扶车间 536 个，帮助实现就业6.51 万人。

六 强化激励机制，凝聚工作合力

一是完善东西部协作考核评价机制。充分发挥考核指挥棒作用，进一步压实工作责任，制定出台《广东省东西部协作考核评价暂行办法》《广东省 2021 年度东西部协作考核评价实施方案》，组建两个实地考评组及 6 个实地考评小组，扎实开展省对 11 个帮扶市、18 个承担东西部协作工作的省直有关单位东西部协作考核评价工作。

二是完善舆论宣传正向激励机制。主动对接《新闻联播》《焦点访谈》《人民日报》《南方日报》等权威媒体，大力宣传东西部协作工作成效、典型案例、感人事迹，讲好广东协作故事，营造良好舆论氛围，2022 年度编印《广东东西部协作工作动态》10 期，国家乡村振兴局《乡村振兴简报》《中国乡村振兴》刊发广东经验 11 期，第14 期封面报道"广东实施'四项工程'推进稳岗就业"。

三是完善协作干部激励机制。综合运用干部考核评价、选树先进典型、财政支持保障等措施，充分调动东西部协作干部干事创业的积极性。各级组织部门、工会和派出单位针对协作干部人才，普遍开展谈心慰问活动，统一开展健康体检、购买保险，协调解决实际困难和问题。2022年共有144名东西部协作干部受到奖励表彰、67名得到提拔重用。

七　创新做法与典型经验

一是两个"双百"行动，"双轮"驱动粤企入桂入黔。继2021年创新开展"百企桂黔行"系列活动后，2022年广东接续开展粤企入桂、粤企入黔两个"双百"行动（分别动员引导100家以上广东企业到广西、贵州各投资100亿元以上），协作共建共商共管、企业合作、服务保障"三个平台"，确保行动有序展开。做实一批意向企业、一批投资协议、一批合作项目"三个一批"，确保投资合作精准对接。着眼长效机制、长效服务、长效发展"三个长效"，确保合作双方互利共赢。2022年，170家广东企业落地贵州投资项目145个，意向投资511亿元，实际到位107.86亿元；156家广东企业落地广西投资项目156个，意向投资420亿元，实际到位108.3亿元。①

二是双向"一县一企"，兜底保障稳岗就业。2022年，广东积极化解新冠疫情对脱贫人口稳岗就业带来的不利影响，结合协作地区99个脱贫县农村劳动力就业务工需求，在广东帮扶方和广西、贵州被帮扶方各"双向"协作共建1个"一县一企"农村劳动力稳岗就

---

① 《"2023年'粤企入黔'助力贵州乡村振兴暨粤黔协作'万企兴万村'行动会议"即将召开》，澎湃，2023年4月4日，https://m.thepaper.cn/baijiahao_22581481。

业基地，帮助有就业意愿的农村劳动力转移来粤就业或就地就近就业，为协作地区巩固拓展脱贫攻坚成果、全面推进乡村振兴、牢牢守住防止规模性返贫底线发挥了积极作用。2022年，已协作共建"一县一企"农村劳动力稳岗就业基地175个，其中广东67个、广西39个、贵州69个，共吸纳广西、贵州两省区7.55万名农村劳动力（含1.45万名脱贫劳动力）稳岗就业，实现协作县脱贫劳动力"愿就业全就业，应稳岗全稳岗"。

三是"九大加力行动"，倾斜支持国家重点县不掉队。为进一步倾斜支持广西、贵州40个国家乡村振兴重点帮扶县发展，出台《广东省支持国家乡村振兴重点帮扶县巩固拓展脱贫攻坚成果同乡村振兴有效衔接"九大加力行动"方案》，实施财政支持、干部人才、产业帮扶、就业帮扶、消费帮扶、社会帮扶、科技帮扶、乡村建设、探索创新等9大加力行动30条具体措施，以更加集中的支持、更加有效的举措、更加有力的工作，推动国家重点县加快发展，确保在全面推进乡村振兴进程中不掉队。

四是"三联合"发动民企，助力协作地区乡村振兴。广东省工商联联合省乡村振兴局，充分依托东西部协作机制，将"万企兴万村"行动导入协作地区，引导民营企业跨省域履行社会责任，深入脱贫地区开展结对帮扶，发展乡村产业，开展乡村建设，参与乡村治理，提供人才支持，打造试点示范，推动"万企兴万村"行动走深走实。联合建立一种协作机制。粤桂两省区工商联签署《"十四五"时期粤桂工商联推进"万企兴万村"行动协作框架协议》，组织协作双方市、县工商联签署协作协议，组织594家广东民营企业与广西682个脱贫村开展结对帮扶，为广东民企跨省承担社会责任，助力巩固拓展脱贫攻坚成果，参与乡村振兴建立了便捷高效的联动协作机制。联合开展一项对接活动。始终紧扣巩固拓展脱贫攻坚成果同乡村振兴有效衔接主题，以协作共建"一县一园"、"一县一企"、消费帮扶等为主抓手，每年至少联合开展一次协作对接活动。2022年共同开展粤企入桂"双百"行动，联合举办2022年广东民营企业助力广西国家乡村振兴重点帮扶县暨粤桂协作"万企兴万村"行动对接活动①，广东170家民营企业和商会代表参加活动，现场签约65.4亿元。联合表扬一批先进典型。联合表扬一批为东西部协作贡献智慧和力量的优秀民企，2021—2022年共531家广东民营企业受到通报表扬，2022年创建30个粤桂协作"万企兴万村"观察点，培树典型，增强了民企参与东西部协作的荣誉感和责任感。

五是"三大"帮扶硬招，做实做深消费帮扶。广东探索创新消费帮扶新招式，多措并举做实做深"三帮扶"，即帮扶做优产品、帮扶做强平台、帮扶做大市场，持续推动消费帮扶上新台阶。2022年广东新增采购、帮助销售广西、贵州农畜牧产品和特色手工艺产品420.43亿元。帮扶做优产品。通过产业帮扶、科技赋能，帮扶协作地区提升农特产品质量；通过开展"圳品"认证、建设粤港澳大湾区"菜篮子"基地，帮扶协作地区培树农特产品品牌；通过"老字号"品牌赋能协作地区农特产品，捧红100多个优质产品。帮扶做强平台。持续发挥好广东东西部扶贫协作产品交易市场、粤港澳大湾区"菜篮子"工程等平台作用，创新成立广东省消费帮扶联盟，支持广东东西部名品发展有限公司创新打造东西部现代农业产业园名品中心，做强省内省外帮扶农产品品牌，拓展进入大湾区市场通道。帮扶做大市场。依托农贸会、展销会等平台，充分发挥大型农产品批发市场、农贸集散中心的辐射带动作用，创新批发零售、社区团购模式，帮助推介、展示、销售协作地区农产品。与大型超市签订农产品供

---

① 《贺州举行粤桂协作"万企兴万村"对接活动》，广西新闻网，2022年10月30日，http://www.gxnews.com.cn/staticpages/20221030/newgx635e0a38-20939857.shtml。

销、直采协议，建立长期稳定供销关系，做大农产品常态化市场。推广"黔货出山进军营"做法，开展帮扶产品"七进"活动，要求党政机关、企事业单位预留采购份额，发动社会组织、公民个人积极采购，助推黔货桂品入粤入湾、占领市场。

B.12
2022年福建省推动东西部
协作的成效与案例研究

冯宇坤　尤海旺　曹瑞　潘雨晨*

摘　要： 福建紧紧围绕闽宁两省区协作协议和闽宁协作第26次联席会议精神，聚焦帮扶重点，逐项目标抓落实、逐项工作抓推进，不折不扣高质量完成年度各项目标任务，取得积极成效。引导180家企业赴宁投资兴业和在宁闽籍企业增资扩产，实际到资额72.27亿元，吸纳农村劳动力就业5667人。把消费帮扶作为带动脱贫户增收的有效举措，举办"宁品出塞·闽品西行""闽宁特产线上行""宁夏品质中国行"等活动，组织617家企业、600余种产品参与"线上+线下"展示展销。把促进就业作为最大的民生工程，建立14个闽宁劳务协作工作站，举办闽宁劳务专场招聘会98场、培训班149期，培训农村劳动力6752人，"点对点"输送来闽就业2154人次。

关键词： 东西部协作　闽宁协作　生态帮扶

---

* 冯宇坤，友成企业家乡村发展基金会副理事长、东西部协作专家委员会执行主任，研究方向为乡村振兴与扶贫、财政理论与政策；尤海旺，东西部协作专家委员会特聘研究员，研究方向为东西部协作、乡村振兴；曹瑞，东西部协作专家委员会特聘研究员，研究方向为东西部协作、乡村振兴、产业转移；潘雨晨，东西部协作专家委员会特聘研究员，研究方向为东西部协作、产业融合、乡村振兴。

2022 年，福建紧紧围绕闽宁两省区协作协议和闽宁协作第 26 次联席会议精神，聚焦帮扶重点，逐项目标抓落实、逐项工作抓推进，不折不扣高质量完成年度各项目标任务，取得积极成效。

一 以更强的担当增强行动自觉

一是强化协作互访。2022 年，福建省先后 10 次召开省委常委会会议、省政府常务会议、对口帮扶领导小组会议、工作推进会和专题会议，研究部署闽宁协作工作。2022 年 7 月和 9 月，两省区党委政府主要领导分别在福州、银川召开闽宁协作工作座谈会和闽宁协作第 26 次联席会议，议定年度重点任务，签署《闽宁协作第二十六次联席会议纪要》。省委分管领导和省政府分管领导多次协调调度，指导督促抓好具体工作落实。承担对口协作任务的 5 个设区市分管领导和 10 个县（市、区）主要领导全部赴宁夏实地调研对接。20 个省直单位与宁夏对口部门签订合作协议，开展各类协作活动。2022 年，共849 人次赴宁夏开展交流对接。

二是强化要素支撑。精准安排资金项目，实施特色产业、闽宁示范村提升等项目 299 个。根据宁夏所需选优配强 802 名教师、医生等专业技术人才赴宁夏开展帮扶工作。深化 10 个县（市、区）与宁夏9 县 1 镇结对帮扶，延伸"镇镇结对"101 对，落实社会帮扶资金11678 万元、捐物折款 1001 万元。

三是强化机制保障。建立工作调度机制，省委和省政府定期听取帮扶工作进展情况，及时协调调度帮扶事项。健全责任督查机制，印发《2022 年闽宁协作重点工作任务分工方案》，明确责任单位和完成时限。强化资金监管机制，制定《闽宁协作资金管理办法》，明确项目绩效目标。完善工作联动机制，加强省直部门、设区市、县（区）、前方援宁工作队常态化互动联动，合力营造闽宁协作良好氛围。

二　以更实的举措把脱贫攻坚成果巩固好

一是精准支持乡村振兴重点帮扶县。把帮扶资源向宁夏原州区、西吉县、同心县、红寺堡区、海原县等5个国家乡村振兴重点帮扶县倾斜，安排援宁资金3.59亿元，选派专业技术人才445名。

二是精准实施产业帮扶项目。把发展产业促增收作为巩固脱贫成果的主要抓手，立足脱贫村、脱贫户产业基础，实施肉牛、滩羊、枸杞、马铃薯、冷凉蔬菜等到村到户的产业项目105个，帮助141个脱贫村、7707户脱贫户发展生产。

三是精准落实就业帮扶措施。把促进就业作为最大的民生工程，建立14个闽宁劳务协作工作站，举办闽宁劳务专场招聘会98场、培训班149期，培训农村劳动力6752人，"点对点"输送来闽就业2154人次。[①] 强化"闽宁劳务协作对接服务平台"管理，制定优惠政策，落实就业补助资金4305万元。

四是精准开展消费帮扶活动。把消费帮扶作为带动脱贫户增收的有效举措，举办"宁品出塞·闽品西行""闽宁特产线上行""宁夏品质中国行"等活动，组织617家企业、600余种产品参与"线上+线下"展示展销。借助海峡两岸现代农业博览会、厦门国际投资贸易洽谈会等平台销售宁夏农产品，在闽设立64个宁夏名特优农产品销售中心。动员福建永辉超市、朴朴集团等大型商超和电商平台参与消费帮扶。[②]

---

① 《创收122.99亿元！宁夏农村劳动力转移就业成效显著》，宁夏回族自治区人力资源和社会保障厅官网，2022年12月15日，http://hrss.nx.gov.cn/ggqu/seniors/zz_rsdt/202212/t20221215_3888871.html。

② 《南国飘来"塞上香"　宁夏在广东和福建推介特色优质农产品》，宁夏回族自治区乡村振兴局官网，2022年7月13日，http://xczxj.nx.gov.cn/xwzx/mtbd/202207/t20220713_3606809.html。

五是精准实现有序衔接。2021 年国家调整东西部协作结对关系，确定"一对一"帮扶宁夏回族自治区。福州市、厦门市秉承"关系不断、合作加深"理念，持续深化与甘肃省定西市、临夏州交往交融，开展劳务协作、产销对接、社会帮扶等工作，2022 年共完成消费帮扶 9000 多万元、输转 6700 多名甘肃籍劳动力来闽就业、落实帮扶资金 2800 万元。福州市与定西市缔结友好城市，厦门市与临夏州签订友好交流合作框架协议，实现帮扶工作不断档、不掉线。

三 以更大的力度深化帮扶领域

一是着力提升产业合作水平。引导 180 家企业赴宁投资兴业和在宁闽籍企业增资扩产，实际到资额 72.27 亿元，吸纳农村劳动力就业 5667 人。深化招商引资，分别在厦门、银川召开闽宁经贸合作暨企业家恳谈会和"百家闽商塞上行"活动，组织 280 多家企业参加，促成签约项目 103 个，协议金额 262 亿元。强化园区共建，巩固提升 12 个闽宁产业园，做到"一园一特色"，推动福清融侨与银川经济开发区互学互鉴。优化营商环境，加强项目跟踪服务，帮助 67 家在宁闽籍企业协调解决土地、金融、用工等事项，激发企业投资活力。

二是着力打造闽宁乡村振兴示范村。突出因村施策，重点打造 37 个闽宁乡村振兴示范村。实施乡村产业提升工程，培育农业新型经营主体 16 个、打造绿色有机农产品品牌 7 个，扶持 18 个农产品仓储保鲜、冷链物流等项目建设。实施农村人居环境整治，完成道路建设、电网改造、网络入户等基础设施项目 34 个，改厕 938 户、改水 220 户，实现村庄垃圾统一收集、转运、处理。实施乡村治理示范行动，开展"最美家庭""五星级文明户"等创建活动，探索共商共信、共建共享的乡村治理新路子。

三是着力补齐社会事业发展短板。开展"组团式"帮扶，选派

10 名校长、26 名优秀教师和 27 名医疗人才赴宁夏 10 所学校和 5 家国家乡村振兴重点县人民医院开展支援活动。[①] 实施学校、医院"牵手工程",实现 118 对学校、41 对医院结对帮扶。注重人才培养,举办乡村振兴干部培训 50 期、专业技术人才培训 87 期。引导社会力量参与,组织 228 个村、88 个社会组织与宁夏 299 个脱贫村开展"村村结对"帮扶,民营企业与宁夏脱贫村开展"村企共建"行动,有力促进脱贫地区社会事业提档升级。

四是着力深化文旅交流融合。继续开展"八闽亲人塞上游"活动,2022 年以来福建省赴宁夏旅游人员达 2 万多人次。在两地广播电视台和新媒体上互相刊播旅游宣传片,联合推介闽宁主题景点、旅游线路等。厦门市组织开展"鹭岛心·闽宁情——百团万人游宁夏"文旅交流活动。福州市着力打造闽宁文化旅游示范村——隆德县新和村,该村于 2022 年一跃成为全国热门房车营地,已接待全国各地游客超 4 万人次。

五是着力完善联农带农富农机制。把建立联农带农机制作为帮扶项目的落脚点,将产业增值更多地留在乡村、留给农民。突出带动责任,安排的经营性帮扶项目 100% 建立联农带农机制。创新带动方式,扶持 58 家龙头企业、农民专业合作社等经营主体通过订单生产、托养托管、保护价收购等多种方式与农户建立利益联结机制,吸纳就业 4824 人。严格项目监管,不定期开展项目督查,核实联农带农机制落实情况,确保实施项目落地见效。

四 以更高的标准促进闽宁协作互学互鉴

一是推广"乡建乡创"经验,打造乡村振兴示范样板。将福建

---

① 《闽宁教育人才"组团式"帮扶续写"山海情"》,福建省教育厅官网,2022 年 8 月 24 日,https://jyt.fujian.gov.cn/jyyw/jyt/202208/t20220824_5981358.htm。

省乡村振兴的好经验、好做法嫁接推广到宁夏。在泾源县实施"培力列车计划"全过程辅导对接，两岸青年团队吃住在村、工作在村，在乡建乡创方面提供"陪护式"服务，让老村庄焕发新活力。在红寺堡区设立文明"示范基金"、建设"爱心超市"，引导群众以文明行为赚积分、用积分换商品，实现"小积分"撬动"大治理"的目标。

二是创新数字经济合作模式，培育新业态示范项目。携手实施"东数西算"工程，合力建设"闽宁云"，截至 2022 年底，已有 22 家企业上线入驻，政务、农业、环保和数字乡村四个应用完成上线使用。探索两省区公共资源交易平台信息共享互认，开展工程建设项目跨省区远程异地评标。联合打造电子商务平台，建立"狮城宁好电商网批（西部）运营基地"、同心电子商城等新业态示范区，2022 年交易额突破 1.9 亿元①，带动 6000 多人就业。共同创建企业融资服务平台，福建省金服云有限公司与宁夏国有资产投资控股有限公司联合建设"企业融资服务平台"，注册用户数 4000 多户，累计解决融资需求超 38 亿元，有力提升两省区数字经济合作水平。

三是聚焦闽宁镇高质量发展，续写新时代"山海情"。探索"三方政府+三方国有企业"共建产业园区，建立"两地三方"联动招商机制，新引进 19 家企业落地闽宁镇，实际投资 4.43 亿元，增加就业岗位 600 多个。深化"1+6"帮扶模式，厦门市组织 3 家世界 500 强企业及 4 家实力较强的国企与闽宁镇及 6 个村实行"一对一"全覆盖结对帮扶。推动厦门大学、华侨大学、闽江学院等高校在闽宁镇挂牌设立实践基地，闽宁镇从昔日的茫茫戈壁滩变成了搬迁移民群众安

---

① 《吴忠凝聚青春力量助力乡村振兴》，人民网，2023 年 1 月 10 日，http：//nx.people.com.cn/n2/2023/0110/c192482-40260668.html。

居乐业的新家园。

四是践行"两山"理念，探索生态帮扶新模式。嫁接福建省长汀水土流失治理经验，助力宁夏建设黄河流域生态保护和高质量发展先行区。支持林占熺团队在石嘴山市沿黄河地区建设菌草科技创新产业园，推动盛如意菌草科技、盛和恒业生态农业、鸿盛菌草科技3家企业入驻园区。建立专家把脉服务机制，开展菌草技术示范培训15期，带动13家合作社、龙头企业发展食用菌产业，产值1.8亿元。海沧区率先在泾源县泾河北流域启动建设闽宁协作碳汇林1000亩。组织福建农林大学、省农科院专家对接支持固原市，发展特色经济林35万亩，2022年林草产业产值达10亿元，林草覆盖率达90.3%，探索出一条生态与经济、山绿与民富双赢的实践路径。

五是升级"托养+"模式，建立残疾人精准帮扶新机制。紧盯残疾人这一特殊群体，采取"托养+帮扶车间+合作社"助残新模式，让原本"社会保障兜底一批"的对象变成"发展生产增收一批"的一员，该做法得到中国残联充分肯定。在隆德县投入1600万元，建设3个托养中心，接收残疾人400多人。引进人造花、剪纸等劳动密集型企业，配套建设38个帮扶车间，带动残疾人及其家人就业增收133人。创建"闽宁协作助残乐购"电商平台，通过残疾人入股分红模式，带动2288名残疾人分红236万元，形成助残、帮扶、扶志、社会效益共赢的良好局面。①

六是探索"校企联合"，打造就业创业新模式。福建省飞毛腿高级技工学校坚持"校企合作、定向培养、精准就业"的办学理念，打造"1+1+1+1"人才培养新模式，成为闽宁劳务协作的成功范例。

---

① 《闽宁创新隆德县"托养+"残疾人帮扶新模式》，国家乡村振兴局官网，2023年3月28日，https：//new.nrra.gov.cn/2023/03/28/ARTIxAq5e0w4kr75dfvPWSsu230328.shtml。

一手抓技能培训，在宁夏固原设立分校，采取校企一体、协同办学的方法，1年在宁夏学习，1年在福建学习，1年在飞毛腿集团实习，确保100%就业，2022年在宁夏招生突破1200人；一手抓就业增收，根据学生意愿安排到公司就业，2022年接收宁夏员工1083人，人均工资超4000元。

区域协作西部案例篇

Case Study of Regional Collaboration in Western China

B.13
2022年重庆市推动东西部
协作的成效与案例研究

卢贤炜*

摘　要： 山东省坚持"重庆所需、山东所能"，真情实意帮、真金白银投、真抓实干扶，两地携手、双向互动，形成了一系列物质成果、精神成果、政策成果、制度成果，开创出深度合作、优势互补、互利共赢的新局面，把东西部协作作为融入新发展格局、推动高质量发展、促进共同富裕的重大机遇平台，坚持高位推动、高点定位、高频交流，持续推动鲁渝协作向更深层次、更宽领域迈进。把巩固拓展脱贫攻坚成果作为全面推进乡村振兴的第一要务，抓实劳务协作、消费协作，集中资源倾斜支持乡村振兴重点帮扶地区，全力促进脱贫群众增收、加快脱

---

* 卢贤炜，重庆市乡村振兴局社会扶贫处处长。

贫区县发展。引导东部资金、技术、人才、市场向园区集中，完善园区招商引资、创业孵化、技能培训、市场拓展等服务功能。

关键词： 东西部协作　鲁渝协作　寿光模式

山东省坚持"重庆所需、山东所能"，真情实意帮、真金白银投、真抓实干扶，两地携手、双向互动，形成了一系列物质成果、精神成果、政策成果、制度成果，开创出深度合作、优势互补、互利共赢的新局面，在产业协作、劳务协作、消费协作中取得明显成效，让鲁渝山海情谊源远流长。

一　加强组织领导，注重系统谋划，确保东西部协作工作走深走实

重庆市把东西部协作作为融入新发展格局、推动高质量发展、促进共同富裕的重大机遇平台，坚持高位推动、高点定位、高频交流，持续推动鲁渝协作向更深层次、更宽领域迈进。

一是高位推动强部署。重庆市委、市政府高度重视东西部协作工作，召开市委常委会会议、市政府常务会议、市委农村工作暨实施乡村振兴战略领导小组会议，听取区县和市级部门东西部协作考核评价工作情况汇报，研究部署相关工作。重庆市委、市政府明确提出要深适应形势变化，转变工作思路，聚力打造鲁渝协作"升级版"。

二是高点定位抓谋划。围绕《山东省·重庆市"十四五"东西部协作发展规划》和"打造东西部协作典范"目标要求，制发

《2022 年鲁渝协作工作要点》《关于下达 2022 年山东协作重庆省级财政援助资金项目投资计划的通知》《贯彻落实山东重庆东西部协作第十八次联席会议精神任务分工方案》，健全"月调度、季通报、年考核"的工作机制，高标准谋划推进工作。

三是高频交流促协作。承担东西部协作任务的区县和市级部门主动加强与山东省结对帮扶地市、相关部门交流互访，围绕产业、教育、医疗、劳务、消费等领域，提出需求清单、共商合作事宜。有关区县和部门赴山东调研对接 1047 人次，14 个区县党委或政府主要负责同志赴山东省结对地市进行调研对接，两省市 612 个帮扶对子持续开展协作帮扶。

二　聚焦巩固成果，保持力度不减，牢牢守住不发生规模性返贫的底线

重庆市始终把巩固拓展脱贫攻坚成果作为全面推进乡村振兴的第一要务，抓实劳务协作、消费协作，集中资源倾斜支持乡村振兴重点帮扶地区，全力促进脱贫群众增收、加快脱贫区县发展。

一是抓实劳务协作。紧紧抓住农村劳动力外出务工"窗口期""攻坚期"，健全完善劳务输出对接机制，加大稳岗就业政策和补贴落实力度，全方位、多形式开展技能培训。2022 年，帮助重庆 5.27 万名农村劳动力实现转移就业，培训农村劳动力人数 6141 人次，共建帮扶车间 179 个。

二是拓展消费帮扶。紧盯消费双向协作目标，深入实施鲁渝消费协作产销对接、电商帮扶、展会推介、产业融合、开放合作、鲁货进渝、人才交流、示范引领"八大工程"，在山东举办重庆农副产品专场推介会，支持山东产品通过"西洽会"等平台扩大在西南地区的影响力，鼓励重庆骨干农产品批发市场、大型连锁超市等采购销售山东农产品。山

东帮助采购、销售重庆农畜牧产品和特色手工艺品 18.8 亿元。①

三是倾斜支持重点帮扶县。向城口、巫溪、酉阳、彭水 4 个国家乡村振兴重点帮扶县投入财政援助资金，实施帮扶项目 168 个②，新增引进落地投产企业 12 个，实际到位投资额 1.37 亿元，集中鲁渝协作、中央单位定点帮扶、市内结对帮扶等资源力量给予倾斜支持。

三 发挥比较优势，加强协同配合，推动区域协作再上新台阶

秉持"优势互补、互利共赢"原则，认真贯彻落实《优化营商环境条例》精神，制定出台《2022 年重庆市政务服务工作要点》《重庆市 2022 年优化营商环境激发市场主体活力重点任务清单》等文件，用好用活帮扶资源，拓展区域协作领域。

一是强化产业合作。坚持把共建产业园区作为承载东部产业转移的重要载体，引导东部资金、技术、人才、市场向园区集中，完善园区招商引资、创业孵化、技能培训、市场拓展等服务功能。已共建产业园区 77 个，引导 77 家企业入驻，实际到位投资 4.79 亿元。积极承办中国农民丰收节"强协作 促振兴——社会帮扶在行动"活动，现场签约鲁渝协作项目 12 个，投资总额达 78.37 亿元。

二是创新协作载体。利用东西部协作机制和重庆市"一区两群"对口协同发展机制，将鲁渝协作招商范围延伸至主城都市区。打造"鲁渝协作·工业互联网矩阵"，建设 12 个智慧园区公共服务平台，实现鲁渝产业精准对接。推动成立山东省重庆商会，为鲁渝两地企业资

---

① 《聚力打造"深级版" 鲁渝协作走出新路子》，中国农业信息网，2023 年 5 月 31 日，http：//www.agri.cn/V20/ZX/qgxxlb_1/cq/202305/t20230531_7990611.htm。

② 《2022 年重庆乡村振兴呈七大亮点》，搜狐网，2023 年 1 月 15 日，https：//m.sohu.com/a/630496431_121117082/？scm=1102.xchannel：325：100002.0.6.0。

源对接架起桥梁。通过协调引导，新增落地投产山东企业 77 家，实际到位投资额 49.23 亿元，5008 名农村劳动力实现就地就近就业。①

三是打造协作品牌。共同培育万州—汶上芦花鸡、丰都—滕州马铃薯、酉阳—东营大闸蟹、日照—黔江海通茧丝绸等一大批鲁渝产业协作项目并持续发挥辐射带动效应。接续开展"十万山东人游重庆""陆上三峡"直通车、百万主播助力鲁渝文旅协作等品牌活动。2022 年接待山东籍过夜游客 169.23 万人次，实现旅游消费额 45.67 亿元。设立东西部协作产业发展基金和人才发展基金，募集产业发展资金 7210 万元、人才发展资金 1215 万元，累计资助产业和人才项目 43 个。②

四　强化人才支撑，坚持项目带动，助力乡村全面振兴

山东倾力助推重庆农业产业发展，将"寿光模式""潍坊模式"等齐鲁乡村振兴样板复制到重庆开州等地，并派出一大批农业科研人员来渝开展科技指导，为重庆市乡村振兴注入了强劲动力。

一是促进人才交流。加强干部互派、人才互动，带动两地技术互学、观念互通和作风互鉴。两省市按照精准选派的原则，聚焦重点领域人才需求，互派挂职干部 113 名，专业技术人才 1412 名，培训干部和专业技术人才 22520 人次。③

二是推进项目实施。山东省拨付财政援助资金 7.28 亿元，动员社会

①　《千里携手谱新篇　聚力打造"升级版"——鲁渝协作走出东西部协作新路子》，七一网，2023 年 5 月 30 日，https：//www. 12371. gov. cn/Item/628103. aspx。

②　《千里携手谱新篇　聚力打造"升级版"——鲁渝协作走出东西部协作新路子》，七一网，2023 年 5 月 30 日，https：//www. 12371. gov. cn/Item/628103. aspx。

③　《千里携手谱新篇　聚力打造"升级版"——鲁渝协作走出东西部协作新路子》，七一网，https：//www. 12371. gov. cn/Item/628103. aspx。

各界向协作地区捐款捐物 9520.58 万元。聚焦"两不愁、三保障"、产业发展、基础设施建设、社会公共服务等重点领域，精准谋划建立项目库，实施各类帮扶项目 484 个，开工率 100%，资金使用率 87%。[①]

三是共建试点示范。重庆市、区县投入 8813.47 万元用于首批已启动的 28 个鲁渝协作示范村建设，力争在 2023 年底前将其打造成鲁渝协作样板，争取在"十四五"期间滚动打造 56 个鲁渝协作示范村。[②]

五　典型经验和做法

重庆市牢固树立"以协作促发展"的理念，充分借鉴山东乡村振兴齐鲁样板经验，坚持全域协作与重点帮扶、政府引导与市场运作、企业主体与社会参与相结合，积极发挥市场在资源配置中的决定性作用，创新协作方式，开辟协作路径，持续培育特色亮点，走出了东西部协作新路子。

（一）推动山东蔬菜"寿光模式"东产西移

山东蔬菜"寿光模式"是全国蔬菜产业化发展的典型模式，重庆立足拓展东西部协作新领域，以机制创新为动力，以蔬菜产业为抓手，以共建园区为平台，成功复制"寿光模式"在开州落地生根。一是高位统筹，建立高效推动机制。组建两地联合工作专班，下设 6 个工作小组，成立"蔬菜产业研究院"，高标准编制鲁渝蔬菜现代产业园发展规划，以近期 400 亩示范、中期 2 万亩辐射、长期 10 万亩布局的工作思路，募集首期产业专项资金 20 亿元，项目化、清单化

---

① 《千里携手谱新篇　聚力打造"升级版"——鲁渝协作走出东西部协作新路子》，七一网，2023 年 5 月 30 日，https：//www.12371.gov.cn/Item/628103.aspx。
② 《千里携手谱新篇　聚力打造"升级版"——鲁渝协作走出东西部协作新路子》，七一网，2023 年 5 月 30 日，https：//www.12371.gov.cn/Item/628103.aspx。

压茬推进，实现产业项目从签约到开工建设仅用时一个月的"开州速度"。二是精准协作，共建园区合作平台。学习并推广寿光蔬菜统一基地建设、统一种植茬口、统一种子种苗、统一植保服务、统一品牌打造、统一市场销售和分户经营"六统一分"的运营模式，创建蔬菜现代农业产业园，带动开州区培育绿色蔬菜基地 1.5 万亩，打造绿色食品、有机农产品 30 个，培育蔬菜冷藏、物流等初深加工经营主体 25 个，吸引 815 个业主"拎包入园"，10 万亩蔬菜基地建成投产可实现年产量 70 万吨、产值 50 亿元，吸纳本地劳动力 20 余万人，助力脱贫群众稳岗就业。三是示范引领，联农带农增收明显。通过建设蔬菜现代农业产业园，以产权连接、服务对接、劳动就业等方式，让当地农民获得土地租金、务工薪金、分红股金"三份收入"，实现地方蔬菜种植大户常年每亩收入 1.5 万元直升至每亩收入 7 万元①，"寿光模式"在开州取得良好开局。重庆市坚持"试点先行、稳步推广"原则，在奉节、秀山、永川等地逐步推广，对"寿光模式"在重庆多点开花、全面起势，立足本地、辐射西南发挥积极作用，努力打造全国东西部产业协作"新标杆"。

（二）坚持数字赋能，提升乡村产业发展内生动力

山东、重庆双方积极探索创新，全力推动数字技术与农业农村发展深度融合，促进一二三产业融合发展，促进智慧农业、生产加工、营销、物流、品牌等各环节的产业形态整体变革，持续做强做实产业支撑，激活乡村产业发展内生动力。一是深入开展"数商兴农工程"。围绕"数商兴农"工程规划部署，立足鲁渝协作 14 个重点区县和遴选的 28 个鲁渝协作乡村振兴示范村，有效复制推广山东数字

---

① 《千里携手谱新篇　聚力打造"升级版"——鲁渝协作走出东西部协作新路子》，七一网，2023 年 5 月 30 日，https：//www.12371.gov.cn/Item/628103.aspx。

化乡村建设经验模式，紧盯乡村产业服务和数字乡村服务两大方向，以数字化引领驱动乡村建设和乡村治理，全面提升协作地产业智能化、经营网络化、管理高效化、服务便捷化水平。二是打造产业数字化服务体系。创新大田种植、大棚种植、水产养殖、畜禽养殖、农产品加工5种产业类型标准化产业服务模块和个性化服务组合体系，搭建部署云网边端软硬一体智能物联网设备群，构建"天空地一体"的智能物联网感知体系，充分汇集特色产品生产、加工、营销各环节、全周期数据进入大数据中心统一纳管，形成可视化的产业链，实现农业物联网服务、乡村振兴特色产品公共服务和乡村产业数据一张图服务。三是打造数字乡村服务体系。在赋能乡村治理服务方面，加快落地视频监控服务、乡村综合数据治理服务、乡村政务服务和乡村就业培训服务体系。完善乡村数字化监控体系，加强对村级重点卡口、场所及其他重点区域的监控感知。实现与重庆市级"渝快办"政务服务平台对接，部署农村政务服务终端，推动"互联网+政务"下沉服务，实现村级政务服务事项在线便捷办理。汇集党务、政务、村务、产业等信息及监控监测数据，结合乡村遥感影像，绘制村级电子地图，形成"数字乡村一张图"看板，促进乡村治理公开透明。

（三）创新实施"五大行动"，助推鲁渝劳务协作提档升级

山东、重庆两地健全定期沟通、责任落实和工作调度机制，创新实施"五大行动"，帮助重庆农村劳动力转移就业5.27万人，其中脱贫人口1.42万人，分别完成年度协议目标任务的878%、710%。① 一是实施"春风送岗"行动。在农民工大量外出、集中求职的高峰时期，做实务工需求和岗位供给"两张清单"，做好"面对面"线下现场服

---

① 《千里携手谱新篇　聚力打造"升级版"——鲁渝协作走出东西部协作新路子》，七一网，2023年5月30日，https：//www.12371.gov.cn/Item/628103.aspx。

务和"点对点"线上信息推送。联合举办专项招聘对接活动96场，吸引358家企业参与，提供就业岗位6761个，运用信息化技术精准推送就业岗位10万余个。二是实施"点对点"输出行动。通过包车、包列、包飞机等方式，"点对点"输送3167人赴山东就业。在农村劳动力外出务工较集中地区设立重庆驻外劳务工作站14个，定期深入用工企业了解外出务工人员在山东的就业状况、生活情况，切实维护劳动权益，确保外出务工人员输得出、稳得住。三是实施劳务品牌培育行动。建设有知名度和影响力的劳务品牌16个，从业规模达25.5万人，并在劳务品牌工作全国赛中，重庆荣获"品牌培育奖"，山东荣获"全面推动奖"。其中，丰都三峡幺妹与枣庄仁合妇婴、石柱阿姨与淄博家政达成家政产业和劳务品牌深度合作意向。万州烤鱼与济宁鲁菜烹饪、巫溪宁河烤鱼与泰安鲁菜师傅、武隆碗碗羊肉与济南百格美途、重庆火锅协会与山东豆黄金食品有限公司分别达成餐饮美食产业和劳务品牌深度合作意向。四是实施创业引领行动。探索建立创业资源共享合作机制，引导农民工等人员返乡入乡创业、乡村能人就地创业，帮助有条件的脱贫人口自主创业。邀请专家组建服务团，定期为创业者提供政策咨询、项目评估、开业指导、市场营销、品牌策划等服务。2022年，建设鲁渝创业孵化基地6个、返乡创业园2个，吸纳1000余名农村劳动力就业。五是实施技能提升行动。组织优质师资，围绕重庆重点产业和紧缺急需职业或工种，推广52个新职业培训标准、考核标准，组织2000余名新职业培训讲师下乡入村开展培训，重点培训一批"云阳面工""秀山边城秀娘""巫溪宁河巧姐"等技能型人才。山东帮助重庆培训农村劳动力6141人次，其中脱贫人口4822人次，推动劳动力实现"技能就业、技能增收、技能成才"。

（四）重庆柑橘进山东，消费帮扶结出"致富果"

鲁渝消费帮扶不断深化，帮助重庆提升柑橘品质，拓展在山东销售渠道。2022年重庆柑橘在山东市场销售额突破2.16亿元①，实现从过去的"千万人筑梦一粒橙"到现在的"一棵树致富数百万人"的转变，成为乡村振兴的"致富果"。一是壮大柑橘产业链。以山东市场需求为导向，推动品种改良，实现差异化发展，构建"从一粒种子到一杯橙汁再到皮渣资源化利用"的全产业链模式，带动107万橘农年均增收2069元。二是完善流通设施。通过巫山机场、万州机场、郑渝高铁，畅通长江水运，连通高速网络，形成三峡柑橘出渝入鲁物流大通道。建立柑橘分拣体系、86个产地预冷库和流通型冷库、柑橘产后商品化处理中心、三峡库区柑橘集配中心，推广智慧物流，在重庆柑橘主产区，实现柑橘自动分选、自动贴标签、自动包装、自动搬运。三是升级"重庆柑橘进山东"爱购行动。探索"山东市场+重庆基地""东产西移+西品东售""山东订单+重庆代生""重庆初加工+山东精深加工"等鲁渝消费协作柑橘供应链创新模式，在山东举办"橙香连鲁渝、消费助振兴"重庆柑橘进山东专场推介会，重庆连续举办三峡柑橘国际交易会，邀请山东客商对接采购。四是挖掘文化底蕴。4000多年的历史积淀，孕育了丰富的三峡柑橘文化，通过挖掘并宣传柑橘诗歌文化、柑橘生态文化、柑橘脱贫文化，赋予"三峡柑橘"区域公共品牌更深层次的内涵，成为国内柑橘产业知名品牌。

（五）坚持"共绘""共建"，烟台—巫山携手共书下庄村美丽新篇章

山东省烟台市倾心倾力帮扶巫山县下庄村，经过7年不懈努力，用最原始的方法，最简陋的工具，在悬崖峭壁上凿出了一条长8公里

---

① 《千里携手谱新篇　聚力打造"升级版"——鲁渝协作走出东西部协作新路子》，七一网，2023年5月30日，https://www.12371.gov.cn/Item/628103.aspx。

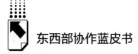
的致富"天路",让与世隔绝的下庄村蝶变为全国乡村旅游重点村,村党支部书记毛相林2021年荣获"全国脱贫攻坚楷模"称号。一是聚焦项目引领,夯实发展"强底盘"。联合重庆大学规划院、四川美院等一流规划团队,编制《下庄村乡村振兴示范点规划》,精准细化乡村振兴3大类27个重点项目清单,着力推进下庄村"天路五景"、下庄人事迹陈列室、竹贤乡情馆、愚公讲堂配套设施建设,推动全国乡村旅游重点村建设,展现下庄人300年来千里寻庄、拓荒建庄、凿路出庄、战贫富庄、振兴康庄的奋斗历程。二是聚焦产业协作,铸就致富"金饭碗"。依托"山东援助资金支持+党支部引领+山东专家技术支撑+合作社统一管理+山东企业保底价收购+品牌化运营"的全产业链帮扶,围绕"1+3+2"特色产业布局,运行"龙头企业+村集体经济组织+农户"产业发展模式。借鉴山东省中郝峪村发展经验,将干部培训与乡村旅游结合起来,探索推行"旅游家访",让培训学员、外来游客住宿到每家每户,人人都讲下庄故事、户户都有旅游从业人员。三是聚焦科技创新,增强发展"动力源"。鲁东大学、烟台市乡村振兴学院与重庆市巫山县职业教育中心三方共建巫山(烟台)乡村振兴学院,构建乡村振兴理论研究、实践指导、人才培养"三位一体"的综合供给中心,培育出用得上、干得好、留得住的一线实用技术人才。同时,烟台市在巫山产业园"双创中心"设立烟台(巫山)博士工作站,36名烟台博士常年开展科技服务,因地制宜构建小规模、多品种特色生态农业产业体系,截至2022年底,帮助发展下庄村核桃650亩、柑橘650亩、烤烟200亩、桃园150亩、西瓜200亩、小麦200亩,全乡人均收入超过3万元。

2022年内蒙古自治区推动东西部协作的
成效与案例研究

贾浩波*

摘　要： 2022年，内蒙古自治区坚持巩固拓展脱贫攻坚成果与乡村振兴同部署、同推进，聚焦"抓帮扶、促脱贫攻坚成果巩固，抓示范、促乡村振兴，抓合作、促区域发展"，接续推动京蒙两地产业、人才、消费、劳务、社会事业等领域协作项目和政策举措落地见效，持续巩固拓展脱贫攻坚成果，扎实推进宜居宜业和美乡村建设，有效推动实现更高水平的共赢发展。紧紧围绕"拓渠道、稳输出、提能力、优服务"四个关键环节，持续提高劳务组织化程度，有效提升就业效果，切实把劳动力稳在当地稳在岗位。内蒙古自治区集中京蒙协作资金投向当地优势主导产业发展，实施产业类项目309个，重点支持优势特色农牧业、农畜产品加工业、乡村旅游业、仓储物流运输业等产业。

关键词： 东西部协作　京蒙协作　区域发展

2022年，内蒙古自治区坚持巩固拓展脱贫攻坚成果与乡村振兴

---

* 贾浩波，内蒙古自治区乡村振兴局扶贫协作处处长。

同部署、同推进，聚焦"抓帮扶、促脱贫攻坚成果巩固，抓示范、促乡村振兴，抓合作、促区域发展"，接续推动京蒙两地产业、人才、消费、劳务、社会事业等领域协作项目和政策举措落地见效，持续巩固拓展脱贫攻坚成果，扎实推进宜居宜业和美乡村建设，有效推动实现更高水平的共赢发展。

一 强化组织领导，坚持高位推动

一是坚持高位推动，以上率下推进各项工作走深走实。内蒙古党政代表团赴京交流学习，组织召开2次高层联席会议，共同擘画新发展阶段京蒙协作发展蓝图，研究推动年度协作事项落地。自治区党委常委会、政府常务会、党委乡村振兴领导小组会议将京蒙协作工作纳入重要议题，研究部署年度协议、资金项目安排等重要工作。统筹自治区部门、盟市、旗县以及北京市挂职团队多方力量，在产业协作、企业引进、科技成果转化、乡村振兴示范、消费帮扶、稳岗就业、教育医疗等方面与北京开展常态化、多领域对接和协作，合力推动形成上下互通、横向联动的工作格局。自治区各部门、盟市、旗县共计987人次赴北京考察对接，谋划推进具体协作事项。保持结对关系的31个①原国贫旗县党政主要负责同志全部赴北京结对区进行调研对接。

二是坚持机制带动，全方位筑牢政策保障体系。围绕"三抓三促"工作要求，强化制度设计，优化完善相关政策措施。出台《落实京蒙协作促进产业高质量发展若干政策措施》《关于用足用好相关政策切实抓好脱贫人口稳岗就业工作的通知》，联合北京市出台《进

---

① 《北京内蒙古扶贫协作纵深推进 发展"末端"对接发展"前沿"》，中国经济网，2020年8月12日，https：//www.360kuai.com/pc/95284d3f0883078f0? cota = 3&kuai_ so = 1&sign = 360_ 57c3bbd1&refer_ scene = so_ 1。

一步健全完善京蒙东西部协作资金项目联农带农机制的实施细则》。对标对表年度协议任务，出台《内蒙古自治区贯彻落实 2022 年京蒙〈东西部协作协议〉的工作措施》、完善《京蒙协作厅际联席会议制度》，组织召开两次京蒙协作厅际联席会议，压实责任，扎实推动年度协议任务落实落细。先后出台产业就业、教育医疗、乡村建设等一系列政策文件 10 余个，全方位筑牢巩固成果、推进衔接、助推发展的"四梁八柱"。

三是坚持协同发展，聚焦民生领域增福祉。自治区教育、商务、文旅、统战、国资等部门分别与北京市对口部门签订对口协作框架协议，建立起行业协作、协同推进、综合发力的工作联动机制。各盟市旗县加强与北京市相关行业领域协作，充分发挥事业单位、社会组织、非政府组织作用，推动在硬件建设、人才配套、技术引进等方面进行合作。深入推进"组团式"教育医疗帮扶，解决群众急难愁盼问题，北京市名校、医院与内蒙古自治区学校、医院在人才培训、技术应用、学科共建、管理团队培养等多个方面加大协作力度，通过开展远程教学、选派专家团队精准帮扶、集团式办学、技术人才跟岗互学等多种方式深化协作，有力促进了相关行业发展。

二　助力巩固拓展脱贫攻坚成果，推动帮扶政策落地生根

一是坚持因地制宜，量身打造就业模式。以就业促发展促增收，推动市场调节就业、政府促进就业相统一，紧紧围绕"拓渠道、稳输出、提能力、优服务"四个关键环节，把深化劳务协作、强化就业帮扶作为巩固拓展脱贫攻坚成果、助力乡村振兴的有效举措，千方百计拓宽就业渠道，持续提高劳务组织化程度，有效提升就业效果，切实把劳动力稳在当地稳在岗位。"望京保安"平台、"顺 e 就业"

平台、妇女"布丝瑰"手工艺编织、北京"务工人员之家"、京蒙就业帮扶车间等一批就业模式和劳务品牌脱颖而出。加强两地职业教育和就业培训资源共享,采取线上线下培训相结合方式,开展订单培训和定向培养,提高就业成功率。

二是支持重点帮扶县发展,不断缩小区域发展差距。持续把 10个国家乡村振兴重点帮扶旗县作为帮扶重点,将资金、政策、人才等资源要素继续向重点帮扶县倾斜,着力缩小发展差距,提升发展公平性和可持续性。资金安排方面,将重点帮扶县作为倾斜因素单列,投入各级财政援助资金,实施的 234 个项目全部开工建设,新引导 30家企业落地投产。干部人才选派方面,每个重点帮扶县比其他结对旗县多选派 1 名北京市挂职干部,共选派挂职干部 40 名。医疗教育组团结对方面,积极落实中组部医疗教育"组团式"帮扶要求,优先安排 10 个重点帮扶旗县 18 所学校、7 家医院与北京市 18 所学校、14家医院建立结对帮扶关系。

三是加快融入北京市消费大市场,推动消费帮扶提质增效。2022年面对复杂严峻的新冠疫情和国内外经济发展变化,京蒙两地积极倡导"跳出区域看全局""线上线下两促进"的工作理念,顺应北京市消费升级趋势,加快品牌建设和产品投放创新,提升传统消费,培育新型消费,进一步促进线上线下消费融合发展,深耕细作消费帮扶,让首都"菜篮子""果盘子""米袋子"盛满内蒙古肉蛋禽奶、瓜果蔬菜、米面粮油。继续构建消费帮扶"五进"平台,进一步释放北京市各级机关、学校医院、各大企业和社区等重点单位消纳内蒙古优质农畜产品潜力。兴安盟大米、乌兰察布马铃薯、锡林郭勒羊肉、科尔沁牛肉、赤峰杂粮、河套面粉等一大批具有内蒙古特色的区域品牌迅速成长,以呼和浩特市、赤峰市、通辽市、巴彦淖尔市为重点的农畜产品供应基地不断壮大,2022 年,生产农畜产品达 400 余万吨,内蒙古优质农畜产品实现进京销售 161 亿元。

三 深化区域协作，着力推进城乡融合和区域协调发展

一是持续改善营商环境，打造协作"政策洼地"和"服务高地"。深化京蒙区域合作，把北京发展优势同内蒙古区位优势结合起来，积极主动承接北京非首都功能疏解，持续改善营商环境，推动招商政策迭代升级。出台优化营商环境行动方案3.0版《内蒙古自治区以更优营商环境服务市场主体行动方案》，为协作企业创造"居家型"环境、提供"保姆式"服务、搭建"开放式"平台。"一企一策"支持大中型企业发展，对中小型企业根据产业规模给予一次性奖励，对落地的北京市企业实行清单化管理、一对一服务。自治区乡村振兴局与北京市支援合作办共同出台《落实京蒙协作促进产业高质量发展若干政策措施》，明确27条惠企便企政策，更有针对性地服务到内蒙古投资兴业的北京市企业。2022年，新引入北京修刚畜牧、国材北丝等50余家涉农企业到内蒙古投资兴业，宏福集团、凯达薯业等原有北京市落地企业到赤峰、锡林郭勒盟等地新建基地，大红门、北京二商等落地企业在原有基础上持续扩产扩能，有效助力内蒙古农牧业补链延链强链，提升"全链条"发展能力。新落地和新增投资的北京市企业达到114家，实现投资70.71亿元。

二是聚力打造京蒙产业园区，推动园区建设提档升级。坚持互通有无、互利共赢，紧扣京蒙双方所需所能，积极探索"北京企业+内蒙资源""北京市场+内蒙产品""北京总部+内蒙基地""北京研发+内蒙制造"等多种协作方式，努力把两地协作产业园打造成京蒙经济发展新的增长极。通过合作共建、支持已有园区提质升级、完善配套等方式，京蒙双方共建涉及设施农业、农畜产品加工业、仓储保鲜、冷链物流、基础设施建设等多领域产业园区59个，其中农牧业产业园区50个，宏福现代农业产业园、翁牛特旗现代农业产业园等

一大批产业园区的建设有效带动当地产业发展，促进了农牧民就业。加快园区产业链和供应链建设，引导75家企业入驻园区。援建帮扶车间138个，直接带动4362名农村牧区劳动力就业。

三是聚焦优势主导产业，实施三大"协作工程"。实施"产业协作"工程，为北京市企业量身打造来内蒙古投资的政策和配套措施，提供"保姆式"服务、搭建"开放式"平台，累计引进北京企业276家、落地投资240亿元，共建产业园区68个、完成投资140多亿元，"产业协作"工程成为脱贫旗县和企业发展的新动力。实施"绿品出塞"工程，引进首农集团、宏福集团等企业，建设绿色农畜产品生产基地606个、精深加工项目78个，助力内蒙古农畜产品转化增值；充分借力消费帮扶"五进"平台、双创中心销售体系平台、"832"线上销售平台，与北京市构建消费帮扶长效机制，举办"绿品出塞"推介会，推动更多内蒙古优质农畜产品走进北京大市场，累计销售500多亿元。实施"绿电进京"工程，引入国电、京能、金风科技等一批大型京籍能源企业，总投资超过2000亿元，支持建设清洁能源项目71个，年输送北京电量约151亿千瓦时，成为北京市最大的绿电供应基地，保障了首都40%以上的城乡居民生活用电需求。

四　助力乡村全面振兴，用好用足资金技术人才资源

一是强化区域人才交流，推动人才科技深度融合。推进干部双向交流。北京市第六批挂职团队116名党员干部认真履行职责使命，积极发挥桥梁纽带作用，当好招商引资"宣传员"、产业落地"领航员"、企业发展"服务员"，扎根服务一线，派驻旗县以下干部比例达到86%。内蒙古坚持"既压担子，也递梯子"，在让北京市挂职干部承担重要任务、经受重要岗位锻炼的同时，加强组织关怀，落实保

障政策，尽全力为他们排忧解难，创造良好的工作和生活环境。加强专业技术人才引进、培养、使用。创新引才形式，建立"不求所有、但求所用，不求长在、但求常来"的柔性引才机制，全年引进北京市医疗、教育、科技、产业等各类专业技术人才981名。

二是用足用好协作资金，高质量谋划实施协作项目。2022年，双方继续健全完善京蒙协作资金帮扶支持体系，修订京蒙协作资金和项目管理办法，进一步优化资金使用。2022年北京市投入各级财政援助资金实施的757个协作项目全部开工，已完工663个；动员北京市社会各界积极捐款捐物3.07亿元，继续用于协作地区民生事业发展。

三是打造京蒙协作示范村，探索乡村振兴实现新路径。继续推进京蒙协作助力乡村振兴"百村示范"建设，因地制宜打造114个乡村振兴示范村。支持各村先行先试，重点开展户厕改建、垃圾污水治理、村容村貌提升、人居环境整治、特色产业发展等项目建设，坚持以示范引领推进乡村振兴。

五 尊重基层首创精神，因地制宜开展创新探索

坚持顶层设计与"摸着石头过河"相结合，在加强体系建设同时，鼓励各地区、各行业部门结合自身特点和实际情况开展结对帮扶，争取更多发展机遇和资源要素，在不断推进中总结探索新模式新经验。

一是借鉴先进经验和理念，探索城乡融合发展新模式。按照"城乡融合、以城带乡"原则，引入北京市大中型企业、先进管理团队、项目运营等方面的优势资源，围绕城乡统筹发展、社会综合治理等重点工作，对喀喇沁旗现代农业产业园、察右前旗京蒙合作产业园、莫旗大红门产业园等京蒙共建产业园持续支持，不断带动当地优

势特色产业发展。推动京能集团、天润新能等引入企业扩大投资，新引入京东方能源、中合万家、中蓉高科、华牛牧场等北京市优质企业落地生根，为各地产业发展注入强劲动力。对接中关村引入北京启明星辰、协和运维等27家科技企业在呼和浩特建设智酷呼市人才基地，不断提升首府科技创新竞争力。引入北京市先进管理经验，通过党建引领，在乡村治理中探索运用"积分制""清单制""爱心超市""红黑榜"等做法，促进农民多元化参与和美乡村建设，推动乡风民风持续向好。同时，充分借鉴北京市乡村建设成熟经验，在给排水进行一体化处理、提升人居环境整治、推行太阳能公共卫生厕所等方面打造样板。有效发挥示范引领作用。赤峰市阿鲁科尔沁旗引进北京市先进技术，把万亩荒漠打造成优质牧草种植基地，守护了祖国北方重要的生态屏障，让首都的"后花园"更加美丽富饶。

二是搭建产业对接平台，促进两地产业协同发展。通过搭建京蒙产业对接平台，常态化精准对接两地优势资源和潜在需求，举办"京蒙百企情"暨2022年京蒙产业对接启动仪式，两地500多家单位和120余家企业参与，现场签约31个项目，签约金额1464亿元。组织人员赴重庆市参加全国农民丰收节，签订两个产业项目，涉及资金141亿元。赤峰市、乌兰察布市等分别在北京市举办招商引资大会，共签订合作项目83个、涉及金额866.17亿元，切实发挥了内蒙古承接北京市产业转移的区位和资源优势，为内蒙古走生态优先、绿色发展为导向的高质量发展新路子注入强劲动能。

三是发挥地域民族文化优势，打造农村牧区文旅产业新亮点。坚持以文塑旅、以旅彰文，加快发展面向北京市场的内蒙古特色旅游产业。2022年9月1日，内蒙古自治区文化和旅游厅与北京市文化和旅游局在国家会议中心联合举办"京"久不息筑"蒙"文旅——京蒙携手创未来 京蒙文旅产业协作推介活动，并签署《京蒙文旅合作框架协议》，深化两地旅游合作，推动形成资源共享、优势互补，市场互动、共促发展的良性格局。呼伦贝尔市、鄂尔多斯市等11个盟市文旅部门和企业与北京市17家企业签署合作协议，涉及旅游景区开发、产业园区、旅游演艺、宣传推广、文旅康养、专列等领域。

四是落实创新驱动发展战略，强化科技要素支撑。内蒙古自治区科技厅与北京市科委、中关村管委会、中国农业科学院、中国石油大学（北京）等单位不断深化科技交流合作，洽谈60余项合作项目，涵盖农牧业、医药、化工、节能环保、地质矿产等多个领域。京蒙两地成立创新联合体，联合解决一批重点关键技术。包头市重点企业与中国农业科学院等高校、科研院所成立创新联合体，成功揭榜自治区"内蒙古优势特色蔬菜种质资源创新与新品种选育"项目，获得内蒙古自治区农业"揭榜挂帅"项目立项支持。内蒙古设施蔬菜种业技术创新中心以赤峰市农科所为依托，联合中国农业大学、内蒙古农科院等11家单位共建，投入专项资金2000万元提升种业技术。

五是创新引才用才机制，强化现代化建设人才支撑。依托北京市人社局、教委相关平台，内蒙古自治区人社厅动态发布12次常规型高层次人才需求目录。面向清华大学等一流高校开展线上引才，定向发布需求目录。2022年全年自治区本级事业单位通过"绿色通道"引进从北京高校毕业的博士研究生35人。围绕自治区首批确定的12条重点产业链，创新开展企业人才引育奖励工作。乌兰察布京蒙人才科创园区的内蒙古京东药业获得人才引育奖励支持经费，对链上重点企业开展人才科研支持，鼓励支持企业引进高层次人才。2022年7月，内蒙古自治区人社厅组织开展国家专家服务基层示范项目——乌兰察布燕麦高产高效栽培技术培训项目，我国燕麦荞麦学科带头人任长忠院士及其团队的9位专家赴商都县、化德县开展基层服务。内蒙古自治区团委组织实施"领头雁"培养计划，引导有志青年在农村干事创业实现价值，共培养全区青年代表600余人，有效带动当地农牧民增收致富。

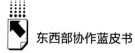
六是深入开展宣传推广，营造良好氛围。深入挖掘京蒙协作好经验、好典型，加强与中央和自治区主流媒体合作，全面呈现京蒙协作工作成效，营造良好舆论氛围。2022年，2篇京蒙协作信息被国家乡村振兴局、国家乡村振兴杂志社转载；京蒙教育医疗"组团式"案例上报中办；京蒙携手推进"两个基地"建设入选国家乡村振兴局社会帮扶典型案例；总结提炼29篇京蒙协作不同类型典型案例报送国家乡村振兴局；新华社、人民网、《内蒙古日报》、内蒙古广播电视台等多次对京蒙协作工作进行宣传报道。

B.15

2022年甘肃省推动东西部
协作的成效与案例研究

王 晖*

摘　要： 2022年甘肃省携手天津市、山东省，聚焦巩固拓展脱贫
攻坚成果和全面推进乡村振兴这一主线，深化协作内涵，
创新协作模式，资金和人才投入稳中有增，产业、劳务、
消费协作持续加强，东西部协作工作延续了持续向好的
势头。举办"津陇共振兴""鲁企走进甘肃"合作交流
洽谈活动，成为津甘、鲁甘产业协作的重要平台和响亮
品牌。打造"津甘技工""鲁甘人力""鲁甘工匠联盟"
劳务协作品牌，组织开展系列推介活动。把23个国家乡
村振兴重点帮扶县作为协作帮扶的重点领域，在投入上
重点保障、政策上倾斜支持、力量上优先安排。深化结
对区县"一县一园"产业园区共建机制，引导东部资
金、技术、人才、市场向园区集中，已共建产业园区78
个，引导东部159家企业入驻，入园企业实际投资15.13
亿元。

关键词： 东西部协作　津甘协作　鲁甘协作

---

* 王晖，甘肃省乡村振兴局社会帮扶处处长。

2022 年，甘肃省携手天津市、山东省，聚焦巩固拓展脱贫攻坚成果和全面推进乡村振兴这一主线，深化协作内涵，创新协作模式，资金和人才投入稳中有增，产业、劳务、消费协作持续加强，东西部协作工作延续了持续向好的势头。

一 把牢东西部协作前进方向

甘肃省始终把东西部协作摆在突出位置，从协调发展、共同富裕的战略高度去谋划和推动，推动东西部协作工作向更高层次、更高标准、更宽领域发展。

一是进一步加强组织领导。省委、省政府主要领导高度重视东西部协作工作，多次做出批示，提出明确要求，先后赴协作省市开展高层互访和交流对接，基层调研中多次指导东西部协作工作。天津、山东党政主要领导和分管领导先后到甘肃省调研指导，了解帮扶需求，掌握协作重点，构建形成高层引领、高位推动的工作格局。与此同时，省委、省政府分管领导多次召开专题会议，研究推进落实举措。省直相关部门和市县党政主要负责同志主动赴东部协作市区汇报对接，形成同向发力、齐抓共管的工作合力。

二是进一步完善协作机制。围绕津甘、鲁甘"十四五"协作规划确定的目标任务，健全协调联络、目标责任、督导评价、宣传推广"四大机制"，成立协调工作小组，明确牵头领导和责任部门，提出需求清单，将任务实化、细化、项目化。坚持"月通报、季分析、半年小结、年终总结"制度，通过召开新闻发布会、写感谢信、举办成果展等方式，展示协作成效，通报工作进展。津甘、鲁甘通力配合，共同制定《加强产业园区结对合作工作方案》《助力示范村提升乡村治理能力的若干措施》等政策措施，共创双向发力、协调推进的协作格局。市县积极探索形成一批可复制、可推广的创新模式。如，临夏州、定西市分别设立驻济南、青岛、福州办事处或联络处，临夏州所属8个县市成立东西部协作科级事业单位或专门工作机构，徽县创建青岛挂职干部人才"胶"相"徽"映党支部，庆阳市、白银市等7个市（州）组织开展"互看互学互比互促"活动。

三是进一步深化推进措施。制定《甘肃省2022年东西部协作和中央单位定点帮扶工作要点》，省直相关行业部门制定14个专项工作方案，市县结合实际安排部署各项工作任务。实行重点任务清单化管理，将国家任务目标细化分解到相关市州和责任单位，拧紧上下贯通、分兵把守的责任链条。组织受援市县提出7大类项目需求清单以提供东部协作省市共同推进落实，形成协作帮扶"最大公约数"。

二　强力推动重点工作任务落实落地

一是坚持产业优先，协作导向更加鲜明。坚持"以协作促发展"的鲜明导向，协作双方把促进特色产业发展摆在更加突出位置，帮助脱贫县提升自我发展能力。产业合作提档升级。连续四年举办"津陇共振兴""鲁企走进甘肃"合作交流洽谈活动，这些活动成为津甘、鲁甘产业协作的重要平台和响亮品牌。2022年签约新能源、装备制造、生物医药、生态农业、消费帮扶等领域项目107个。建立签约项目调度机制，有效推动东部企业优势与甘肃省农产品资源禀赋耦合互补，成为推动甘肃特色产业发展的"加速器"和就业帮扶的"助推器"。协作项目落地落实。持续深化"放管服"和投资便利化改革，简化审批流程和环节，强化项目前期服务，着力推进东西部协作企业投资项目审批落地"再提速"、服务保障"再优化"。充分发挥东西部协作产业合作专项奖补资金撬动作用，严格落实《甘肃省东西部协作产业合作专项奖补资金管理办法（试行）》，加强协作项目跟踪服务，协助解决企业落地、项目实施、工作推进等方面的问题。2022 年甘肃引导落地东部企业 223 家、投资额 22.83 亿元。[①] 消费帮扶助农增收。立足特色农产品卖得出、卖得好、卖得快，会同协作省市多渠道多形式开展产销对接，持续拓展"甘味"农产品销售渠道。津甘探索直播带货、平台直销、果树认购等多种模式，建立消费帮扶服务平台，积极开展"津品陇味""畅想多彩红桥"等展销活动。鲁甘开展"甘货入鲁""鲁甘同心"等展销活动，推行"节会促销+联合倡议""美食体验+精品演示"等消费模式。甘肃临夏州农特产品成为山东航空飞机餐食，进入济南政府储备肉菜名录。

二是坚持就业为本，协作基础更加稳固。把深化东西部劳务协作作为巩固拓展脱贫成果最直接、最有效的举措，以劳务品牌推介、劳动力输转、技能培训等为主要内容，千方百计疏通渠道、强化基地、扩大规模，稳定增加农村劳动力的劳务收入。打造品牌促就业。会同协作省市打造"津甘技工""鲁甘人力""鲁甘工匠联盟"劳务协作品牌，组织开展系列推介活动。成立甘肃省劳务办驻山东劳务处，市县在东部协作地区设立劳务工作站 65 个，积极为外出务工群众提供岗位对接、创业指导、技能培训、权益维护、政策咨询"五位一体"的服务，加大"点对点、一站式"劳务输转力度。津甘创新直播带岗等云端途径，组织专场招聘活动 105 场；鲁甘组织务工人员搭乘返岗专列、专机返岗，提供"出家门、上车门、进厂门"服务，共帮助 15.91 万名农村劳动力实现转移就业。技能培训扩就业。谋划开展"甘味"品牌职业（工种）培训，举办"海河工匠涵养班"和"实习+就业"院校专场招聘，打造东西部劳务协作样板。精准对接"务工需求清单"和"岗位供给清单"，促使农村

---

① 《甘肃村企携手共建　赋能乡村振兴》，国际在线，2023 年 2 月 3 日，https://news.cri.cn/n/20230203/beb1b3d3-3876-9969-3069-cf5e1b1d62f4.html。

劳动力从"体力型"向"技能型"转变，务工收入稳步提升。就业工厂保就业。推动东部劳动密集型产业向甘肃省梯度转移，持续加大资金、技术等方面的支持，引导东部资源援建乡村就业工厂（帮扶车间）1346家，吸纳农村劳动力就业4.38万人，让脱贫群众在家门口就业，有稳定的收入来源，实现了"挣钱顾家两不误"。如，庄浪县依托东西部协作资源建办宫灯就业工厂24个，吸纳近2000名脱贫群众就近就地就业，让"小灯笼"成为带动增收的"大产业"。

三是坚持抓主抓重，协作力量更加聚焦。把23个国家乡村振兴重点帮扶县作为协作帮扶的重点领域，在投入上重点保障、政策上倾斜支持、力量上优先安排。资金使用精准聚焦。2022年，天津市、山东省在改革发展各项任务都非常重的情况下，继续保持对甘肃省资金帮扶力度不减。甘肃省在用好协作资金上狠下功夫，加强协作资金项目库建设，指导市县提前谋划协作资金项目，按照资金用于产业比例50%以上、建立联农带农机制等要求，严把资金投向关和项目立项关，统筹谋划和精准建立项目库，提出9大类资金项目计划，并指导做好项目前期工作，保证了资金到位后即可开工实施。坚持协作资金与衔接资金统筹安排、统一管理，先后3次开展联合督导，定期召开调度会议，督促市县加快项目进度，持续开展"五查五看"，确保资金安全高效使用。人才交流赋能增效。持续加强党政干部、专业技术人才的交流力度，选派242名挂职干部、2397名专技人才到协作省市开眼界、学经验、强本领。省市县为科技特派团和"组团式"教育、医疗人才搭建良好工作平台，加强服务保障，实现23个重点帮扶县每县1个科技特派团和教育、医疗人才"组团式"帮扶全覆盖。省外和省内科研院所、高等院校、国有企业选派的专家和科技人员300多名，东部和省内163所学校、39家医院全部深入重点帮扶县开展工作，把东部先进的科研能力、教育理念、医疗技术融入具体的帮扶工作中,推动重点县社会事业发展。推行挂职干部人才关心关爱措施,落实艰苦边远津贴,及时帮助挂职干部人才解决工作、生活中的困难,为援甘干部人才营造暖心、舒心、安心的工作和生活环境。

三 努力创新协作方式深化协作内涵

积极适应新形势新任务,着眼长远加强整体谋划,在外部引援和内部挖潜上双向发力,在脱贫人口持续增收和脱贫地区加快发展上聚焦聚力,不断提升协作帮扶实效。

一是协作内涵不断深化。依托天津市现代农业产业园加工集群化、科技集成化和山东省农产品加工出口大省优势,深化结对区县"一县一园"产业园区共建机制,引导东部资金、技术、人才、市场向园区集中,通过解决公共配套、邀请参与规划设计和运营管理等方式,加快园区建设进展,截至2022年12月,已共建产业园区78个,引导东部昊康牧业、青陇兄弟啤酒等159家企业入驻,入园企业实际投资15.13亿元。借鉴推广协作省市成功经验和模式,完善园区招商引资、创业孵化、就业指导、技能培训、市场拓展等服务功能,推动产业园区提档升级。如,积石山数字经济产业园已经成为"AI豆计划"项目全国第7家、甘肃省唯一一家园区,目前为阿里巴巴、蚂蚁集团旗下的全国客户提供图文标注、证照审核、数据处理、在线客服等集中审核服务。因地制宜复制推广山东、天津两省市乡村振兴经验做法,坚持数量服从质量、进度服从实效、求好不求快的原则,会同协作省市共同研究、下沉到村、督导推动,携手推进"百村振兴计划",从产业可持续发展、人居环境改善、基础建设配套、基层组织建设等方面,聚力打造集"五大振兴"于一体的乡村振兴示范村181个,促进群众思想观念转变、发展能力提高,为乡村振兴发挥示范引领作用。

二是协作范围不断拓展。坚持面向全省，广泛动员引导东部企业在甘肃落地。天津、山东在现有帮扶区域之外，以结对县为重点，在全省范围内加大产业合作。天津红日药业在青岛帮扶的渭源县投资建厂；山东省发展投资控股集团突破合作地域关系，与天津帮扶的白银市签订总投资 280 亿元的"陇电入鲁"合作协议，在景泰县、靖远县、平川区投资建设 450 万千瓦的风电及光伏开发项目。[①] 同时，搭建受援地区企业与东部协作省市交流对接平台，鼓励本土企业"走出去"发展并反哺家乡产业。

三是协作主体不断丰富。推进构建全方位、多层次、宽领域的帮扶体系，引导各类帮扶资源下沉，强化到村帮扶，真正做到了"扶在根上，扶在点上"。举办"民企陇南行"活动，招商引资项目 97 个 425 亿元、消费帮扶项目 1.11 亿元，积极动员东部和省内外社会组织捐款捐物 1.08 亿元。组织参加"强协作　促振兴——社会帮扶在行动"活动，签约 50.6 亿元。指导市县对接京东集团、阿里巴巴等 14 家电商平台企业，积极开展消费帮扶。引导民营企业和社会组织参与帮扶。如，碧桂园集团探索党建引领助力乡村五大振兴的"1+5+N"帮扶模式，实施帮扶项目 30 个，受益群众 6000 多户。张掖市前进牧业设立帮扶专项资金，通过技术指导、委托代养等方式，带动 1000 多名群众发展养殖产业。甘肃省陕西商会推出"合作社+农户+企业"帮扶模式，投入 800 多万元发展特色产业助农增收。

四是协作解困不断深入。积极动员引导山东、天津两省市聚焦农村留守老人妇女儿童、特困群众以及脱贫残疾人等特殊群体，组织开展"光彩事业""光明行动""幸福工程""希望计划""春蕾计划"

---

① 《千里连心促振兴　和衷共济开新局》，《甘肃日报》2022 年 3 月 4 日，https：//szb.gansudaily.com.cn/gsrb/202203/04/c302221.html。

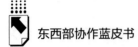

"美丽庭院"等公益品牌对接，引导天津、山东群团机构、社团组织、志愿者服务团队和社会爱心人士等社会力量捐款捐物，多层次多形式开展"一老一小一困"关爱服务行动，累计开展走访探视42.9万人（次），帮办实事106.7万件（次），把关怀和温暖送到群众心坎上。

五是协作关系不断巩固。临夏州、定西市积极对接厦门市、福州市持续固化合作机制，巩固经济协作关系，推动产业合作、劳务协作、文旅合作等发展，做到帮扶项目不停、协作企业不走、劳务协作不断。临夏州出台《促进东西部协作产业合作若干政策措施》，明确厦企鲁企同等享受优惠政策，厦门和济南游客同等免除景点门票费。厦门市投建的临夏州生活垃圾焚烧发电项目、黄河炳灵丹霞文旅项目取得显著成效，厦门吉美箱包等一批企业落地广河箱包园。定西及相关县领导带队赴福州考察学习，对接巩固协作关系，已落地定西的福州企业中4家新增投资1000万元以上、3家新增投资500万元以上。充分发挥在福州建成的"一中心十二馆"作用，为两地开展人员交流、文化交流、特色农产品展示等提供平台，帮助销售定西农产品1422万元。福州在定西建立1个市级、4个县级劳务协作基地，两地市县人社部门举办专场招聘会，发送免费返岗务工高铁专列，"点对点"输转农村劳动力3498人。

2022年青海省推动东西部
协作的成效与案例研究

崔　凯*

摘　要： 青海省坚持责任不松动、力度不减弱、工作不断档，按照协作协议，持续深化协作内涵、拓展协作外延、创新协作模式，各项工作取得了新进展、新成效。江苏45个经济强镇（街道）、94所学校、39家医院参与结对帮扶青海49个乡（镇）、111所学校、37家医院。江苏48个强村（社区）、49家民营企业、5个社会组织参与结对帮扶青海88个村。坚持以协作促发展，出台《青海省实施招商引资"六大行动"工作方案》《青海省优化营商环境三年行动计划》等政策文件，有序引导江苏产业向脱贫地区梯度转移。2022年，苏青两地共建产业园区11个，引进江苏企业17家、落地项目19个，实际完成投资14.7亿元，是2016年苏青协作以来引资总和的一倍多。

关键词： 东西部协作　苏青协作　联农带农

　　2022年，青海省坚持责任不松动、力度不减弱、工作不断档，

---

* 崔凯，青海省乡村振兴局社会扶贫处处长。

按照协作协议，持续深化协作内涵、拓展协作外延、创新协作模式，各项工作取得了新进展、新成效。

一 强化组织领导，构建高效联动机制

一是高层次部署推进。青海省委省政府主要领导谋划、亲自推动，先后4次对东西部协作工作做出批示、提出具体要求，省委常委会、省政府常务会、省乡村振兴领导小组会议多次研究部署东西部协作工作，省委省政府分管领导先后4次召开专题会议部署推进。

二是高质量协同发力。苏青两省政府共同签订2022年东西部协作协议，明确了年度协作目标任务。江苏45个经济强镇（街道）、94所学校、39家医院①参与结对帮扶青海49个乡（镇）、111所学校、37家医院。江苏48个强村（社区）、49家民营企业、5个社会组织参与结对帮扶青海88个村。青海协作县党政主要负责同志带队赴江苏协作结对地区开展互访交流。

三是高水平完善机制。苏青两省联合印发"十四五"东西部协作规划、帮扶项目联农带农机制实施意见、协作资金管理暂行办法、协作考核评价工作指南等文件，建立完善了苏青两省政府分管秘书长定期调度协调机制，东西部协作组织领导、结对帮扶、资金管理、项目监管、社会动员等各项保障体系逐步完善。

二 聚焦关键环节，加大资金人才支持

一是下好资金"先手棋"。严格东西部协作项目资金管理，实行

---

① 《苏青"握手"30个大项目成功落地》，澎湃，2022年12月21日，https：//m. thepaper. cn/newsDetail_ forward_ 21253602。

半月调度、每月通报，确保项目建设按时间节点有序推进。组织相关行业部门和江苏帮扶工作队对各地年度计划项目开展备案审查，强化项目前期准备，确保资金到位即可开工实施。落实年度东西部协作资金 8.59 亿元，实施产业发展、民生保障、基础设施等领域项目 343 个。①

二是织密人才"交流网"。制定出台进一步深化支援帮扶工作机制的意见，将东西部协作选派干部人才纳入援青干部人才管理服务体系，提供相应食宿、培训、医疗保健和享受高原补贴待遇政策。青海选派 40 名干部和 101 名专业技术人才赴江苏结对地区挂职交流学习，江苏选派 27 名干部和 184 名专业技术人才赴青海开展协作帮扶，均超额完成协议指标。② 协作挂职干部全部分管（协管）东西部协作工作，主要精力放在巩固拓展脱贫攻坚成果、全面推进乡村振兴上。充分发挥协作干部人才"传帮带"作用，加大本土人才培养力度，共举办各类培训班 34 期、培训干部 2360 人。③ 整合教育医疗帮扶力量，深化名校名院"大组团"、专家博士"小组团"帮扶模式，西宁市与南京市合力推进"三百"行动，海东市与无锡市联手开展医疗领域专家师徒"结对子"，常州市与海南州共和县智志双扶"拔穷根"。

三 狠抓产业培育，促进提档升级

坚持以协作促发展，出台《青海省实施招商引资"六大行动"

① 《苏青"握手"30 个大项目成功落地》，澎湃，2022 年 12 月 21 日，https：//m. thepaper. cn/newsDetail_ forward_ 21253602。

② 《苏青"握手"30 个大项目成功落地》，澎湃，2022 年 12 月 21 日，https：//m. thepaper. cn/newsDetail_ forward_ 21253602。

③ 《苏青"握手"30 个大项目成功落地》，澎湃，2022 年 12 月 21 日，https：//m. thepaper. cn/newsDetail_ forward_ 21253602。

工作方案》《青海省优化营商环境三年行动计划》等政策文件，有序引导江苏产业向脱贫地区梯度转移。

一是"引活水"。邀请30余家江苏企业参加"青洽会"，签约意向协议12个。江苏天合光能西宁光伏产业项目计划投资500亿元。计划总投资493亿元的连云港中复神鹰西宁碳纤维项目已开工建设，到位资金10.6亿元。苏州阿特斯西宁单晶硅棒项目到位资金2.9亿元。2022年，苏青两地共建产业园区11个，引进江苏企业17家、落地项目19个，实际完成投资14.7亿元，是2016年苏青协作以来引资总和的一倍多。

二是"强自身"。将2022年度东西部协作资金的51%用于产业发展，相继实施了湟中区西堡镇生态奶牛养殖、玉树市综合产业创业物流园、互助县万亩菜薹供港蔬菜生产基地等30个投资规模大、产业关联度高、联农带农效果明显的特色产业项目，投资效益持续放大，深受当地政府和群众欢迎。①

四 着眼持续增收，就业消费联动发力

一是强化劳务协作促增收。建立健全苏青劳务协作精准对接机制，立足江苏用工需求，积极推广订单式、定向式技能培训，促进"农民工"向"农技工"转型，让群众吃上"技术饭"，端稳"就业碗"。携手江苏共同举办"雨露计划+"就业促进行动暨东西部协作就业务工、"春风行动"等招聘会12场，提供就业岗位8600余个。2022年，实现农村劳动力省外就业2061名。②

---

① 《苏青"握手"30个大项目成功落地》，澎湃，2022年12月21日，https：//m. thepaper. cn/newsDetail_ forward_ 21253602。

② 《苏青"握手"30个大项目成功落地》，澎湃，2022年12月21日，https：//m. thepaper. cn/newsDetail_ forward_ 21253602。

二是强化消费协作促增收。出台《青海省东西部协作消费帮扶省级示范销售平台认定管理暂行办法》，认定示范销售平台 11 家，在江苏设立青海特色农畜产品专卖店 15 家，畅通线上线下销售渠道，江苏省共采购、帮助销售价值达 1.6 亿元的青海农副产品和特色手工艺品，完成协议指标的 320%。①

五　创新性做法与典型经验

一是聚焦优势产业，助力产业"四地"建设。充分利用"青洽会"等大型展会平台，围绕盐湖化工、清洁能源、数字经济、智能制造、生态旅游、绿色有机农畜产品等优势产业，积极引导江苏客商到青海参观考察、投资兴业。西宁、海东依托对外开放平台，成功引进天合光能、阿特斯等新能源行业龙头企业落户青海，总投资超千亿元。苏州工业园区全方位参与青海零碳产业园的规划、设计和建设，两省相关部门围绕园区招商引资、产业协作、企业合作、人才智力等领域开展深度合作。建立青海"飞地经济"利益共享机制，重大招商引资项目利益实行五五分成。聚焦高原蔬菜、青稞藜麦、牦牛藏羊、冷水鱼等特色种养产业，加大新型农牧业经营主体扶持力度，推动新品种、新技术、新装备的转移转化，加快农文旅融合发展，全力擦亮青海农畜产品绿色有机金字招牌。

二是聚焦"组团式"帮扶，强化人才交流培养。集中优势资源和专业人才，持续加大"组团式"帮扶力度。南京市与西宁市携手实施"三百"行动，利用三年时间组织 300 名专家、博士、企业家到西宁市进行项目投资、指导帮扶、专业服务。无锡市遴选 3 名医疗

① 《苏青"握手"30 个大项目成功落地》，澎湃，2022 年 12 月 21 日，https：//m. thepaper. cn/newsDetail_ forward_ 21253602。

专家入驻海东第二人民医院，挂职院长、院长助理等职，举办专题学术讲座近百场，培训基层专业技术人员近2000人次，有力提升了基层诊疗水平。常州市选派56名医疗领域、17名教育领域专家人才参与海南州人民医院、共和县人民医院、海南州高级中学和海南州职业技术学校帮扶工作，让当地群众享受到东部发达地区优质教育医疗资源。

三是聚焦产业富民，提升自我造血能力。精心组织实施独头蒜种植加工、奶牛规模养殖重点项目。海东市互助县与无锡市新吴区共同探索种植高原独头蒜进军高端产业的发展新路，推动国内最大的大蒜加工企业江苏东方黎明集团与互助县政府签署战略合作协议，通过改造荒地，建成580亩高原有机独头蒜种植基地，经多轮认证，获得欧盟EOS和美国NOP双有机认证，成为青海省首块获得欧盟、美国、中国大规模标准化有机认证种植基地。奶牛养殖出新标杆。西宁市湟中区与南京市栖霞区立足地方实际，调整产业发展思路，推动南京卫岗乳业与湟中区政府签订合作协议，整合资金1.2亿元建设西堡镇生态奶牛养殖项目，1000头奶牛已全部进场，2021—2023年将达到2000头养殖规模，标志着青海省投资体量最大的东西部协作项目、青海省规模最大的现代化奶牛养殖项目投产运营。"东智西引"续写新篇章。湟源县积极引进东部地区先进项目管理理念，解决项目谋划生成和实施管理中投资不精准、前期不扎实、管理不规范、调度不系统"四大难题"，逐步探索建立决策科学、投向合理、运作规范、监管严格的政府投资项目管理体制。

四是聚焦文化交流，浇灌民族团结之花。围绕青海省民族团结进步示范省建设，以铸牢中华民族共同体意识为主线，不断深化苏青文化交往交流。西宁、南京两市文旅管理部门、旅游企业分别签订合作协议，支持小高陵红色旅游、柏木沟民宿、阳坡村银铜器加工等文化旅游项目开发建设，湟中区非遗历史文化线路入选全国乡村旅游精品线路。无锡市在每个协作县都培育了 1—2 个乡村旅游基地，无锡电视台热档《扯扯老空》栏目组多次到海东录制节目，拍摄电影《乐都传奇》，录制纪录片《守望循化》，两地联合举办《太湖情·湟水意》交流展演，中国土族大型歌舞剧《彩虹部落》在无锡成功上演。南京市着力培育"牵手相伴·共同绽放"民族团结品牌，组织西宁市 120 余名各族青少年赴南京市参加夏令营。

B.17
2022年陕西省推动东西部协作的成效与案例研究

朱 刚 魏 群*

摘 要： 2022年，陕西省深刻认识东西部协作和定点帮扶对于推动区域协调发展、促进共同富裕的重大意义，聚焦守底线、抓发展、促振兴，持续深化就业帮扶、消费协作、产业协作、干部人才交流等工作，有力推动苏陕协作向全方位战略合作升级。陕西省56个脱贫县（区）与江苏省52个县（市、区）开展结对帮扶，实现镇镇结对354个、村村结对491个、企村结对244个、社会组织结对69个、学校结对407所、医院结对130家。通过苏陕协作重大项目协调服务机制，推进29个协作合作项目落地实施，实际投资42.64亿元。累计吸引248家东部企业落地投资，实际到位投资额102.66亿元，吸纳10326名农村劳动力就业。两省共建产业园区82个（其中农业园区44个），引导入驻园区企业170个，入园企业实际到位投资额55.75亿元，吸纳农村劳动力6570人。

关键词： 东西部协作 苏陕协作 产业转移

---

* 朱刚，陕西省发展和改革委员会区域经济处（省苏陕办）处长；魏群，陕西省发展和改革委员会区域经济处（省苏陕办）副处长。

2022 年，陕西省深刻认识东西部协作和定点帮扶对于推动区域协调发展、促进共同富裕的重大意义，聚焦守底线、抓发展、促振兴，持续深化就业帮扶、消费协作、产业协作、干部人才交流等工作，有力推动苏陕协作向全方位战略合作升级。

一　组织领导持续加强

一是高位推进协作工作。5 次召开省际联席会议等高规格会议研究推进苏陕协作。省委、省政府主要负责同志多次到延安市、汉中市等地调研苏陕协作项目，赴无锡市考察产业转移、资源互补、劳务对接、人才交流等工作，深入落实两省党政代表团互访共识和"十四五"协作框架协议，推动苏陕协作持续走深走实。

二是细化举措加强督导。及时分解下达《2022 年东西部协作协议》任务指标，制定印发《2022 年苏陕协作工作要点》，明确 5 方面 17 条工作举措，将工作职责细化落实到省级有关部门和各市县（区）。组织开展苏陕协作重点工作督导、资金项目专项检查、苏陕协作对接成效考核，加快推动各项工作落实落细。

三是扎实推进结对帮扶。陕西省 56 个脱贫县（区）与江苏省 52 个县（市、区）开展结对帮扶，实现镇镇结对 354 个、村村结对 491 个、企村结对 244 个、社会组织结对 69 个、学校结对 407 所、医院结对 130 家。陕西省 56 个脱贫县（区）主要负责同志均赴江苏省调研对接并召开联席会议。

二　脱贫基础更加稳固

一是提升劳务协作水平。组织开展农村劳动力苏陕劳务协作招聘活动，利用农民工"点对点"服务保障平台为外出务工农民工提供交通等服务，2022 年全年通过苏陕协作渠道帮助 27697 名农村劳动力、16471 名脱贫劳动力转移就业。

二是倾斜支持重点帮扶县。严格落实"四个不摘"要求，倾斜支持山阳县、镇巴县等 11 个国家乡村振兴重点帮扶县，助力重点帮扶县提升自我发展能力。大力开展"组团式"帮扶国家乡村振兴重点县相关工作，印发陕西省医疗、教育人才"组团式"帮扶实施方案，列支专门资金强化保障，细化帮扶任务 99 项。

三是大力推动消费帮扶。紧扣品牌打造、渠道拓展等重点环节，强化区域市场间合作，依托苏陕特色资源禀赋和产品比较优势，不断扩大地区产品销路，截至 2022 年 12 月，推动江苏采购、销售陕西消费帮扶产品 38.84 亿元。

三 区域协作不断深化

一是更加突出产业协作。通过苏陕协作重大项目协调服务机制，推进 29 个协作合作项目落地实施，实际投资 42.64 亿元。2022 年，陕西省累计吸引 248 家东部企业落地投资，实际到位投资额 102.66 亿元，吸纳 10326 名农村劳动力就业。两省共建产业园区 82 个（其中农业园区 44 个），引导入驻园区企业 170 个，入园企业实际到位投资额 55.75 亿元，吸纳农村劳动力 6570 人。

二是推进更深层次合作。邀请江苏省作为第六届丝博会主宾省，以苏陕协作为主题组织 13 个市（区）组团参展，展区规模和参会江苏企业数量创历届之最，两省协作影响力持续扩大。举办"科创中国"苏陕协作推进会暨"秦创原"推介活动，以"秦创原"创新驱动平台为载体，搭建两省科技界、产业界的供需对接桥梁。

三是持续优化营商环境。实施新一轮优化营商环境三年行动计划，扎实开展营商环境问题专项治理，加强典型经验复制推广，持续降低制度性交易成本，为来陕落地投资的东部企业打造良好营商环境。

四 工作创新典型经验

（一）强链条促共建，助推地区特色产业转型升级

一是持续做大转移产业。安康市举全市之力持续发展毛绒玩具文创产业，深入推进产业科技赋能，已成为全国第四大毛绒玩具生产基地，2022 年在营毛绒玩具企业 736 家，吸纳就业 17793 人，较 2021 年底净增 2584 人，毛绒玩具出口量已占到全市出口量的 55%。二是坚持优势互补拓展新空间。商洛市洛南县从江苏省泰州市引进环亚源生态岛环保科技产业园项目，以环亚源铜业及其固危废综合利用项目为龙头，引领入园环保企业走集约化、规范化、集团化生态发展之路，形成高科技、高融合、高产能、高效率有色金属环保产业联盟经济圈，填补了陕西铜工业板块空白。榆林市靖边县引入江苏淮安的馥馨特精细化工项目，依托当地高端能化产业优势，围绕乙基麦芽酚系列及维生素前中后端产品建设生产，项目建成后将促进靖边能化产业转型向高端迈进，填补榆林市乃至西北地区高端精细化工的空白。三是园区共建"加速度"。渭南市富平县富丹产业园持续加大对龙头企业等新型经营主体的培育支持力度，采取"一核多点"产业布局、"资本运营""企业+合作社+贫困户"等模式，引进扬子江药业等 12 家企业，涉及中医药、装备制造、特色食品等领域，累计完成投资 16.53 亿元，年产值达 30 亿元，连续四年位列陕西省"区中园"综合排名第一。

（二）稳就业促消费，在巩固拓展脱贫攻坚成果上确保新成效

一是不断拓展稳岗就业渠道。宝鸡市扶风县着力打造"村镇工

厂"模式，培育发展规模厂房式、庭院车间式村镇工厂 91 家，就地就近吸纳就业 2828 人。铜川市宜君县采用"公司+社区工厂+家庭作坊"模式，统一供应原料、开展培训、收购成品和标准生产，吸纳农村劳动力 529 人在家门口实现就业。安康市白河县创新开展"四百工程"，通过成立百家劳务公司、壮大百家社区工厂、开展百场技能培训、回引百名创业能人，有效化解新冠疫情对稳岗就业的不利影响，促进脱贫人口稳定增收。二是持续推动好产品走进江苏市场。商洛市柞水县积极推进抓政策、强生产、优服务、促流通"四链融合"，倡议南京高淳基层工会采购柞水农特产品，对接南京地区农产品采购商、流通企业、农产品电商、商超等，坚持线上和线下双向发力，力促柞水木耳等农副产品走进江苏市场。安康市汉阴县通过广泛吸纳农业生产加工企业、农民专业合作社组建"农产品生产加工产业联盟"，组织参加全国及省内外农产品展示展销活动，实现"公司搭桥、联盟体供货、群众赚钱"农副产品销售新路径。铜川市宜君县通过建设全国首个"菜鸟乡村农产品上行中心和供配中心"，构建了特色农产品物流快速通道，有效降低整体物流费用达 60%。汉中市洋县通过在如皋建立洋县有机产品长三角前置仓，缩短了农产品在苏浙沪市场的配送时间，同时实现每单降低成本 0.3 元，做到了当天下单次日到货。

（三）学经验借方法，推进乡村振兴全面提质增效

一是以人才振兴推动乡村振兴。咸阳市旬邑县组织干部参加"招商精英"封闭式训练营，以师徒结对、现场考察、情景模拟路演等方式学习借鉴泰兴经验，挖掘储备一批年轻招商干部，为助推旬邑经济发展蓄足源头活水。二是推进特色产业提质增效。宝鸡市千阳县开创"企业+合作社+农户"的"借羊还羊"模式，通过技术团队"保姆式"全程服务，扩大莎能奶山羊养殖规模，实现企业与养殖户

共赢发展。渭南市蒲城县打造句容市白兔镇草莓育（种）苗蒲城示范基地，形成集科研推广、品种选育、种苗繁殖、生产销售于一体的产业模式，成为渭北地区规模最大、技术领先、最有影响力的草莓育苗基地。安康市平利县大力实施"品牌强茶"战略，每年建设5—10个200亩以上的茶叶标准化示范园，组建专业茶园管理社会化服务组织，荣获"中国名茶百强县""中国名茶之乡"等荣誉称号。三是打造乡村示范新样板。商洛市商州区运用"一二三四五"工作法打造苏陕协作闫坪共建示范村，建设"美丽、宜居、文明、富裕"的秦岭原乡世外桃源。商洛市洛南县汇聚江宁科技力量，成功实现"南瓜北移"、"南稻北种"和草莓跨地繁育，打造洛南全面乡村振兴新引擎。

（四）凝人心聚力量，真情帮扶暖民心

商洛市以"宁商协作100件民生微实事"党建品牌为工作引领，实施"助力扶志""助力圆梦""助力兴业""助力抗疫"四项工程，2022年全年共组织社会帮扶资金0.3亿元用于乡村振兴各项事业。安康市镇坪县搭建"大手拉小手"企业合作平台，促成常州多家企业与镇坪县本地企业结对合作，深度参与帮扶镇坪乡村振兴事业发展。铜川市耀州区联合东台实施"梦想小屋"公益改造计划，用3年时间投入200万元，为耀州区100名16周岁以下孤儿和因病致贫家庭的孩子打造属于自己的"梦想书房"。咸阳市永寿县联合江苏荣昌济困基金会，共同开展困境学子"圆梦助学"公益活动，多渠道广泛筹措帮扶资金，与困境学子开展"一对一"帮扶机制，辅导人生未来规划。

B.18
2022年宁夏回族自治区推动东西部协作的成效与案例研究

张　钧*

摘　要： 闽宁两省区始终遵循习近平总书记当年提出的"优势互补、互利互惠、长期协作、共同发展"的指导原则，坚持和完善"联席推进、结对帮扶、产业带动、互学互助、社会参与"协作机制，不断拓宽协作领域、丰富协作内容、提升协作水平，取得了丰硕成果。2022年宁夏接受福建财政援助资金6.25亿元，实施闽宁协作项目299个。闽宁两省区共建闽宁产业园12个，建设闽宁协作帮扶车间224个，引导落地投产、增资扩产企业180个，实际到位资金72.27亿元，壮大了一批有地域特色的主导产业，建成了一批绿色标准化生产基地，培育了一批带动能力强的农业企业，打造了一批有影响力的特色品牌。宁夏通过带动产业发展、吸纳务工就业、资产入股分红、土地流转收租等方式，有效带动村集体经济增长，20.3万农村人口享受到产业增值收益。

关键词： 东西部协作　闽宁协作　闽宁镇

---

* 张钧，宁夏回族自治区乡村振兴局社会扶贫处处长。

闽宁两省区始终遵循习近平总书记当年提出的"优势互补、互利互惠、长期协作、共同发展"的指导原则，坚持和完善"联席推进、结对帮扶、产业带动、互学互助、社会参与"协作机制，不断拓宽协作领域、丰富协作内容、提升协作水平，取得了丰硕成果。2022年，宁夏回族自治区抓帮扶促巩固脱贫成果，抓示范促乡村振兴，抓合作促区域发展，不断提高政治站位，持续深化全面合作，积极克服新冠疫情影响，推动闽宁协作走实走深。

一 加强组织领导，续写闽宁协作"新篇章"

一是坚持高位推动，强化互访交流。自治区党委和政府坚持把深化新发展阶段闽宁协作作为一项重大政治任务。先后召开自治区党委常委会、政府常务会、党委农村工作领导小组会，专题研究部署闽宁协作工作。10名省级领导，以及市县和有关部门负责同志65批次515人次赴闽调研对接、合作洽谈，形成党政引领、各方参与、互动联动、协同推进的新格局。

二是坚持系统谋划，压实工作责任。坚持"一盘棋"布局，"体系化"推进，围绕《"十四五"闽宁协作规划》，落实《2022年东西部协作协议》《闽宁协作第二十六次联席会议纪要》，紧盯部门合作协议和结对县（区）帮扶协议，细化责任分工，统筹推进落实，形成了"1+2+X"工作推进机制，不断推动闽宁协作走深走细走实。

三是坚持政策引领，做好精准服务。出台《宁夏回族自治区招商引资政策若干规定》《关于进一步促进农民增收13条政策措施》《开展"打好就业收入扩增战"的若干措施》等一系列政策文件，编印《宁夏招商引资政策清单》，落实招商引资、稳岗就业、促销补贴等政策措施，精准搞好服务保障，营造了用心贴心暖心的促投资、促就业、促消费、保增长的政策服务环境。

二 聚焦巩固脱贫成果，打造稳定增收"新引擎"

一是加强资金管理，倾斜支持重点地区发展。2022 年，宁夏接受福建财政援助资金 6.25 亿元，实施闽宁协作项目 299 个。宁夏坚决落实"四个不摘"要求，加大对乡村振兴重点帮扶县和易地搬迁移民集中安置区倾斜支持力度，有效助推脱贫地区发展和脱贫人口增收。

二是坚持项目引领，推动产业升级促增收。围绕夯实脱贫县、脱贫村、脱贫户产业基础，2022 年闽宁协作资金安排 3.6 亿元用于产业发展，共建闽宁产业园 12 个，建设闽宁协作帮扶车间 224 个，引导落地投产、增资扩产企业 180 个，实际到位资金 72.27 亿元，壮大了一批有地域特色的主导产业，建成了一批绿色标准化生产基地，培育了一批带动能力强的农业企业，打造了一批有影响力的特色品牌。通过带动产业发展、吸纳务工就业、实行资产入股分红、进行土地流转收租等方式，有效带动村集体经济增长，20.3 万农村人口享受到产业增值收益。

三是拓宽就业渠道，促进劳务就业稳增收。健全完善闽宁劳务协作工作对接、职业培训、就业招聘、信息共享等工作机制，搭建线下招聘会、直播带岗、网络招聘"三位一体"用工服务平台，在福建建立劳务工作站 14 个，在宁夏建立劳务基地 7 个。[①] 积极应对新冠疫情影响，联合开设返岗就业绿色通道，采取包机包车"点对点、

---

① 《海原县借助闽宁协作平台打好发展壮大劳务产业"五张牌"》，海原县人民政府网，2019 年 12 月 13 日，http：//www.hy.gov.cn/xwzx/hyyw/201912/t2019 1213_1884708.html。

一站式"直达运输的方式，向福建输送农村劳动力2154人次。联合福建省加强稳岗就业扶持，组织开展劳务对接51次，举办劳务协作座谈会36场，签订劳务合作协议20份，举办闽宁专场招聘会98场次，支持校企合作办校、定向培训、精准就业，推广福建飞毛腿技师学院"1+1+1"模式，通过有组织的劳务输出、产业项目拉动、帮扶车间吸纳、创业支持带动、公益岗位安置等渠道，帮助农村劳动力就业3.77万人。

四是强化产销对接，抓实消费帮扶助增收。拓宽消费协作"线上+线下"直购平台，大力推进"宁货出塞·闽货西行"特色产品展暨产销对接会活动、2022西部电商产品发展论坛暨闽宁商品对接会、宁夏品质中国行（福州站）、第21届读书节暨宁夏"六特"产品展销会等活动，销售宁夏农特产品47.08亿元。鼓励企业通过吸纳就业、订单式收购、收益分红等利益联结机制，建立供货农户台账，带动脱贫地区群众持续稳定增收。

三　着眼协同促发展，构建区域协作"新格局"

一是搭建协同发展平台。以"一带一路"建设为契机，发挥各自区位优势，充分利用国际投资贸易洽谈会、中国（宁夏）国际葡萄酒文化旅游博览会等平台，促进双向协作、互利共赢，更好地服务和融入以国内大循环为主体、国内国际双循环相互促进的新发展格局。2022年，闽宁双方互邀组团参加第二届中国（宁夏）国际葡萄酒文化旅游博览会、第22届国际投资贸易洽谈会，开展闽宁协作1300亩示范葡萄园认购、宁夏优品厦门行等活动，共同举办中国—波兰商务理事会企业线上对接会，助推双方企业深度融入国际市场。

二是共促产业融合发展。深化拓展"福建企业+宁夏资源""福建总部+宁夏基地""福建市场+宁夏产品""宁夏市场+福建产品"

"宁夏企业+福建资源"等模式，共同实施项目引进、产业转移、科技创新、产销衔接，推动两省区产业融合发展。召开福建·宁夏经贸合作暨企业家恳谈会，签订投资贸易项目 103 个，签约金额 262 亿元，截至 2022 年 12 月，已实施项目 77 个，实际到位资金 28 亿元。[①] 2022 年，举办闽宁经贸项目对接、洽谈活动 200 余次，开展"百家闽商塞上行"等活动，引入福建宁德时代新能源科技、厦门中创环保科技、福建龙钢新型材料等企业来宁投资新材料、新能源、循环经济等产业项目 89 个，实际到位资金 41.3 亿元。

三是推动多领域深度协作。立足双方发展优势和资源禀赋，找准契合点、共赢点，通过优化政策、创新机制，促进发展要素相互流动、发展优势相互补充，更深程度融入新发展格局。融合"数字福建"和"数字宁夏"建设，携手实施"东数西算"工程，联合推进"闽宁云"建设，已有 22 家企业上线入驻。开展季节差异化和互补性旅游目的地营销活动，成功举办"鹭岛心·闽宁情——百团万人游宁夏"文旅交流活动，2022 年福建赴宁夏旅游人员超过 2 万人次。深入开展粮食、公共资源交易、自然资源、外事等领域协作，共同推进宁夏（中卫）"一带一路"粮食储加销基地项目合作，启动两省（区）三市工程建设项目远程异地评标，向福建省调剂城乡建设用地增减挂钩指标 4000 亩，获得调剂资金 12 亿元。

四 引才融智增活力，厚植人才共育"新模式"

一是互派干部挂职，架起党政互融"责任桥"。坚持供需对接、精准选派、按需选派的原则，压茬推进干部挂职锻炼工作，全力搞好

---

① 《"闽宁模式"续写东西部协作新篇章》，宁夏回族自治区商务厅官网，2022 年 12 月 7 日，https://dofcom.nx.gov.cn/swdt_42675/jjhz/202212/t20221207_3878232.html。

福建援宁挂职干部和专业技术人才服务保障，2022年福建选派23名干部来自治区挂职，自治区选派19名干部赴福建挂职锻炼，挂职期均为2年。通过"挂实职、给实权、负实责"，有效促进两地党政交流和干部观念互通、思路互动、经验互学、作风互鉴。

二是促进人才交流，架起技术互学"连心桥"。聚焦人才需求，发挥福建人才资源优势，积极开展教育、医疗、农业、科技等领域人才交流活动，建立科技特派员互认机制，福建省选认44名科技特派员组成7个团队，围绕肉牛养殖、食用菌栽培等领域来自治区开展科技服务。2022年，福建省共选派援宁专业技术人才802名，自治区选派415名专业技术人员赴福建交流学习。

三是推进双向培训，架起素质互促"互动桥"。2022年，宁夏通过"走出去、请进来"的方式，组织培训乡村振兴干部50期7950人次、培训专业技术人才87期4615人次，达到转变观念、拓宽思路、提升工作能力的目的，切实为巩固拓展脱贫攻坚成果和乡村振兴提供人才支撑和智力保障。

五　汇聚合力促帮扶，注入乡村振兴"新动能"

一是深化结对帮扶促振兴。推动结对帮扶纵向延伸到乡镇和行政村。2022年，福建省10个县（市、区）结对帮扶宁夏9个县（区）和闽宁镇，实现乡镇结对、村村结对、村企结对、社会组织与村结对。横向不断向部门（单位）拓展，自治区党委组织部、宣传部、发改、工信、科技、教育、卫生健康、文化旅游等近30个部门单位与福建省对口部门建立了多渠道、多层次、多形式的交流合作。福建省结对市县动员社会力量投入帮扶资金1.17亿元、捐物折款1亿元，为全面推进乡村振兴提供强大助力。

二是拓展"组团式"帮扶促振兴。2022年，为全面实施教育、医疗"组团式"帮扶，福建省安排 5 所高中、5 所职业学校选派 36 名教育人才组团帮扶自治区国家乡村振兴重点帮扶县的 5 所普通高中和 5 所职业学校；安排 6 家医院选派 27 名医疗人才组团帮扶自治区国家乡村振兴重点帮扶县 5 家医院 25 个科室；从区内三甲医院选派 47 名专家，组成 7 个医疗团队帮扶薄弱县（区）医院，有效提升脱贫地区教育和卫生服务水平。

三是动员社会力量促振兴。充分发挥两省区民主党派、群团组织、商会、企业联盟等作用，共同为乡村振兴献策献力。2022 年福建省妇联资助 85 万元，联合宁夏妇联开展巾帼家政培训、巾帼健康行动、巾帼电商创业、资助困境女童等帮扶活动。福建省工商联、厦门市工商联捐赠光彩事业公益基金 200 万元。两省区团委联合开展闽宁青少年思想引领、闽宁青年助力乡村振兴、闽宁大学生结伴成长、闽宁青年人才互学互助等 4 项行动，募集学生资助项目 210 万余元。

六 创新性做法与典型经验

认真学习借鉴福建省乡村振兴、产业培育、园区运营等方面的先进经验与做法，加快推进闽宁镇示范创建、闽宁产业园提档升级、闽宁乡村振兴示范村建设，联合创建闽宁消费协作电商基地，探索创新"组团式"帮扶工作模式，形成了闽宁协作的"新亮点"，为新阶段东西部协作提供了实践案例和有益参考。

一是树立标杆引领，奋楫先行，闽宁镇示范创建再上新台阶。步入新阶段，闽宁两省区坚持以创建"东西部协作的典范、乡村振兴的样板、共同富裕的示范"为目标，聚焦"业兴、人旺、宜居"，汇集两省区、结对市和县（区）政策、人才、资金、企业等优质资源，着力推动闽宁镇示范建设再获新突破。2022 年，闽宁镇 6 村 1 社区村集体收入达到 1900 多万元，村均收入 270 万元，达到全区平均水平的3倍。

二是坚持因地制宜，突出特色，以示范村建设引领乡村振兴。围绕"农业高质高效、农村宜居宜业、农民富裕富足"的目标，大力推进主导产业转型提升、村庄环境综合整治、公共服务设施完善、特色文化培育发展等项目建设，高标准高质量创建闽宁乡村振兴示范村，探索具有宁夏特色的乡村振兴之路。2022年，各县（区）以改善民生为目标，因地制宜建设闽宁乡村振兴示范村37个，涌现出原州区安和村、西吉县龙王坝村、红寺堡区弘德村、同心县南安村等一批各具特色的示范村。西吉县龙王坝村被授予"中国最美休闲乡村""全国生态文化村""国家林下经济示范基地""中国乡村旅游创客示范基地""全国新型职业农民培育示范基地""全国乡村旅游重点村"等称号。

三是植入东部先进模式，协作共建，闽宁产业园建设步入快车道。借鉴福建省产业园区经营管理方面的成功经验和模式，不断优化园区营商环境，推动闽宁产业园提档升级。在闽宁协作第26次联席会议期间，两省区党政主要领导共同出席闽宁产业园二期奠基仪式。此项目由厦门市思明区、湖里区和银川市永宁县共同投资建设，占地1439亩。三方合资成立园区发展平台公司，坚持问题导向，创新"三破三变"工作法，共同招商、运营、服务。园区自启动建设以来，举办招商专项活动6场次，组织闽宁两地企业家集中考察22批次，精准对接目标企业31家，签约项目9个，落地项目13个，其中成功招引世界500强企业项目和上市企业项目3个，闽宁产业园二期建设步入快车道。

四是突出电商经济引领，整合资源，闽宁协作电商基地助推消费协作。为进一步推动脱贫地区特色产业更好、更快发展，畅通和拓展农特产品销售渠道，积极开展电商人才培养，支持电商企业发展，以线上线下互补方式促进产品销售。石狮市和盐池县依托福建市场和石

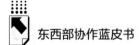

狮电商优势，突出电商经济引领，围绕电商资源整合、人才培训、渠道拓展、政策完善等方面持续发力，联合创建闽宁协作电商基地，全力推进"宁货出塞·闽货西行"特色产品展，截至 2022 年 11 月，带动电商交易额突破 1.5 亿元，增长 30% 以上，带动种养殖、电商企业、物流快递等上下游 6000 余人就业，从业人员人均增收 2 万元以上。①

五是创新"12335"工作模式，两轮驱动，医疗组团帮扶成效显著提升。精心谋划，创新推进，探索形成了"12335"工作模式，即围绕"精准、可实现、可持续、有成效"这一目标要求，坚持"远程输血和就地造血"两轮驱动，突出"目标导向、问题导向、效果导向"三项原则，狠抓"点对点输送、手把手传授、心贴心服务"三项举措，力争实现受帮扶医院"诊疗能力、人才素质、管理水平、综合实力、群众满意度"五个大提升，开创了"闽宁协作与区内帮扶一体推进、技术引进与素质提升统筹发力"的医疗人才"组团式"帮扶工作新格局。

---

① 《宁夏盐池：闽宁协作推动"宁货出塞 闽货西行"》，宁夏回族自治区乡村振兴局官网，2022 年 11 月 4 日，http：//xczxj. nx. gov. cn/ztzl/cccc_ d2/202211/t20221104_ 3831959. html。

B.19
2022年四川省推动东西部协作的
成效与案例研究

覃　佳*

摘　要： 四川省与浙江省密切协作，聚焦"守底线、抓发展、促振兴"，坚持抓帮扶、抓合作、抓示范，着力提质量、创品牌、见实效，东西部协作迈出新步伐。2022年，浙江省到位帮扶资金33.99亿元，实施帮扶项目867个，引导浙江企业在川投资兴业，共新增浙江来川投资企业590家、实际投资489.7亿元，吸纳农村劳动力就业3.77万人，各项任务全面完成。借鉴浙江乡村振兴"十大模式"和"十百千"工程，持续打造100个有特色、有亮点的乡村振兴示范点，培养1000名乡村振兴管理人才。启动实施"浙川协作·美丽乡村—市（州）—示范计划"，选择一批有条件有特色的乡村，打造幸福美丽新村建设典范、巩固拓展脱贫攻坚成果同乡村振兴有效衔接样板。

关键词： 东西部协作　浙川协作　乡村振兴

四川省与浙江省密切协作围绕浙川2022年《东西部协作协议》确定的目标任务，聚焦"守底线、抓发展、促振兴"，坚持抓帮扶、

---

* 覃佳，四川省乡村振兴局国际合作与社会扶贫处处长。

抓合作、抓示范，着力提质量、创品牌、见实效，东西部协作迈出新步伐。2022年，浙江省到位帮扶资金33.99亿元，实施帮扶项目867个，各项任务全面完成。

一 强化责任担当，推动浙川协作走深走实

一是坚持高位推动。做到早谋划、早部署。省委书记深入市县调研东西部协作推进情况，看望慰问浙江援川干部。省长多次赴市县考察指导浙江在川企业发展情况。多次召开省委常委会会议、省政府常务会议、省委农村工作领导小组会议、省东西部协作和对口支援工作领导小组专题会议，研究贯彻措施，落实协作任务。

二是坚持高层互动。2022年5月，浙江省常务副省长率团来川考察，在文旅融合、清洁能源、科技创新等方面与四川省深化合作达成广泛共识。2022年11月，四川省副省长率队赴浙江省考察对接东西部协作工作，实地考察了浙江省在"能源协调发展"、推进山区"均衡发展"、"三位一体"农合联改革、数字乡村建设助力乡村振兴等方面的先进经验，共同谋划2023年浙川东西部协作重点任务。2022年，浙川市县两级主动发力，12个市（州）68个县（市、区）全部完成结对市县对接互访。2022年，四川省各级党委、政府累计赴浙江省调研对接3206人次。

三是坚持高效联动。调整充实省东西部协作和对口支援工作领导小组，制定领导小组工作规则、办公室工作细则，进一步明确各成员单位工作职责，建立起上下联动、内外互动的工作格局。浙江省驻川工作组充分发挥两省纽带和前方指挥所作用，全力推动工作落实。省直相关部门和协作市县主动担当，扎实有效推动了东西部协作不断走深走实。2022年，浙川两省在现有浙江省11市62县（市、区）结对帮扶四川省12市（州）68县（市、区）

基础上，继续推动多层次、多领域结对帮扶，实现精准结对、组团帮扶。

二 强化产业协作，推动双向赋能双向发展

一是协同发展特色产业。实施特色产业强链补链工程，助推四川省现代化种业基地、标准化种养基地、农产品精深加工基地和冷链物流园建设，不断巩固提升"湖羊入川""白叶一号"等合作品牌，大力发展柑橘、柠檬、猕猴桃、金银花等特色产业。2022年共投入帮扶资金11.8亿元用于产业协作，实施产业项目266个。2022年，四川全面落实东西部协作优惠政策，持续推进同频共振的联合招商机制，召开川浙智能网联新能源汽车产业合作精准对接会、川浙电子信息产业合作精准对接会，引导浙江企业在川投资兴业，共新增浙江来川投资企业590家、实际投资489.7亿元，吸纳农村劳动力就业3.77万人，其中脱贫劳动力0.9万人。

二是合作共建产业园区。强化产业规划布局和特色引领，共同打造93个特色鲜明、优势突出、示范性强的产业园区、"飞地园区"，形成东西部产业错位发展、优势互补、互利共赢的良好格局。2022年，新增引导165家企业入驻园区，实际到位投资70亿元，吸纳农村劳动力就业1.7万人，其中脱贫劳动力0.4万人。2022年，浙江正凯集团计划投资230亿元的新材料产业园项目已开工建设，项目达产后年税收可达40亿元。

三是搭建文旅交流平台。持续深化文化旅游交往交流，建立健全两省文化和旅游合作"清单式"工作推动机制，2022年全年共实施6大类34个文旅合作项目。全面深化文旅产业合作，举办浙川文旅协作周，组织开展"文旅专家进四川""知名主播走甘孜"系列活动，举办浙江（四川）旅游交易会，参展单位达600余家，接待游

客超 3 万人，总成交额超 0.2 亿元。推动艺术精品共创，围绕两地文化内涵、红色基因、时代主题，共同创作红色现代京剧《大渡河》，原创音乐剧《牦牛革命》、藏戏《朗萨雯波》、羌族群舞《鼓舞新时代》等极具四川民族特色的优秀剧目走进浙江，楠溪江雅克音乐季在浙江各地巡演 50 多场。

四是合力推动试点示范。借鉴浙江乡村振兴"十大模式"和"十百千"工程，持续打造 100 个有特色、有亮点的乡村振兴示范点，培养 1000 名乡村振兴管理人才。① 启动实施"浙川协作·美丽乡村一市（州）一示范计划"，选择一批有条件有特色的乡村，打造幸福美丽新村建设典范、巩固拓展脱贫攻坚成果同乡村振兴有效衔接样板。开展国家重点帮扶县经济社会监测与发展对策研究，为科学发展提供理论和数据支撑。

三 强化劳务协作，推动稳岗就业目标圆满完成

一是抓实技能培训。大力推广"订单式""定向式"就业培训模式，帮助农村群众提升就业技能、激发内生动力，让就业真正"活"起来。2022 年共举办劳务协作培训班 1118 期，培训农村劳动力 6.1 万人次，其中脱贫劳动力 2.8 万人次。

二是抓细岗位对接。大力开展"春风行动""金秋招聘月"等活动，组织线上线下招聘会 2336 场。用好用活转移就业支持政策，积极发挥驻外农民工服务站作用，新增帮助农村劳动力在浙就业 5.2 万人，其中脱贫人口 0.7 万人。实施帮扶项目，新增引导落地投产企业 590 家，吸纳农村劳动力就业 1.2 万人。

---

① 《四川省东西部协作和对口支援工作调度会提出新要求》，四川省乡村振兴局官网，2021 年 8 月 17 日，http：//xczxj. sc. gov. cn/scfpkfj/inportantnews/2021/8/17/02b522dd650844be9d5c3effa6532680. shtml。

三是抓好岗位开发。在受扶地积极开发护林护草、乡村保洁、道路养护等公益性岗位，引导龙头企业建好管好帮扶车间，建设东西部协作帮扶车间 538 个，吸纳农村群众就近就业 1.9 万人。

四 强化消费帮扶，推动四川优质农产品进入大市场

一是搭建销售平台。充分发挥浙江电商大省优势，强化电商培训和品牌推广，大力发展对口地区农产品销售"网红经济"，指导各类电商平台与浙江省优秀电商深度合作。支持浙江"政采云"平台乡村振兴馆、"浙里汇"消费帮扶购销平台等载体建设，鼓励各地设立结对地区特色农产品展销中心。

二是扩大品牌影响。加强农产品质量安全全程监管，构建全链条农产品质量安全追溯体系和信用体系，丰富特色农产品品种，增加优质产品供给。注重历史、文化、地理等资源挖掘，培育打造地区特色知名品牌，"净土阿坝""圣洁甘孜""大凉山"等区域品牌美誉度大为提升。瞄准浙江"菜篮子""果盘子"，升级打造"天府乡村"公益品牌，简化优化特色产品申报流程，严格质量认证和使用监管，不断提升产品聚合力、影响力和带动力。2022 年，"天府乡村"公益品牌带动结对地区农产品销售 54.91 亿元。

三是加强产销对接。采取订单直采、产销一体、投资合作等方式，引导浙江省商超、农产品流通企业与四川省脱贫地区建立长期稳定的直供关系，超 7000 多种四川特色农产品上架浙江"政采云"平台消费帮扶专馆，通过产地直采、网上认购、直播带货等多种形式开展消费帮扶活动。在杭州市举办"天府乡村"公益品牌产品推荐销售周暨 2022 年长三角地区农产品产销对接洽谈会，浙江企业采购四川农产品签约金额超 6 亿元。加大消费帮扶产品预算单位采购力度，引导浙江省结对地区优先采购四川特色农产品。2022 年，浙

江省共采购、帮助销售四川特色农产品和手工艺品金额达138.03亿元。①

五 强化人才交流，推动双向培养落地落实

一是完善合作协议。签署两省《深化干部人才工作合作协议》，省市县三级组织部门主动与浙江对接，适时召开干部人才选派管理工作联席会议，协同构建干部人才优势互补、交流互动、相融互促的新格局。出台《2022年浙川东西部协作和对口支援干部人才工作重点任务》，明确了对接协调、挂职锻炼、智力帮扶、服务保障等4个方面10条措施和年度重点任务，确保干部人才选得优、融得进、干得好、管得住。依托两省特色教育资源开展互动培训，浙江红船干部学院、生态文明干部学院等为四川干部培训提供支持，四川长征干部学院、成都村政学院成为浙江干部培训的定点机构。

二是深化互派互学。四川选派211名党政干部和637名专业技术人才到浙江挂职锻炼，动态选派一批骨干人才到浙江顶岗锻炼或研修培养。通过设立专家工作站、开设专题培训班等多种形式，举办干部人才专题培训班524期，培训党政干部和教师、医生、旅游等专业人才13.6万人次，有力提升四川省结对地区干部人才队伍水平。积极为浙江在川的155名干部和1264名专业技术人才搭建干事创业平台，助力乡村建设。大力开展教育、卫生人才"组团式"帮扶重点帮扶县，反复甄选浙江省110名教育专家、66名医疗专家赴重点帮扶县挂职帮扶。

三是注重关心关爱。对派往艰苦边远地区的帮扶干部，参照当地

---

① 《浙江两年帮助四川销售农畜牧和特色手工艺产品284亿元》，中国新闻网，2023年1月10日，http://www.chinanews.com.cn/cj/2023/01-10/9932077.shtml。

同类同级人员标准给予津贴补贴，并将其纳入帮扶干部风险保障金补助范围。制定《浙江援川干部人才健康管理应急机制》，分级建立挂职干部人才日常健康管理绿色通道、重大医疗救治应急通道，量身定制健康服务，全力提供办公、食宿、交通、取暖、供氧等必要条件，保证援川干部人才安心、放心、舒心工作。

六　强化数字应用，推动协作空间不断拓展

一是建设数字化平台。建设东西部协作数字化管理平台，省市县三级联动，建立实时感知、数据分析、立体展示、成效评估等数字化闭环管理机制，推动东西部协作工作创新落实。

二是探索跨省通办。依托全国一体化在线政务服务平台、浙川政务服务网，逐步打通东西部协作信息共享渠道，围绕产业协作、招商引资、信息发布、劳务协作等重点环节，打破信息壁垒，简化办理手续，探索"一网通办"模式，有效提升协作交流水平。

三是打造智慧乡村。紧扣当地经济、社会、公共管理等需要，复制推广一批浙江省具有创新性成果的数字化应用模式，打造智慧乡村、智慧社区。

七　创新做法与典型经验

一是强化产业驱动，激活发展动能。发挥产业协作在东西部协作中的基础性和引领性作用。四川省青川县、浙江省杭州市西湖区将"白叶一号"纳入东西部协作示范创建重点工程，在浙川两地的共同呵护下，一株株白茶苗如今长成了一片片"金叶子"。2022年共采摘鲜叶7180斤、制作干茶1795斤，实现收入超530

万元，带动 512 户脱贫群众、151 户一般户户均增收 4300 元以上。[①] 2022 年四川省屏山县、浙江省海盐县抢抓新能源产业风口，共建浙川新能源产业协作示范园，引进贝特瑞、万鹏时代等龙头企业，已完成项目签约总投资 220 亿元，预计年产值 400 亿元以上。两地共建的浙川纺织产业示范园先后获评"国家火炬生物基纺织特色产业基地""全国纺织产业转移示范园区""四川省特色产业基地"。

二是拓宽就业渠道，激发就业活力。充分发挥浙川两地优势，创新就业模式，帮助农村群众提升就业技能、增加就业渠道、激发内生动力。在四川省推广实施"蓝鹰工程"，努力提升两省职业教育现代化水平和服务能力，促进培养链与就业链有效衔接，实现"学校高质量办学、学生高质量培养、企业高质量招才"。四川省南充市、浙江省温州市推行"半员工"模式，优先解决留守群体、半劳力、弱劳力等"半员工"就业增收问题，164 家企业建立的 222 个各类帮扶车间，共吸纳农村劳动力就业 1.7 万人，其中"半员工"劳动力占务工总数的 60%。2022 年四川省宣汉县、浙江省舟山市定海区找准就业切入点，推出东西部协作旅游"2+1"专班、"绿色石化班"、"宣汉海员班"，定向培养浙江省紧缺技术人才，累计培训旅游人才、石化工人 386 人，实现就业 335 人，预计就业后年薪超 10 万元。累计招收"海员生"206 人，实现就业 105 人，月薪超 1 万元。四川省广元市推广"帮帮摊"创业就业项目，按照"政府搭平台、市场化运营、社会化发动"原则，将原有帮扶车间拓展升级，帮助当地低收入群众发展地摊经济、小店经济，拉动就业超 500 人，实现人均每月增收 2000 元。创新铺筑职校生"成才路"，在甘孜州推进"2+1+2"中高职贯通培养试点，让更多农牧民子女接受优质职业教育，实

---

① 《独特视觉叙写浙川两地山海情深 长篇小说〈予君一片叶〉新书在四川青川发布》，封面新闻，2022 年 5 月 18 日，https://www.thecover.cn/news/Mc1sDOts3JM=。

现高质量人才培养与就业。

三是推动双向交流，实现互利共赢。深化结对关系、密切互动交流、推行资源互换共享，不断实现资源整合优化、缩短物流周期、降低物流成本，实现商品双向互通。四川省凉山州、浙江省宁波市设立产销"两地仓"，通过统一管理、科学调配、物流集中直发以及开通直达航线等方式，实现"两地仓"精准对接，有效缩短凉山州到宁波市物流周期2—3天，减少物流综合成本35%以上。① 四川省巴中市巴州区、浙江省义乌市按照"线上+线下、市场+物流、城市+乡村、集聚+辐射"的发展思路，初步形成了实体市场、现代物流、电子商务、人才培养"四位一体"的川东北商贸物流中心格局。四川省达州市、浙江省舟山市全力推动陆海联运大通道东西两端始发地建设，在四川达州共建新田港，提升秦巴地区货源集聚和出运能力，在浙江舟山港设置出口中转仓储，推动达州大宗散货在舟山集结，实现"东向西、西向东"的一站式双向循环。

四是发挥比较优势，促进文旅融合。利用各地优势文化和旅游资源，不断挖掘文旅融合发展的新空间、新载体、新形式。四川省昭化区、浙江省杭州市拱墅区签订文化旅游战略合作框架协议，实施"山海情"文旅牵手工程五大计划，新开发的"女皇窑"系列、"昭化有礼"玳瑁釉茶具等20余个系列工艺品，获得第二届"天府文创"大赛暨红色文创大赛优秀奖、2022年度四川特色旅游商品大赛铜奖。四川省仪陇县、浙江省温州市龙湾区在琳琅村打造集民宿、红色文化展示中心、客家文化博览园于一体的精品旅游集群，2022年已接待游客近8000人次，带动消费超400万元。

五是强化数字赋能，提升治理水平。2021年11月，四川省绵阳

---

① 《宁波东西部协作助力四川凉山守牢防返贫底线》，人民网，2022年6月4日，http://zj.people.com.cn/n2/2022/0604/c186327-35300616.html。

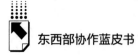
市、浙江省衢州市签订政务服务"衢绵通办"合作协议，58 个事项实现"跨省通办"。① 四川省广元市、浙江省杭州市联合打造国内首个东西部劳务协作数字化服务平台"杭广共富云"，为求职者和企业提供全周期服务，该平台已匹配就业岗位 9300 个，有效助力广元劳动力就业创业。四川省昭觉县、浙江省余姚市在三河村搭建起以家庭为单位的"户联码"社区治理平台，实现政策宣传、便民服务、惠民政策、"三务公开"、就业服务、矛盾调处、农产品销售等多种便民功能"码上办"，2022 年已覆盖易地搬迁大型安置点 5 个、涉及群众 4661 户，基层治理水平得到极大提升。

---

① 《"衢绵通办"正式上线》，绵阳市人民政府网，2021 年 11 月 11 日，http：//www.my.gov.cn/ywdt/snyw/27313061.html。

B.20
2022年贵州省推动东西部协作的
成效与案例研究

摘　要： 2022年，贵州按照"三个转向"和"三抓三促"等要求，主动对接广东，完善协作机制，拓展协作领域，优化协作方式，年度协议目标任务全面超额完成，推动粤黔协作向更宽领域、更深层次、更高质量迈进。联动开展"粤菜师傅""广东技工""南粤家政""乡村工匠"等订单式培训，共举办培训班1439期，培训农村劳动力5.95万人次。以"4+"合作为着力点，以"双百"行动为抓手，建立协作地区招商项目和东部意向企业"双清单"，精准开展招商。协作新增投资企业612个，到位投资267.41亿元，吸纳农村劳动力就业4.94万人。结合贵州"四在农家·美丽乡村"升级版打造、特色小寨建设等，运用帮扶资金、资源及乡村建设经营经验，共同启动打造乡村振兴示范点365个。

关键词： 东西部协作　粤黔协作　"双百"行动

　　2022年，贵州按照"三个转向"和"三抓三促"等要求，主动对接广东，完善协作机制，拓展协作领域，优化协作方式，年度协议

* 彭刚，贵州省乡村振兴局东西部协作处处长。

目标任务全面超额完成，推动粤黔协作向更宽领域、更深层次、更高质量迈进。

一 推动粤黔协作向更宽领域更深层次更高质量迈进

（一）强化组织领导，高位推动工作落实

一是高位推动强部署。坚持党政主要领导任"双组长"。2022 年省级先后召开 2 次省委常委会、5 次省政府常务会、2 次领导小组会议和全省特色田园乡村·乡村振兴集成示范试点建设暨东西部协作现场推进会、粤黔东西部协作工作推进会、粤企入黔"双百"行动现场推进会暨粤黔东西部协作干部培训班等推进东西部协作工作。二是高点定位抓谋划。紧扣国发〔2022〕2 号文件赋予"四区一高地"战略定位和"打造东西部协作的典范"要求，高标准谋划推进工作。2022 年3 月贵州省印发《贵州省 2022 年东西部协作工作要点》，明确 2022 年东西协作重点工作任务。2022 年 8 月两省人民政府共同印发《关于建立粤黔两省更加紧密的结对帮扶关系的实施意见》，明确 5 个方面 21 条举措。印发《贯彻落实全国东西部协作和中央单位定点帮扶工作推进电视电话会议精神工作方案》等工作方案，落实月调度、季通报机制，项目化、清单化、责任化推动工作落实。三是高频互访促协作。2022 年 8 月 24 日至 27 日，贵州省党政主要领导率代表团赴广东省学习考察，共商深化合作事宜。在广州召开粤黔东西部协作联席会议，双方签署《建立更加紧密的结对帮扶关系的框架协议》，举办粤黔"东西协作·产业合作"等招商活动，现场集中签署帮扶合作类协议 18 个，签约招商项目 22 个，签约金额 410.9 亿元。① 各级各部门主动加强与广东协作城市的交流互访，

---

① 《深化"山海情"再创"山海经"》，《贵州日报》2022 年 8 月 30 日，http：//szb. eyesnews. cn/pc/cont/202208/30/content_ 70898. html。

提出需求清单，共商一批协作事项。2022 年，贵州到广东交流对接工作 4326 人次，广东到贵州开展交流对接共计 6814 人次。[①]

（二）紧盯助农增收核心，助力建设巩固拓展脱贫攻坚成果样板区

一是抓实劳务协作。两省人社厅签订《粤黔技能提升和劳务就业协议》，健全劳务协作机制，共建"一县一企"稳岗就业基地等，确保提供岗位和就业人员只增不减。投入专项资金支持劳务协作站（点）建设，在粤建立劳务协作站 118 个，为务工人员做好岗位推送、劳动维权等服务。截至 2022 年 12 月，劳务协作站通过点对点输送、岗位推送、资金奖补、培训转岗、开发公岗等多方式帮助贵州农村劳动力转移就业 24.35 万人，累计帮助贵州 36.35 万名农村劳动力实现就业，其中脱贫劳动力 22.62 万人。[②] 联动开展"粤菜师傅""广东技工""南粤家政""乡村工匠"等订单式培训，共举办培训班 1439 期，培训农村劳动力 5.95 万人次。利用帮扶资源新建或盘活帮扶车间 749 个，吸纳劳动力就业 5.57 万人。贵州省 21 所技工院校与广东院校建立校校合作关系。黔西南州与惠州培育职业经纪人成为"蜂王"带动外出务工，打造"蜂王行动"劳务品牌。2022 年建成村级"蜂王"就业综合服务站 120 个，培育"蜂王"118 人（计划 3 年内培育"蜂王"1000 人）分布在广东、浙江等地，直接或间接带动 8.3 万余人务工，人均工资收入可超 5000 元/月。[③] 二是抓实支持

---

① 《粤黔东西部协作谱新篇》，搜狐网，2022 年 12 月 26 日，https://roll. sohu. com/a/621158523_ 161794。

② 《劳务协作稳就业 端牢饭碗奔富路》，道客巴巴，2022 年 12 月 15 日，https:// www. doc88. com/p-19216404224086. html。

③ 《一条养"蜂"产业链的增收"密码" | 东西部劳务协作"蜂王行动"新模式助 8 万余望谟劳动力稳岗增收》，腾讯网，2022 年 11 月 5 日，https://new. qq. com/rain/a/20221105A01S0E00. html。

重点帮扶县。向 20 个国家乡村振兴重点帮扶县选派挂职干部 80 人、专技人才 819 人。引导东部帮扶企业、社会组织等优先与重点帮扶县镇村结对，实现重点县原深度贫困村结对帮扶全覆盖。新增引导落地投产企业 197 家，到位投资额 71.81 亿元。三是抓实消费协作。通过共建"菜篮子"基地、开展"圳品"认证、建设展销馆、共推黔货"七进"、建立稳定供销关系等形式，助推黔货入粤、黔货入湾、黔货出海。新增认定粤港澳大湾区"菜篮子"基地 46 个（累计达 195个）、12 个产品获"圳品"认证。① 2022 年，广东帮助采购或销售贵州农特产品 195.97 亿元。② 毕节市依托"品种、品质、品位、品牌"等优势，利用广州市帮扶资源新建成粤港澳大湾区"菜篮子"基地 19 个、累计 72 个。六盘水市用好中山市资源，以推动企业"走出去"、邀约企业"请进来"、推荐企业上平台、组织企业进展会"四举措"推动六盘水农特产品走俏中山市及大湾区，销售额6.09 亿元。惠州市与驻地在惠州市的 74 集团军联合开展对贵州的消费帮扶，助力黔货出山进军营。

（三）聚焦脱贫县加快发展，提升区域协作水平

一是深化"放管服"改革。落实《打造"贵人服务"品牌建设国内一流营商环境三年行动计划（2021—2023 年）》，制定《2022年贵州省驻点招商工作实施方案》及《考评细则》，编制《粤黔协作产业招商优惠政策》，持续推进行政审批"三减一降""一网通办""跨省通办"等改革，打造"贵人服务"营商环境品牌。二是深化产业协作。以"4+"合作为着力点，以"双百"行动（新引导 100 个

---

① 《粤黔东西部协作谱新篇》，搜狐网，2022 年 12 月 26 日，https：//gongyi. sohu. com/a/621158523_ 161794。

② 《粤黔东西部协作谱新篇》，搜狐网，2022 年 12 月 26 日，https：//gongyi. sohu. com/a/621158523_ 161794。

以上广东企业到贵州投资 100 亿元以上）为抓手，统筹整合贵州在广东的驻点招商队伍和广东在贵州的挂职人员"双队伍"，建立协作地区招商项目和东部意向企业"双清单"，精准开展招商。协作新增投资企业 612 个，到位投资 267.41 亿元[①]，吸纳农村劳动力就业 4.94 万人。铜仁市松桃县引进东莞乐嘉塑胶制品有限公司（高端玩具制造企业）到松桃投资生产高端玩具，从签约到投产仅用 43 天，已完成投资 1.2 亿元，建成厂房 3.6 万平方米，带动 1400 余人就业[②]，展现了粤黔产业协作速度。三是深化共建园区建设。遵循"宜工则工、宜农则农、宜旅则旅"原则和"因地制宜、利旧建新"原则，协作共建产业园区 98 个，其中农业产业园 69 个，覆盖 66 个脱贫县（市、区）。同时，开展 13 个示范园创建，带动其他产业园协作共建。2022年，354 个入园企业到位投资 123.68 亿元。[③]

（四）集聚资源要素，助力乡村振兴开新局

一是加强人才交流。加强干部互派、人才互动，2022 年广东向贵州省选派 221 名党政挂职干部、2098 名专技人才开展帮扶。举办乡村振兴等培训班 3383 期，培训干部人才 25.77 万人次。贵州选派332 名党政干部、2236 名专技人才到广东交流学习。[④] 深化"组团式"帮扶模式，广东选派 40 名校长、96 名骨干教师与省内选派的

① 《广袤大地尽"丰"景——贵州全力巩固拓展脱贫攻坚成果同乡村振兴有效衔接（上）》，新华网贵州频道，2022 年 12 月 25 日，http：//www.gz.xinhuanet.com/2022-12/25/c_ 1129230976.htm。
② 《贵州铜仁："四个一"助推东西部产业协作 迈向"快车道"》，铜仁市乡村振兴局官网，2022 年 11 月 15 日，http：//xczx.trs.gov.cn/xwzx/gzdt/bmdt/202211/t20221115_ 77112419.html。
③ 《贵州广东携手开展"双百"行动 粤企入黔推动高质量发展》，2023 年 1 月 2日，多彩贵州网，http：//fb.gog.cn/system/2023/01/02/018292496.shtml。
④ 《粤黔东西部协作谱新篇》，搜狐网，2022 年 12 月 26 日，https：//roll.sohu.com/a/621158523_ 161794。

220 名专任教师组团帮扶 20 个国家乡村振兴重点帮扶县的 20 所中职、20 所高中。① 广东 18 家医院与贵州省内 4 家三级甲等医院组团帮扶 20 个重点帮扶县人民医院，带动协作地区医教水平大幅提升。与广东合作共建国家区域医疗中心，争取中山大学附属第一医院与贵医附院贵安医院共建国家区域医疗中心项目医院（中山大学附属第一医院贵州医院）。与广东省中医院签署合作协议共建广东省中医院贵州医院国家区域医疗中心。二是加强乡村振兴协作。结合贵州"四在农家·美丽乡村"升级版打造、特色小寨建设等，运用帮扶资金、资源及乡村建设经营经验，共同启动打造乡村振兴示范点 365 个。截至 2022 年 12 月，佛山市顺德区帮助雷山县试点打造南猛、龙塘、五星 3 个乡村振兴示范点②，依托当地乡村特色旅游文化资源大力发展民宿旅游产业，创新农村集体经济分配"5311"（50%用于设立产业发展基金、30%用于分红、10%用于公益事业、10%用于鼓励合作社）机制③，有效带动村集体经济发展和村民增收，同时调动社会力量在全县 36 个村实施 51 个帮扶项目④，助力雷山县推进乡村振兴。三是强化项目实施。2022 年广东向贵州拨付财政援助资金 35.16 亿元。聚焦增加脱贫群众收入、促进脱贫县加快发展的重点任务，共实施项目 1833 个。倾斜支持易地扶贫搬迁集中安置区，投入资金 6 亿元，实施项目 255 个，用于安置区产业就业帮扶和基础设施完善。

---

① 《贵州强力推动干部人才"组团式"帮扶工作》，贵州省人民政府网，2023 年 2 月 14 日，http://www.guizhou.gov.cn/home/gzyw/202302/t20230214_ 78208035.html。
② 《雷山县强力推进乡村振兴示范点建设》，雷山县人民政府网，2022 年 12 月 20 日，http://www.leishan.gov.cn/xwzx/tt/202212/t20221220_ 77632075.html。
③ 《乡村振兴闯新路 易地扶贫搬迁"老旧房"变成了"致富房"》，雷山县人民政府网，2022 年 4 月 20 日，http://www.leishan.gov.cn/zwgk/zdlygk/xczx/202208/t20220809_ 76022047.html。
④ 《雷山县强力推进乡村振兴示范点建设》，雷山县人民政府网，2022 年 12 月 20 日，http://www.leishan.gov.cn/xwzx/tt/202212/t20221220_ 77632075.html。

在易地扶贫搬迁集中安置区援建帮扶车间 377 个，帮助劳动力就业 5.43 万人。①

二 强化实践创新，努力贡献东西部协作贵州经验

（一）开展"双百"行动推动粤企入黔

针对粤企入黔投资相对疲软、经济稳增长和就业稳岗压力加大等情况，贵州积极对接争取，与广东携手开展粤企入黔共建产业园区"双百"行动，统筹"双队伍"、建立"双清单"、开展"双服务"，搭建共商平台、承接平台、交流平台，深化"4+"合作模式，探索精准招商新机制，着力推动企业入黔投资，助力贵州稳住经济大盘、巩固拓展脱贫成果、推进乡村振兴。"双百"行动共促成 170 家广东企业（世界 500 强企业 1 家、中国 500 强企业 11 家、上市公司 12 家）到贵州 9 个市（州）有关县（区）投资项目 145 个，意向投资额 635.55 亿元，到位投资 107.86 亿元。

（二）争取东部协作资源助力乡村振兴示范点建设

以"四在农家·美丽乡村"升级版、特色小寨建设等为抓手，积极争取帮扶城市人才、资金和社会力量等支持，帮助打造乡村振兴示范点 365 个。争取东部帮扶城市农业农村、规划等方面专家和领导参与指导乡村示范试点规划编制、项目建设工作突出帮扶城市强村示

---

① 《贵州奋力在乡村振兴上开新局》，沿河土家族自治县人民政府网，2023 年 1 月 13 日，http：//www.yanhe.gov.cn/zwgk/xxgkml/jcgk/ghjh/gmjjfzjhzj/202301/t20230113_ 77919110. html。

范带动作用，推动广东省 513 个强村（社区）结对帮扶贵州 605 个村①，开展"支部联建、产业联盟、资源联享"，携手共同振兴。

（三）协作推进"一县一园"建设

粤黔两省省委主要领导在粤黔协作联席会议上明确，以"园区共建"的方式，广东省各对口帮扶城市分别与贵州省 8 个市州在当地合作共建一个工业园区，在 66 个脱贫县因地制宜共建一个产业园区（含工业园区、农业园区、旅游景区等）。2021 年，两省有关部门积极行动、双向推进，突出保障有力、支持给力、行动助力、"链"上发力，推进共建"一县一园"落地发展。截至 2022 年 12 月，协作共建产业园区 98 个、工业园区 29 个、农业产业园 69 个，覆盖 66 个脱贫县（市、区）。2021—2022 年两年来共引导入园企业 354 个，到位投资 186.82 亿元。②雷山县与佛山市顺德区共建的"茶麻菇稻"农文旅融合现代农业产业园，已发展成集种植、生产、科研、展销、旅游、康养、体验于一体的示范园，园区内现有企业 30 家，2022 年新增落地投资 1.5929 亿元，该园被纳入粤黔协作共建第一批省级现代农业产业园名录。③

（四）围绕"四种模式"深化教育组团帮扶

贵州持续用好东西部协作支持政策和对口帮扶城市优质教育资源，深化教育组团帮扶，形成"援建项目、学研结合"的双向合作，

---

① 《粤黔东西部协作谱新篇》，搜狐网，2022 年 12 月 26 日，https：//roll.sohu.com/a/621158523_ 161794。

② 《贵州广东携手开展"双百"行动 粤企入黔推动高质量发展》，2023 年 1 月 2日，多彩贵州网，http：//fb.gog.cn/system/2023/01/02/018292496.shtml。

③ 《雷山县"三项融合"推进现代农业产业园建设》，快资讯网，2022 年 12 月 9日，https：//www.360kuai.com/pc/901e5f67471c58a0f? cota＝3&kuai_ so＝1&sign＝360_ 57c3bbd1&refer_ scene＝so_ 1。

对接稳岗就业工作，签订省级层面劳务协作协议，争取持续加大对贵州的支持力度，落实稳岗就业政策措施，助力稳定在岗就业。2022年，黔籍在浙江等5省市稳定就业脱贫人口75.27万人。三是持续引导消费协作。巩固拓展与原帮扶城市"七进"销售网络，2022年销往上海等5省市的农特产品为76.04亿元。

B.21
2022年云南省推动东西部协作的
成效与案例研究

牛 涛*

摘　要： 云南省聚焦"守底线、抓发展、促振兴"，全力以赴巩固
拓展脱贫攻坚成果、全面推进乡村振兴，产业、教育、医
疗等协作持续加强，沪滇协作向更深层次、更高水平、更
广空间发展。2022年，云南15个州88个县462个乡镇
2507个村与上海16个区202个街镇435个村社区1347个
企业117个社会组织建立结对关系，184所学校、129家
医院与上海211所学校、135家医院结对，实现结对全覆
盖。2022年，云南新增引导落地投产企业251家，实际
到位投资85.51亿元，实施产业项目229个，吸纳农村劳
动力19036人；共建产业园区80个，引导入园企业205
家，入园企业实际到位投资额32.83亿元，吸纳农村劳动
力14780人；援建帮扶车间310个，吸纳农村劳动力
15677人；向上海选派258名挂职干部、1248名专技人
才，接收上海226名挂职干部、833名专技人才。

关键词： 东西部协作　沪滇协作　产业振兴

---

* 牛涛，云南省乡村振兴局帮扶协作处处长。

云南省聚焦"守底线、抓发展、促振兴",全力以赴巩固拓展脱贫攻坚成果、全面推进乡村振兴,年度协作协议、计划指标全面完成,产业、教育、医疗等协作持续加强,沪滇协作向更深层次、更高水平、更广空间发展。

一 强化使命担当,沪滇协作重点任务如期全面完成

上海着力抓好沪滇协作工作,对云南的帮扶资金优先保证、一季度拨付、一分不少,对沪滇协作重视程度不减、投入力度不减、目标要求不减、帮扶成效不减,倾注真情实意、投入真金白银、做到真帮实扶,援助资金、项目、人才较2021年大幅增长。

(一)加强组织领导

云南省级层面召开8次专题会议、1次高层联席会议、厅级以上148人次到上海调研对接,出台政策文件17个。云南15个州88个县462个乡镇2507个村与上海16个区202个街镇435个村社区1347个企业117个社会组织建立结对关系,184所学校、129家医院与上海211所学校、135家医院结对,实现结对全覆盖。①

(二)加强区域协作

2022年,云南新增引导落地投产企业251家,实际到位投资85.51亿元,实施产业项目229个,吸纳农村劳动力19036人;共建产业园区80个,引导入园企业205家,入园企业实际到位投资额32.83亿元,吸

---

① 《"五个深化"推动沪滇协作高质量发展》,云南省乡村振兴局官网,2023年1月20日,http://ynxczx.yn.gov.cn/html/2023/dongxixiezuo_0120/6876.html。

纳农村劳动力 14780 人；援建帮扶车间 310 个，吸纳农村劳动力 15677 人。①

（三）促进乡村全面振兴

2022 年，云南向上海选派 258 名挂职干部、1248 名专技人才，接收上海 226 名挂职干部、833 名专技人才。上海财政援助资金 43.52 亿元，实施项目 1545 个，资金使用率 94.71%。借助上海先行先试经验，打造乡村振兴示范点 123 个。上海用软实力对接云南省硬需求，依托上海社会组织蓬勃发展优势，动员社会力量投入帮扶资金 2.12 亿元②，覆盖扶困、助医、助学、助残、饮水安全等领域，帮助解决脱贫群众急难愁盼问题，传递"情无价、爱有型"的上海温度。

二 发挥比较优势、创新工作措施，一批创新性做法和典型经验加速涌现

（一）完善"5 项机制"，强化组织领导，切实扛起沪滇协作主体责任

云南省委、省政府高度重视，完善省级统筹、州市推进、基层落实的体制，推动各级党委、政府落实沪滇协作工作。

一是强化统筹协调机制。调整成立省东西部协作和对口支援工作领导小组，制定印发工作规则，召开省委常委会会议、省政府常务会议、专题会、调度会，研究部署沪滇产业协作、园区共建、消费协作

---

① 《"五个深化"推动沪滇协作高质量发展》，云南省乡村振兴局官网，2023 年 1 月 20 日，http://ynxczx.yn.gov.cn/html/2023/dongxixiezuo_0120/6876.html。
② 《"五个深化"推动沪滇协作高质量发展》，云南省乡村振兴局官网，2023 年 1 月 20 日，http://ynxczx.yn.gov.cn/html/2023/dongxixiezuo_0120/6876.html。

等重点工作。强化党委、政府主要领导任双组长并亲自抓的工作机制，巩固全省"一盘棋"工作格局。全省15个州88个县健全工作机制，各召开至少1次的常委会会议、常务会议和领导小组会议专题研究部署东西部协作工作。

二是强化主动对接机制。高标准落实"三个一"高层沟通机制，省委书记、省长率领党政代表团赴上海考察学习，举行联席会议，签订框架协议，推进沪滇协作重大事项和重点工作落实。云南省15个州88个县主要领导均在2022年第三季度前赴上海完成工作对接。

三是强化部门协同机制。成立沪滇产业协作工作专班，由常务副省长任组长、4位副省长任副组长，统筹推进沪滇产业协作。两省市领导小组办公室通力协作，强化项目工作法、一线工作法、典型引路法，召开调度会、培训会，推动各成员单位全面完成年度目标任务。加强与上海对应部门、前方工作机构联系对接，共同研究问题、沟通情况、推进工作。

四是强化政策保障机制。优化干部人才保障机制，加强对援滇干部人才的激励和关心关爱，切实帮助解决后顾之忧。制定帮扶项目联农带农机制实施细则，引导脱贫人口进一步融入产业就业发展格局。制定深化沪滇协作促进更高水平开放协同实施方案、深化沪滇产业协作工作方案，服务融入国家战略，推动东西部协调发展，促进沪滇产业合作。优化营商环境，引导上海企业到云南投资。

五是强化工作推进机制。完善资金项目管理办法、绩效评价体系、劳务协作政策口径，让资金投向更精准、项目安排更聚焦、使用管理更规范、联农带农更有效。签订协作协议，印发工作要点，制定计划和框架协议任务清单，实现任务项目化、项目清单化、清单具体化。优化项目管理，坚持旬调度、月通报、季评价机制，推动资金早拨付、项目早见效。

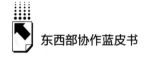

（二）聚焦"4个+"，创新协作模式，沪滇携手促进更高水平开放协同

探索"上海企业+云南资源""上海研发+云南制造""上海市场+云南产品""上海总部+云南基地"协作模式，实现双向互动、双向赋能、优势互补、共同发展。

一是聚焦"上海企业+云南资源"，加强新能源、农业、文旅康养领域合作，助力打造"三张牌"。依托沪滇协作机制，合力引入上海企业，帮助云南产业强链、补链、延链、固链，推动云南资源、生态、开放优势转变为产业、经济、发展优势。昆明引进上海杉杉投资97亿元，建设年产30万吨锂电池负极材料一体化基地①，带动楚雄、玉溪引入上海奇高、恩捷股份、亿纬锂能等企业投资，推动云南省延伸新能源产业链、打造千亿级产业集群。西盟、巧家等与上海鹏欣签订框架协议，昆明国资为鹏都农牧注入13.5亿元资金，合力打造高原肉牛产业示范园全产业链，实现农村三产联动。维西引进景域驴妈妈，依托其领先的旅游全产业链，采取顶格团队、顶层谋划、顶级产品、顶尖招商模式，把维西打造成游客向往的旅游目的地，带动大滇西旅游环线建设。

二是聚焦"上海研发+云南制造"，推动科研机构、人员、市场主体双向赋能，助力培育成果转化基地。发挥两地高校、机构、企业作用，开展多种形式的产学研用合作，推动上海研发与云南制造深度融合。上海电气紧跟云南风能资源开发需求，加快技改升级步伐，在驻滇厂区配置智能设备，构建智能制造管理和智慧物流系统，打造陆上风机柔性化生产线，满足高原型陆上风电设备需求。博尚镇获取上

---

① 《"百亿锂电大单"落户昆明安宁的背后……》，腾讯网，2022年4月29日，https：//new.qq.com/rain/a/20220429A007NN00。

海生态农业产业园建设的技术指导、种源支持、养殖技术，示范养殖大闸蟹、稻鳖虾、淡水小龙虾等水产品，着力培育田园综合体，示范引领当地乡村振兴。丽江中源公司与上海农科院合作，在云南示范推广香菇新品，产量、质量保持不变，多糖含量超当前主栽品种40%，提高现有香菇产业效益，带动周边菇农增收，促进上海科技成果在云南落地。

三是聚焦"上海市场+云南产品"，改造生产链、打通流通链、提升价值链，助力"云品入沪"。完善消费帮扶体系，健全产销对接机制，推动云南省产品深度融入上海市场。摩尔农庄与光明国际进行品牌合作、技术授权和网络共享，推进全球核桃油基地发展和创新生产，依托其在全球70多个国家的品牌、渠道优势，助力云南省核桃产业化、市场化、品牌化、规模化、国际化。邓川镇借助上海技术、资金支持，将葡萄种植基地打造成水果产业创新发展示范园区、洱海流域转型发展试验示范基地，依托上海农夫果园管理团队和销售渠道，带动当地优质农产品进入上海市场。[①]

四是聚焦"上海总部+云南基地"，发挥市场配置资源作用、激发市场主体动力，助力高质量发展。运用市场机制，加强政策引导，促进要素自由流动、产业梯度转移。加强云南、上海自贸区"双自"联动，发挥昆明经开区、农发行云南分行、上海临港集团国资企业作用，合力推进沪滇临港昆明科技园项目，联手打造沪滇经济合作双城4大联动、3大高地、3大中心[②]，引领"1+16+N"沪滇产业园区体系更好地发挥辐射带动和溢出效应。促进优势企业双向赋能，云南白

---

① 《国家核桃油及核桃加工产业创新战略联盟第三届年会暨产品展示会在云南摩尔农庄举办》，云南网，2022年10月25日，http：//yn. yunnan. cn/system/2022/10/25/032326198. shtml。

② 《昆明市："春城"临港"，扬帆远航》，上观新闻，2022年12月22日，https：//www. jfdaily. com/news/detail？ id＝563807。

药以 109.10 亿认购上海医药 18.01% 股份①，深度参与上海医药经营，互鉴国企混改经验，互通医药资源，共享研发平台、商业网络、产业体系，实现互利共赢、协同发展。借助进博会平台优势，举办中老铁路沿线开发合作推介会，促成云南 16 个项目、243.45 亿元资金签约落地，吸引一批园区、企业到云南投资，共同拓展南亚、东南亚市场，推动大通道沿线融入全球价值链，实现"通道经济"向"口岸经济"转型。

（三）紧扣"五大振兴"，精准工作举措，沪滇携手全面推进乡村振兴

紧扣产业、人才、文化、生态、组织"五大"振兴，精准发力、久久为功，促进全面推进乡村振兴。

一是紧扣"产业振兴"，立足资源优势，发展特色产业，健全联农带农机制，实现产业打造一条链、园区共建一集群、收益惠及一群人。如，姚安县坚持项目、资金、位置"三集中"，2019 年投入沪滇协作资金，建成 605 亩精品花卉基地、335 亩有机蔬菜基地和冷链物流基地②、2.01 万平方米加工车间和标准厂房。筑巢招商、以链招商、以商引商，引入果蔬包装加工和绿色能源生产制造企业入驻园区延链、补链、强链，打造全链条的产业体系、项目连片成园的产业布局、高原特色农业产业高地和姚安绿色储能产业集群。创新利益联结机制，采取"三权分置"，探索"经营主体+基地+脱贫户""飞地经济""总部经济"模式，创新总部在上海、受益在当地和项目在坝区、利益联结在山区的帮扶方式，打破行政、地域限制，实现企业、

---

① 《大手笔新格局 云南白药 109.10 亿战投上海医药正式落地》，凤凰网财经，2022 年 4 月 13 日，https：//finance.ifeng.com/c/8FAt68pQvzo。

② 《沪滇协作产业兴 园区谱写"山海经"》，姚安县乡村振兴局官网，2022 年 8 月 31 日，http：//www.yaoan.gov.cn/Pages_9_66510.aspx。

产业、政府和群众多方受益。

二是紧扣"人才振兴"，深化"组团式"帮扶、干部人才挂职、劳务协作，为云南省留下一支"带不走"的队伍、建设一批有特色的学科、提升一批高能级的医院和学校。统筹两地干部人才选派，两地组织、教育、卫生系统将干部人才"组团式""定向化"输送到需要的地方，通过交流培训、跟班带教、资源嫁接，把上海先进的技术、理念、思路转为云南省干部的"真功夫"、学科的"高质量"和机构的"硬实力"。比如，教育系统"组团式"选派管理人员、专任教师，将上海38名校长、103名管理人员和教师与省内217名教师"打包"到27个国家乡村振兴重点帮扶县①，帮助每县建1所普通高中和1所职业高中。医疗系统创新"大组团"链接"小组团"，上海38家三级医院全部结对帮扶云南省35家县级医院，10支医疗队、50名医疗人才"组团式"帮扶云南省10个重点帮扶县医院，接诊2.5万人、手术1.1万台、培训8000多人，建立特色专科50多个、协作中心6个。强化劳务协作，投入就业专项资金2亿多元，两地人社系统密切对接，通过支持技能培训、就地就近就业、异地就业等方式，新增84379名脱贫群众转移就业，打造剑川木匠、佤族艺人、镇雄保安、临沧保姆、鹤庆银匠、宣威建工、腾冲玉工等一批带动作用强、辐射范围广、示范效应好的劳务品牌。

三是紧扣"文化振兴"，挖掘乡土文化潜力，整合乡村文化资源，让非遗文化、民族服饰、绿色产品打响品牌、形成产业、绽放光彩。比如，楚雄州借助上海资金、技术、人才和平台，挖掘彝绣文化资源潜力，实现彝绣"指尖艺术"向"指尖经济"转化。实施《彝乡之恋》、《云绣彝裳》、"中国彝乡"等沪滇协作项目，采取"传

---

① 《干部人才在基层一线展开"组团式"帮扶　倾力付出为乡村振兴赋能增效》，云南网，2023年2月18日，https：//society. yunnan. cn/system/2023/02/18/032472576. shtml。

承+现代+融合+发展+旅游"模式挖掘民族文化产业，依托上海时装周和纽约时装周平台，让彝绣从"深闺"走入上海大市场、走向世界大舞台。创新"彝秀+"，丰富产业体系，打造彝绣从生产到研发、从制造到智造、从金融到实体、从流通到消费的全产业链，让非遗在新时代焕发新光彩、老技艺焕发新生机。做强市场主体，加大培训和资金支持力度，打造彝绣经营大户、彝绣协会、彝族服饰传习所，打响"咪依噜""纳苏""七彩彝绣""彝家公社"等彝绣品牌，培养绣女5.7万人，形成年产值突破2亿元的产业链。①

四是紧扣"生态振兴"，发展"庭院经济"，加大设施项目建设，推进人居环境整治，努力让乡村庭院成为果园、菜园、田园、乐园。沪滇携手在生态环境保护建设、高原湖泊治理、农村面源污染整治等方面进行了很多有益探索。比如，上海团队持续多年参与洱海保护，为云南9大高原湖泊治理拿出了"上海方案"。比如，芒蚌村以沪滇协作资金为引领，吸引社会资本参与，建设传统村落融合体。发展"庭院经济"，鼓励农户在房前屋后建设兼具生态、经济效益的小果园、小花园、小菜园，推动形成"弯腰可择菜、伸手可采果，绿树成荫、瓜果飘香"的"绿美乡村"。推进人居环境整治，对民宅拆墙透绿、提升风貌，对自然村居住区开展污水治理、水塘清淤、道路硬化、庭院绿化等，将臭水塘变成景观湖，村巷道路面整洁，传统村落焕然一新。加大设施建设，提升傣元素风貌，建设雨污及消防管道，铺设彩色沥青路，将芒蚌村打造成集旅游观光、休闲度假、农事体验于一体的"农旅融合"特色傣寨。

五是紧扣"组织振兴"，加强党的基层组织建设，拓展党的组织覆盖、工作覆盖，让乡村社会充满活力、和谐有序。把党组织建在农

---

① 《"绣"出大产业！楚雄州彝绣产业为何频频出圈？》，腾讯网，2022年12月7日，https://new.qq.com/rain/a/20221207A09K3E00。

村基层、上海援滇一线、沪滇协作项目上，深化党建"整县提升、整乡推进、百村示范、千组晋位"四级联创，优化设置基层党组织，全覆盖15个州（市）88个县的行政村。织密建强组织体系，推动成立援滇干部联络组临时党委、设立州（市）援滇干部及专业技术人才临时党支部，覆盖上海所有援滇干部人才。加强对项目所在地党组织的指导，探索"党组织+公司+基地+农户""沪滇协作+村集体+党支部+合作社+致富带头人"等模式，发挥基层党组织战斗堡垒作用。发挥"头雁"作用，筹备举办县域经济高质量发展专题培训班，在上海开展13场教学、1场"云品入沪"推介活动、1场投资促进活动，让云南66位县长在现场学习和亲身实践中提升基层治理和沪滇协作助力乡村振兴的本领。

B.22
2022年广西壮族自治区推动东西部协作的成效与案例研究

杨 媚*

摘 要： 2022年，广西按照粤桂两省区部署安排，聚焦目标任务，落实"三个转向"，转变东西部协作工作思路，全面深化粤桂东西部协作。广西211所学校与广东219所学校建立结对帮扶关系，120家医院与广东107家医院建立结对帮扶关系，176个乡镇与广东168个经济强镇（街道）建立结对帮扶关系，1515个村与广东509个强村（社区）、591家企业、174个社会组织签署结对帮扶协议，覆盖20个国家乡村振兴重点帮扶县。持续打造供粤港澳大湾区"菜篮子"生产基地、供深农产品基地和"圳品"品牌，2022年新增认证51个"圳品"品牌，累计建成供深农产品示范基地159个、供粤港澳大湾区"菜篮子"生产基地37个、农产品获得"圳品"认证131个。共建产业园区111个，引导入驻园区企业230个，实际到位投资89.39亿元，吸纳农村劳动力就业15958人。

关键词： 东西部协作 粤桂协作 圳品

---

* 杨媚，广西壮族自治区乡村振兴局外资项目中心副主任。

2022年，广西按照粤桂两省区部署安排，聚焦目标任务，落实"三个转向"，转变东西部协作工作思路，全面深化粤桂东西部协作。

一 强化组织领导，构建常态化粤桂协作机制

一是常态化部署推进协作工作。将粤桂东西部协作工作纳入自治区和各协作市县党委政府重要议事日程。2022年，自治区党委政府主要领导分别主持召开2次党委常委会会议、1次政府常务会议、2次党委农村工作（乡村振兴）领导小组会议进行专题研究部署，持续推动各项协作工作落地落实。

二是常态化开展调研对接。推动协作双方加强互访调研对接，共同推动粤桂东西部协作工作落地见效。在全国东西部协作省份中率先开展互访对接，自治区党委书记、主席率广西党政代表团赴广东考察对接，落实中央关于东西部协作的决策部署，并签署《全面深化粤桂合作框架协议》和《粤桂机关党建协作方案》，全面深化粤桂合作。2022年，两省区各级各部门互访调研对接1486人次。

三是常态化推进结对帮扶。2022年，广西33个协作县与广东24个县双方党委或政府主要负责同志全部开展互访调研对接。2019年以来，广西211所学校与广东219所学校建立结对帮扶关系，120家医院与广东107家医院建立结对帮扶关系①，176个乡镇与广东168个经济强镇（街道）建立结对帮扶关系，1515个村与广东509个强村（社区）、591家企业、174个社会组织签署结对帮扶协议，并开展实质性帮扶，覆盖20个国家乡村振兴重点帮扶县。

---

① 《广西今年以来获广东财政帮扶资金逾15亿元》，中国新闻网，2019年9月11日，https://www.chinanews.com.cn/gn/2019/09-11/8953886.shtml。

二　拓展帮扶内容，全面巩固拓展脱贫攻坚成果

一是深化创新就业帮扶举措。推动两省区在双方协作地区遴选 1 家以上经营发展优、吸纳就业多、群众口碑好的企业，协作共建"一县一企"农村劳动力稳岗就业基地，促进农村劳动力稳定就业，广西方已有 39 家企业被评选为"一县一企"农村劳动力稳岗就业基地，共吸纳 6813 名农村劳动力就地就近就业。创新成立"粤桂高质量职教就业联盟"，通过加强培训提高广西农村劳动力职业技能和就业质量，满足两省区产业发展对技能劳动力的需求，该联盟首批成员单位已发展到 21 家，共筹集资金 1895.68 万元，举办培训班 16 期，免费培训 1277 人，培训完成人员均实现高质量就业。[①] 2022 年，广西农村劳动力（含脱贫劳动力）就业人数稳中有升，共举办劳务协作培训班 296 期，培训农村劳动力 13149 人次；通过"点对点"安排劳务输送专车专列 1828 趟（次），累计输送广西赴粤务工人员 6.96 万人。

二是倾斜支持国家乡村振兴重点帮扶县。积极协调广东在资金、人才、项目、政策等方面向重点县倾斜更多资源。选派广东省挂职干部 68 人、专业技术人才 759 人。新增引导落地投产广东企业 155 个，实际到位投资 37.83 亿元。[②]

三是拓宽消费帮扶渠道。坚持消费帮扶与产业发展相结合，安排 1 亿元广东财政帮扶资金建设仓储保鲜、冷链物流等农产品流通

---

① 《自治区乡村振兴局 2022 年在线访谈：〈统筹推进粤桂协作和社会帮扶〉》，广西壮族自治区乡村振兴局官网，2022 年 9 月 27 日，http://xczx.gxzf.gov.cn/zmhd/zxft/qtft/t13138558.shtml。

② 《"一县一园"推动融合发展》，搜狐网，2023 年 3 月 1 日，https://www.sohu.com/a/648342427_161794。

基础设施 15 个①，持续打造供粤港澳大湾区"菜篮子"生产基地、供深农产品基地和"圳品"品牌，推动更多广西农产品"桂品出乡"、"桂品入粤"和规模化、标准化、品牌化发展。2022 年以来，都安瑶山牛在供应华南地区华润万家 100 多家门店的基础上，将供应链拓展至全国华润万家门店，一期签约采购瑶山牛肉 1 亿元。②2022 年广西新增认证 51 个"圳品"品牌，累计建成供深农产品示范基地 159 个、供粤港澳大湾区"菜篮子"生产基地 37 个、农产品获得"圳品"认证 131 个。③

三 深化区域协作，促进协作地区协调可持续发展

一是全面发力积极承接东部产业转移。坚持把产业作为协作核心，把引进产业项目和企业作为重点。持续推动粤桂协作优惠政策落地见效，成立粤桂产业协作促进会，围绕帮助广西发展现代农业全产业链做好招商引资工作，引导更多广东农业龙头企业到广西协作地区落地投产，推动广东企业资金、技术、人才、信息、管理等现代优势要素向广西集聚，帮助广西培育孵化本土企业，壮大广西农业龙头企业规模。搭建招商引资大平台，指导各协作市县深入广东各地大力宣传落实粤桂协作优惠政策，不断细化招商需求，完善营商环境，引导广东优质产业向广西梯度转移。2022 年 7 月以来，广西引导深圳华侨城农业旅游科技有限公司、深农集团、深圳洲明科技等 70 多家企

---

① 《粤桂两省区依托全产业链促进消费帮扶》，广西政协网，2023 年 3 月 9 日，http://www.gxzx.gov.cn/html/szdt/46008.html。

② 《桂味变"圳品" 瑶山牛从深山一路走俏全国》，深圳新闻网，2023 年 2 月 17 日，https://www.sznews.com/news/content/2023-02/17/content_30080018.htm。

③ 《依托全产业链，深桂协作以产业兴旺助力乡村振兴》，腾讯网，2023 年 3 月 19 日，https://new.qq.com/rain/a/20230319A071DI00.html。

业来广西考察投资。深圳润世华在百色隆林投资 11 亿元的新能源项目、深圳同益新公司在河池宜州投资 18.5 亿元的广西国色天丝产业园均已开工并初显效果。① 协作地区新增引导落地投产企业 321 个，实施产业项目 324 个，吸纳农村劳动力就业 2 万余人。

二是全面提升园区产业发展质效。两省区深入推进"一县一园"建设，成立粤桂协作乡村振兴现代农业产业园建设领导小组，组建粤桂协作现代农业产业园联合会，形成了"县县有产业覆盖、有龙头产业带动、有特色优势产业、有仓储冷链配套"的产业发展格局，产业帮扶项目联农带农机制不断完善、群众受益明显。2022 年，共建成产业园区 111 个②，其中农业产业园 71 个；引导入驻园区企业 230 个③，实际到位投资 89.39 亿元，吸纳农村劳动力就业 15958 人。

三是全面推进援建帮扶车间提质升级。加大对帮扶车间的规范管理和后续扶持，促进帮扶车间长期健康发展。2022 年，广西通过粤桂协作共援建就业帮扶车间 374 个，带动农村劳动力就业 5.13 万人。④

四 强化要素保障，合力推进乡村全面振兴

一是用好人才"组合拳"助力乡村振兴。深化粤桂两地干部人

---

① 《产业协作和项目投资力度加大！上半年粤桂协作多项指标超去年同期》广西新闻网，2022 年 7 月 13 日，http：//wzhd. gxnews. com. cn/staticpages/20220713/newgx62ce04af-20824666. shtml。

② 《机关党建协作机制助力深化粤桂合作》，广西壮族自治区人民政府网，2022 年 12 月 9 日，http：//www. gxzf. gov. cn/html/gxyw/t14189086. shtml。

③ 《机关党建协作机制助力深化粤桂合作》，广西壮族自治区人民政府网，2022 年 12 月 9 日，http：//www. gxzf. gov. cn/html/gxyw/t14189086. shtml。

④ 《广西：深化粤桂协作奏响振兴发展"新乐章"》，人民网，2022 年 10 月 31 日，http：//gx. people. com. cn/n2/2022/1031/c179464-40175612. html。

才交流合作。推动广东选派教育、医疗帮扶团队182人进驻国家乡村振兴重点帮扶县。首次组织广东省农科院、华南农大等14个科技特派员团队选派59名专家，到广西11个协作县开展粤桂科技协作工作。[①] 通过"银龄行动"招募68名退休医教专家到广西脱贫地区开展帮扶。2022年，两省区坚持互派挂职干部267人，互派教师、医生等专技人才2379人次。[②] 广西壮族自治区党委组织部、自治区乡村振兴局联合举办了2022年中央单位定点帮扶和粤桂东西部协作挂职干部培训班，对包括广东省选派在内的125名挂职干部、粤桂协作干部进行专题培训，提高粤桂协作干部人才的政策理论水平和业务工作能力。2022年，共举办乡村振兴干部和专技人才培训班734期，培训干部和专技人才46716人次。

二是用好帮扶资金项目助力乡村振兴。做好协作项目谋划和编制，调整完善项目库，并协调广东保持财政援助资金投入力度，督导各协作市县优先安排资金投入与乡村振兴相关的产业协作项目。制定出台《关于健全完善帮扶项目联农带农机制的实施方案》《粤桂东西部协作项目资产管理细则》等文件，加强粤桂东西部协作资金项目管理，完善联农带农利益联结机制，全面排查2021年以来广东财政援助资金投入产业类项目的运行管理、带农益农及收益分红情况，指导各协作市县提升产业类项目收益，制定联农带农和收益分配方案，并实现"当年建成、当年受益"目标。

三是用好示范典型助力乡村振兴。利用粤桂协作资源在33个协作县重点打造一批乡村特色产业、改善一批乡村基础设施、提升一批乡村公共服务、塑造一批乡村建设样板、开展一批数字乡村建设等

---

① 《广东"银龄"发余热"传帮带教"促人才振兴》，新快网，2022年11月29日，https：//epaper.xkb.com.cn/view/1211079。

② 《"一县一园"推动融合发展》，搜狐网，2023年3月1日，https：//www.sohu.com/a/648342427_ 161794。

"五个一批"乡村振兴示范典型。[①] 2022 年，广东帮助广西打造乡村振兴示范点（带）63 个。[②]

五　拓展合作领域，全面夯实粤桂东西部协作

一是加强顶层设计。全面落实"十四五"时期粤桂协作框架协议，推进两省区在更广领域取得更多合作成果。2022 年 6 月 15 日，两省区在 2022 年粤桂东西部协作联席会议上共同签署了《全面深化粤桂合作框架协议》，为全面落实协议内容，广西成立了广西全面深化粤桂合作领导小组，并制定印发了《广西全面深化粤桂合作"四张清单"》。两省区高位推动粤桂东西部协作、国家发展战略落实对接、重大基础设施支撑、生态环保、科技创新、产业和园区协同发展、推动文旅康养、落实教育人才和干部交流等领域务实合作。

二是加强科技领域合作。与广东省联合印发《加快粤桂合作特别试验区协同创新发展 2022 年重点工作任务清单》，推进华南技术转移中心粤桂试验区分中心在梧州运营建设及启动技术转移转化相关工作。桂林理工大学联合横琴国际知识产权交易中心（珠海）建设国内科技合作服务平台，进一步支撑粤桂科技成果转移转化合作。

三是加强大数据领域合作。主动服务和融入粤港澳大湾区国家战略，不断推动两省区信息通信网络互联互通，为粤港澳大湾区数字经济相关产业转移奠定良好的网络基础。聚焦数字经济产业化发展，到广东等地开展产业招商，引进了华为广西区域总部基地、华为钦州数

---

① 《在更高水平上全面深化粤桂协作》，腾讯网，2022 年 10 月 9 日，https：//new. qq. com/rain/a/20221009A01IOV00。

② 《深圳携手对口地区奏响乡村振兴幸福华章 2022 年全年投入财政帮扶资金 50.4 亿元，实施 437 个项目》，深圳新闻网，2023 年 1 月 12 日，https：//www. sznews. com/news/content/2023-01/12/content_ 25563717. htm。

字小镇数字经济园区等。加强与华为技术有限公司合作，充分发挥中国—东盟（华为）人工智能创新中心作用，赋能区内企事业单位数字化转型升级。

四是加强与大湾区产业合作。成立"湾企入桂"工作专班，统筹协调推进"湾企入桂"各项工作。制定《2022年"湾企入桂"工作方案》，细化工作举措，加快与粤港澳大湾区产业对接，积极承接粤港澳大湾区产业转移。对接粤港澳大湾区打造新能源汽车、电子信息、智能电网、工业机器人及无人机等产业，引进比亚迪新能源电池产业项目、瑞声科技千亿高端电子信息项目等。先后设立中国—东盟自由贸易区凭祥物流园、崇左（东盟）国际农资物流交易中心、南宁—粤港澳供应链生态新城项目南宁港一期、梧州综合保税区等园区。

六　创新做法与典型经验

（一）以"四个赋能"打造全产业链帮扶模式，构建产业协作长效机制

一是以规模化和园区化赋能基地建设，壮大特色产业链。协作共建产业园。广西通过引进广东龙头企业、引入先进管理模式、引进优秀运营方等方式，承接广东传统制造、加工贸易、电子信息等劳动密集型产业有序梯度转移，建成了一批包含服装制作、新材料加工、农产品加工等在内的产业园。共建产业园区111个①（其中农业产业园

---

① 《铆足干劲促振兴——广西全力以赴稳经济促发展系列报道之六》，广西壮族自治区人民政府网，2023年1月3日，广西日报 http：//www.gxzf.gov.cn/gxyw/t14979206.shtml。

区 71 个），引导入驻园区企业 231 家[①]，实际到位投资 89.39 亿元，形成了 33 个协作县"县县有产业覆盖、有龙头产业带动、有特色优势产业、有仓储冷链配套"的产业发展格局。打造现代农业产业园。立足现有林、果、蔬、畜、糖等特色主导产业，深入推进农业产业东融，联合成立粤桂协作乡村振兴现代农业产业园建设领导小组，制定《推进共建粤桂协作乡村振兴现代农业产业园工作方案》，推动各协作县聚焦发展地方特色产业，培育 1—2 个主导产业突出、规模效益明显、产业链条较全的现代农业产业园，通过严格评审，首批评定 13 个粤桂协作乡村振兴现代农业产业园，其中包含茶叶、中药材、养殖业、种业与农产品精深加工、茧丝等。加大全产业链招商引资力度。扎实开展粤企入桂"双百"行动（即动员引导 100 家以上广东企业到广西实际落地投资 100 亿元以上），通过招商引资和粤企入桂行动，引导和鼓励更多广东企业、集聚更多广东帮扶力量和产业资源，整合形成"粤桂协作帮扶+广东经验+联盟企业+协作地区"力量，培优育强协作地区果蔬、畜禽、茶叶、中药材等特色优势产业，促进合作双方优势互补、互利共赢。两省区政府联合举办了 2022 年粤企入桂"双百"行动启动仪式暨广西现代农业产业链招商洽谈会，吸引 200 多家国企、上市企业、"三类 500 强"和国家级农业龙头企业、行业领军企业参加[②]（其中广东企业 136 家），在启动仪式上签约项目 44 个，总额 180 亿元[③]，引进了一批特色种养、加工制造、

---

① 《铆足干劲促振兴——广西全力以赴稳经济促发展系列报道之六》，广西壮族自治区人民政府网，2023 年 1 月 3 日，广西日报 http：//www. gxzf. gov. cn/gxyw/t14979206. shtml。

② 《〈中国乡村振兴〉特稿 解码东西部协作"粤桂样本"》，广西壮族自治区乡村振兴局官网，2022 年 11 月 23 日，http：//xczx. gxzf. gov. cn/xwzx/mtjj/t139 25962. shtml。

③ 《粤桂协作"万企兴万村"行动全面升级》，手机广西网，2022 年 12 月 8 日，https：//v. gxnews. com. cn/a/20983776。

乡村旅游、新能源等产业项目，进一步延长、补齐了广西特色产业链条。二是以标准化和品牌化赋能生产加工，提升产品价值链。突出政府引导、企业主体、技术服务、市场对接的体系化建设要求，以"圳品"和供粤港澳大湾区"菜篮子"生产基地、供深农产品示范基地建设为抓手，促进全区农业规模化、标准化、品牌化、可持续发展。如从2017年开始广东累计投入粤桂帮扶资金8000多万元重点打造广西都安优质肉牛肉羊国家现代农业产业园，建成了澳寒羊和肉牛养殖基地、自动化冷链加工中心、饲料中心等，主打瑶山牛、雪花和羊品牌，2022年该园被认定为"国家现代农业产业园"。推进农产品仓储保鲜冷链物流建设，在历年持续抓冷链投入的基础上，2022年又投入粤桂帮扶资金8000多万元，用于仓储保鲜、冷链物流等农产品流通基础设施建设，已在协作地区建设产地冷藏保鲜设施1200个。三是以市场化和网络化赋能营销体系，畅通市场销售链。将政府帮扶与市场导向相结合，依托粤港澳大湾区和RCEP区域全面经济伙伴关系协定等区域战略合作平台，助推"桂品出乡""桂品入粤"。大力发展农村电商，用好粤桂东西部协作消费帮扶平台，强化同粤港澳大湾区的产销对接，形成贯通产加销的良性循环。截至2022年11月8日，广东通过粤桂协作渠道采购、帮助销售广西农产品超过180亿元。① 四是以精准化和体系化赋能协作帮扶，打造高效服务链。推进粤桂协作优惠政策落细落实，各协作市县不断完善营商环境，推行优质高效的政务服务，通过召开座谈会、实地走访、现场办公等方式，主动为引进企业解决厂房安排、政策落实、企业用工、生产流通、交通运输、劳务服务、员工子女入学等方面的问题和困难。如宁明县通过召开东部地区落户企业座谈会，解读宣传粤桂协作优

---

① 《粤桂协作·三江"油"礼！2022年广西三江油茶文化节暨首届三江油茶开采仪式圆满举办》，网易，2022年11月8日，https：//www.163.com/dy/article/HLM9J5FR05149JLH.html。

惠政策，对企业反映的问题进行清单式研究落实，并要求政府相关部门加强服务意识并派专人跟踪服务好每一家落户企业，力促项目早日开工、早日建成、早日发挥效益。截至 2022 年 10 月底，广西通过粤桂协作平台新增引导落地投产企业 319 家，实际到位投资 138.61 亿元。①

（二）建立稳岗就业对接机制，开辟粤桂劳务协作新路径

一是创新组建就业联盟，抓好职业技能培训。加强"粤菜师傅""南粤家政""广东技工""乡村工匠"四项工程与"八桂系列"劳务品牌建设深度融合，与腾讯公司合作实施"耕耘者"振兴计划，与碧桂园公司合作开展致富带头人培训，突出"技能"抓劳务协作，开展政校企合作，加强职业技能培训。创新组建"粤桂高质量职教就业联盟"，整合粤桂两省区和深圳相关职业教育机构、企业、社会组织及协作地区的劳务资源，打通职教培训和劳务协作链条，提高农村劳动力就业质量，联盟首批成员单位共筹集资金 0.19 亿元，免费培训 1277 人②，均实现了高质量就业，并计划力争三年内为广西培养 10000 名以上技能人才。二是强化"点对点"服务，抓好就业对接服务。主动对接人社部门，做好线上线下劳务对接，邀请广东企业到广西开展专场招聘会，重点邀请劳动密集型加工制造业、家政服务、餐饮及物业管理等行业企业，提高劳务对接的精准度和有效性。2022 年，粤桂劳务协作促进农村劳动力就业 75.32 万人，其中赴粤

---

① 《共建"一县一园"、探索全产业链——粤桂奋楫笃行共谋产业振兴》，新快网，2022 年 11 月 29 日，https：//www.xkb.com.cn/detail？id=176722。
② 《自治区乡村振兴局 2022 年在线访谈：〈统筹推进粤桂协作和社会帮扶〉》，广西壮族自治区乡村振兴局官网，2022 年 9 月 27 日，http：//xczx.gxzf.gov.cn/zmhd/zxft/qtft/t13138558.shtml。

就业 26.35 万人。① 三是依托就业帮扶车间，抓好就地就近就业。共建产业园区，多措并举扩大就地就近就业。创新共建"一县一企"劳动力稳岗就业基地，持续做好广西农村劳动力稳岗就业工作，首批39 个挂牌基地②吸纳 6813 名广西籍农村劳动力稳岗就业。

（三）汇聚社会帮扶合力，构筑社会力量参与大格局

一是拓展社会力量参与渠道。两省区团委、妇联、残联、民政等部门积极加强对接，引导更多广东企业、社会组织、爱心人士等，通过设立帮扶基金、捐资助学、医疗救助、开展"银龄行动"、援建帮扶车间、购销农产品、进行乡村建设、抗击新冠疫情等形式参与帮扶。如深圳迈瑞公司在广西全域开展医疗社会捐赠，建立医疗智慧化系统，向国家乡村振兴重点帮扶县、中组部"组团式"医疗帮扶医院倾斜，2022 年捐赠医疗器械 1000 多万元。二是探索社会帮扶新模式。为动员更多社会各界力量参与帮扶，自治区乡村振兴局与腾讯、平安、迈瑞、碧桂园等广东知名企业签订了为期 3 年的助力乡村振兴框架协议，推动深圳狮子会、深圳社会组织总会等社会组织签订长期合作协议，将帮扶措施协议化、制度化、项目化、清单化，探索将过去企业捐钱捐物"输血型"的传统帮扶模式，转变为鼓励企业发挥自身优势长期坚持、深度参与、持续发展"造血型"的新帮扶模式。如腾讯公司会同友成企业家乡村发展基金会以"共富乡村建设"为品牌，在龙胜各族自治县马海村打造乡村振兴示范村，腾讯公司提供

---

① 《关乎民生 两省区发挥粤桂协作优势确保稳岗就业》，广西新闻网，2023 年 1 月 3 日，http：//www. gxnews. com. cn/staticpages/20230103/newgx63b36f5b - 21014242. shtml。

② 《两省区发挥粤桂协作优势确保稳岗就业——远行返岗无忧 就近就业不愁》，广西壮族自治区人民政府网，2023 年 1 月 3 日，http：//www. gxzf. gov. cn/gxyw/t14979193. shtml。

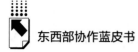

6000 万元资金和数字化能力支持，通过以县带村、以村显县，形成可复制、可推广的乡村振兴共创共富机制。三是开展"万企兴万村"行动。坚持和完善社会力量参与粤桂东西部协作机制，协调广东民营企业与广西国家乡村振兴重点帮扶县加强企村结对帮扶，共同实施"万企兴万村"行动。在贺州市共同举办 2022 年广东民营企业助力广西国家乡村振兴重点帮扶县暨粤桂协作"万企兴万村"行动对接活动，组织 170 多家广东民营企业和商会代表等参加活动①，创新授予 30 家民营企业和商会为粤桂协作"万企兴万村"行动观察点，现场还举行了"民企入桂"项目签约仪式②，签约额达 65.4 亿元。

---

① 《粤桂协作"万企兴万村"行动全面升级》，手机广西网，2022 年 12 月 8 日，https：//v. gxnews. com. cn/a/20983776。

② 《2022 年粤桂协作"万企兴万村"行动对接活动在贺州举办》，人民网，2022 年 10 月 31 日，http：//gx. people. cn/n2/2022/1031/c179464-40175483. html。

后　记

在全国脱贫攻坚总结表彰大会上，习近平总书记庄严宣告，中国脱贫攻坚战取得了全面胜利。东西部协作制度作为改革开放后国家着眼东部和西部发展的不平衡问题，通过调动东部地区帮助西部地区发展的重要制度安排，20多年来，随着帮扶的结对关系不断调整，东西部地区逐步形成了政府援助、企业合作、社会帮扶、人才支持等主要协作方式，涌现出了津甘协作、闽宁协作、沪滇合作等各具特色的帮扶模式。"东西部扶贫协作"改称"东西部协作"，驻村第一书记、对口支援等将继续成为下一步乡村振兴战略中必须坚持和完善的制度之一。

在脱贫攻坚与乡村振兴有效衔接的重要时期，对东西部协作工作进行系统、科学、深入、客观的总结，具有重要的实践意义和指导意义。《东西部协作发展报告（2023）》一书，以东西部协作的实践为研究对象，以东西部协作为研究视角，对全国各省区市东西部协作以来的帮扶模式、典型案例、经验启示做了全面系统的总结和概括，从面向乡村振兴的角度对东西部协作工作进行了擘画和探索。

在成书过程中，编写组深切感受到各省区市在东西部协作和对口支援工作中付出的巨大努力和取得的巨大成就，通过对东西部协作的总结研究，编写组坚信随着东西部协作工作的不断深化，必将为推动东西部区域协调协同发展，携手迈向共同富裕做出新的贡献。

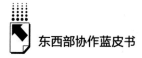

　　鉴于本书编写时间紧迫、任务繁重，且编写组成员的学识和水平有限，不足之处在所难免，恳请读者批评指正。

本书编委会

2023 年 5 月

Abstract

The "Report on Development of Collaboration between the Eastern and Western (2023) " is the first blue book in China that specifically discusses the work of collaboration between the eastern and western. This report comprehensively summarizes, and sorts out the historical evolution, work achievements, and development trends of collaboration between the eastern and western in 2022 and before. It focuses on the systematic discussion of industrial transfer and educational and medical collaboration between the eastern and western, and provides specific explanations of the characteristics and highlights of work in 18 provinces about collaboration between the eastern and western. The aim is to comprehensively review the process of collaboration between the eastern and western over the past 20 years and summarize extraordinary experiences, showcasing outstanding achievements and drawing a blueprint for development, providing strong spiritual motivation and intellectual support for deepening collaboration between the eastern and western in the new era. This book is divided into four major parts: a general report, a special report, a case study of regional cooperation in the eastern region, and a case study of regional cooperation in the western region.

The overall report focuses on the historical evolution, effectiveness, and trend outlook of collaboration between the eastern and western, explaining the main goals, basic principles, and work priorities of each stage of collaboration between the eastern and western; Elaborated on the organizational leadership, pairing assistance, financial investment, talent support, and social mobilization of the collaboration between the eastern and western in the new era; Explained the content of collaboration between the eastern and western to help eliminate absolute poverty in collaborative areas, promote regional coordination and common development, and work together to promote comprehensive rural revitalization. The focus and trend outlook of the work are closely linked to the "three turns", focusing on the development of poverty alleviation counties and strengthening industrial cooperation, increasing peasants' income and stabilizing employment, strengthening talent exchange through long-term mechanisms, strengthening ecological protection through green development, and effectively strengthening organizational construction through governance. This has drawn a new blueprint for deepening cooperation in the new era. In the new historical stage of consolidating and expanding the achievements of poverty alleviation and effectively connecting with rural revitalization, it is necessary to focus on the "Five Major Revitalizations" key content of collaborative rural development, rural construction, and rural governance between the eastern and western. Based on the current situation, with a focus on the future, we must work together to foster upgraded collaboration between the eastern and western.

The special report focuses on industrial transfer and educational and medical cooperation. Industrial transfer involves many aspects such as forward-looking theoretical support, government cooperation, market resource allocation, and the role of the masses as the main body. This section systematically elaborates on the development status, practical paths, and empirical cases of industrial transfer between the eastern and western. Educational and medical group assistance is used to narrow the gap between the eastern and western in China, promote educational and medical equity. An effective way to block the intergenerational transmission of poverty, through more than 20 years of unremitting efforts and arduous exploration, various provinces in the eastern and western regions have formed distinctive " practical samples " of education and medical assistance. This Part has been used to construct a knowledge map of Eastern and Western (Poverty Alleviation) Collaboration using VOSviewer and Citespace, systematically sorting out the current status of existing research in China Characteristics and trends, pointing out the need to expand research areas in the future, empower rural revitalization and county governance, innovate research methods, and integrate conventional collaborations wth special characteristics.

The regional collaboration report focuses on the collaboration effectiveness of 18 provinces in the eastern and western regions, gradually forming major collaboration methods such as government assistance, enterprise cooperation, social assistance, and talent support. Various distinctive assistance models have emerged, including Fujian-Ningxia Cooperation, Beijing-Inner Mongolia Cooperation, Shanghai-Yunnan Cooperation, Tianjin-Gansu Cooperation, Jiangsu-Shaanxi Cooperation, and Guangdong-Guangxi Cooperation. The cooperation between the eastern and western provinces has effectively integrated assistance forces, continuously improved cooperation efficiency, increased assistance efforts, and solidly promoted the new stage of cooperation between the eastern and western regions, thus achieving practical results.

This report points out that as a major strategy to promote regional coordinated development and common development, collaboration between the eastern and western is an institutional arrangement made by the country in light of the imbalanced development of the eastern and western regions after the reform and opening up. It is a major measure to achieve the goal of earlier and later prosperity, and ultimately achieving common prosperity. It is an important institutional innovation in the process of regional coordinated development in China. Collaboration between the eastern and western is a unique institutional innovation in China; it is a highly distinctive arrangement with Chinese characteristics, a collaborative assistance between local governments in the eastern and western regions, which is not found in other countries around the world. Over the past 20

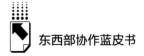
years, the collaboration between the eastern and western has played an important role in narrowing the regional development gap, improving the education and medical conditions in the western region, and helping to win the battle against poverty, highlighting the unique value of our times. In the new historical stage of consolidating the achievements of poverty alleviation and effectively connecting with rural revitalization, it is necessary to strengthen the leadership of party building, build villages with good conditions, and promote rural construction. We must strengthen ecological protection, build beautiful villages, promote effective rural governance, and make greater contributions to starting a new journey of socialist modernization and realizing Chinese path to modernization.

Keywords: Collaboration Between the Eastern and Western; Industrial Transfer; Medical and Educational Assistance; Pairing Collaboration

Contents

I   General Report

B．1   Historical Evolution, Results and Trends of Collaboration
Between the Eastern and Western

Tang Min, Feng Yukun, Wang Xiaolin,

Cao Rui and Jin Zhiwei / 001

Abstract: This research focuses on the main objectives, basic
principles, work priorities and other key points of collaboration between
the eastern and western in different periods, discusses the organizational
leadership, pairing assistance, capital investment, talent support, social
mobilization and other core contents of collaboration between the eastern
and western in the new era, and explains the effectiveness of collaboration
between the eastern and western in helping cooperative areas eliminate
absolute poverty, promote regional coordination, coordination and
common development, and work together to promote comprehensive rural
revitalization. In the new historical stage of consolidating and expanding the
achievements of poverty alleviation and effective linking rural revitalization,
we have closely followed the " three turns", shifted the work target from
helping the people who have been lifted out of poverty to all peasants,

shifted the work tasks from solving the " two worries and three guarantees" to promoting the overall rural revitalization. In terms of work measures, we have shifted from supporting poverty alleviation counties to promoting development, outlining a new blueprint for deepening collaboration between the eastern and western in the new era, closely adhering to the key content of the "Five Major Revitalization", and continuously making new progress in promoting rural development, rural construction, and rural governance.

Keywords: Collaboration Between the Eastern and Western; Rural Governance; Rural Revitalization

II Province-Specific Reports

B.2 Collaboration Between the Eastern and Western Industrial Transfer Report in 2022

Zuo Xiaolei, You Haiwang, Liu Shouyue
and Wang Jiazheng / 032

Abstract: Collaboration between the Eastern and Western industrial transfer is a complex and systematic project, which is the key link to comprehensively promote rural revitalization and an important starting point for achieving common prosperity, involving forward-looking theoretical support. government cooperation, market resource allocation and the role of the masses as the main body, etc. , which is related to the overall situation of regional economic and social coordination and common development, how to actively and steadily do a good job in industrial transfer, timely and effectively resolve hidden risks, ensure that project cooperation has strength, science and technology empowerment has depth, and win-win cooperation has warmth. It is a major theoretical and practical topic that needs to be solved in the transfer of cooperative industries between the eastern and western. This paper systematically expounds the development status, practical paths and empirical cases of industrial transfer between the east and the west. In combing the typical experience and practices of industrial cooperation between the eastern and western, it is found that the industrial cooperation between the eastern and western mainly revolves around the transfer layout of the industrial chain, represented by three types: Industrial chain shaping, industrial chain extension and industrial chain transformation, and each collaborating province (autonomous region or municipality directly under the central government) has its own characteristics due to difference in comparative advantages.

Keywords: Collaboration Between the Eastern and Western; Industrial Transfer; Industrial Chain

B.3 Report on Medical and Educational Assistance in the
Collaboration Between the Eastern and Western in 2022
Xia Qingjie, Pan Yuchen, Tian Xiaoting,
Zuo Ting and Gui Ladan / 053

Abstract: Carrying out collaborative education and medical group assistance between the eastern and western is an effective way to narrow the gap between the eastern and western of China, promote education and medical equity, and block the intergenerational transmission of poverty. This report includes three aspects: the development process of medical and educational assistance in the collaboration between the eastern and western,

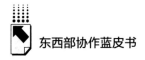
the practical experience of "group" medical and educational assistance, and the innovative exploration of "Internet plus" medical assistance. Relying on the cooperation mechanism between the eastern and western, various provinces in the cooperation actively seek support from all parties, adopt a "group style" assistance model, and comprehensively support the construction of designated schools, hospitals, and educational and medical talent teams. The overall level of education and medical care in the western region has been improved. Explore and promote the "Internet plus education", "Internet plus health services" and other assistance methods, promote the construction of micro-medical digital mobile hospitals, and effectively make up for the weakness of the medical resources in western regions.

Keywords: Collaboration Between the Eastern and Western; Educational Assistance; Medical Assistance; "Group Style" Assistance

B.4   The Current Status, Characteristics, and Prospects of
Research on Collaboration (Poverty Alleviation) Between
the Eastern and Western in 1999−2023

Huang Rui, Feng Yukun, Su Hao,
Wang Xinyi and Zhou Kun / 074

Abstract: The collaboration (poverty alleviation) between the eastern and western is an important means to narrow regional disparities, address development imbalances, and achieve common prosperity. This report uses VOSviewer and Citespace to construct a knowledge map of collaboration (poverty alleviation) between the eastern and western, systematically sorting out the current status, characteristics, and trends of existing research in China. Through bibliometric analysis, it was found that the annual publication volume showed a fluctuating upward trend, but there was no close cooperation network between authors and institutions; The collaborative research on poverty alleviation in the eastern and western regions of China has gone through three stages: foundational development, institutionalized development, and deep coordinated development; The research topic focuses on the historical evolution, typical cases, specific fields, and collaborative effects of collaboration between the eastern and western; Common prosperity, rural revitalization, and vocational education poverty alleviation may continue to become new research hotspots. In the future, the collaboration (poverty alleviation) between the eastern and western should expand research scope, empower rural revitalization and county governance; innovative research methods, integrating conventional and characteristic collaborations.

Keywords: Collaboration Between the Eastern and Western; Collaboration between the Eastern and Western in Poverty Alleviation; Knowledge Map

Ⅲ   Case Study of Regional Collaboration in Eastern China

B.5   Effectiveness and Case Studies of Beijing's Promotion of Collaboration Between the Eastern and Western in 2022

Sun Yanqing / 093

Abstract: Beijing closely focuses on the strategic positioning of "two barriers, two bases, and one bridgehead" in Inner Mongolia, and implements the "three turns". The work requires strengthening overall

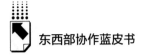
planning and coordination, paying close attention to the effectiveness of assistance, promoting the cooperation between Beijing and Mongolia to continue to be at the forefront of the country, assisting the coordinated development of the two regions in Beijing and Mongolia, and continuously increasing the income of the people, making outstanding contributions to the consolidation and expansion of poverty alleviation achievements in Inner Mongolia and the effective connection with rural revitalization. Beijing attaches great importance to connecting the rice, fruits, and meat in the capital with the granaries, meat depots, and milk tanks in Inner Mongolia, connecting the energy needs of Beijing's urban operation with Inner Mongolia's energy base, and connecting the development of Beijing's high-tech industry with strategic resources such as rare earths in Inner Mongolia, in order to achieve complementary advantages and win-win cooperation between Beijing and Mongolia. From 2021 to 2022, a total of 3. 912 billion yuan in collaborative funds was implemented, 1662 collaborative projects were implemented, helping 145800 rural and pastoral labor force to achieve employment, and helping to build 114 demonstration villages for rural revitalization. Beijing-Inner Mongolia consumer assistance achieved historic breakthroughs for two consecutive years.

Keywords: Collaboration Between the Eastern and Western; Beijing-Inner Mongolia Collaboration; Labor Service Collaboration

B. 6 Research on the Effectiveness and Case Studies of Shanghai's Promotion of Collaboration Between the Eastern and Western in 2022 *Liu Jun /* 102

Abstract: In accordance with the requirements of the "Three

Directions", Shanghai focuses on "adhering to the bottom line, grasping development, and promoting revitalization", and takes unconventional measures to jointly consolidate achievements, expand cooperation, and improve mechanisms. Focusing on assisting rural revitalization, innovating industrial cooperation, park co construction, consumer assistance, and group assistance, Shanghai better serves major national strategies, fully assist Yunnan Province in consolidating and expanding the achievements of poverty alleviation and effectively connecting with rural revitalization, and promote the continuation of a new chapter in cooperation between Shanghai and Yunnan. Actively assist in Yunnan's "Bai Qian Wan" (from hundred to thousand) rural revitalization plan. Using the "Shanghai Enterprises+Yunnan Resources", "Shanghai R&D+Yunnan Manufacturing", "Shanghai Market + Yunnan Products", and "Shanghai Headquarters + Yunnan Base", namely the "Four Plus" collaboration model, as the driving force for two-way empowering industry cooperation, we will promote cooperation in key fields and projects. We have vigorously promoted the "Three Parks" project in rural construction, creating 300 beautiful rural demonstration villages and 150 rural revitalization demonstration villages.

Keywords: Collaboration Between the Eastern and Western; Shanghai-Yunnan Collaboration; Business Collaboration; Rural Revitalization

B.7   Research on Tianjin's Effectiveness and Case Studies
         in Promoting Collaboration Between the Eastern and
         Western in 2022   *Yang Yidong, Wang Zhen* / 113

Abstract: Tianjin adheres to the work concept of "upgrading and

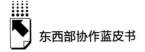
boosting, multi-layer full coverage, combination of limited and infinite, tangible and intangible", continuously expands the field of assistance, improves the assistance mechanism, optimizes the assistance methods, and provides a strong and powerful mechanism guarantee for deepening collaboration between the eastern and western in Tianjin and Gansu. We have successively issued the "2022 Implementation Plan for High Quality Promotion of Collaboration and Support between the Eastern and Western in Tianjin" and 11 special plans for talent support and industrial cooperation, clarifying work goals, compacting the responsibilities of each special working group and district main body, and improving the work promotion mechanism of industry department system mobilization, implementation of district and county main responsibilities, and wide participation of all sectors of society. Actively promote the creation of assistance platforms such as the "Tianjin-Gansu Joint Revitalization" cooperation, exchange and negotiation conference, and industrial festivals, and continuously promote the cooperation between Tianjin, Gansu, Eastern and Western to a new level and achieve new outcomes. Actively guiding high-quality resources such as talent, education, healthcare, and technology to tilt towards 91 demonstration villages for rural revitalization, continuously improving the environment, collective economy, and income of demonstration villages.

Keywords: Collaboration Between the Eastern and Western; Tianjin-Gansu Collaboration; Rural Revitalization

B.8   Research on Shandong's Effectiveness and Case
Studies in Promoting Collaboration Between
the Eastern and Western in 2022   *Han Xiaolin* / 120

Abstract: Shandong Province firmly shoulders the major political responsibility of collaboration between the eastern and the western, regards cooperation with Chongqing and Gansu as its assigned tasks and responsibilities, conscientiously implements the requirements of the "three turns" work, focuses on improving the self-development ability of the cooperation area, and takes a proud working attitude of "walking ahead and opening up new situations", successfully completing the tasks of cooperation between Shandong-Chongqing and Shandong-Gansu, and achieving significant results in all work. Jointly with the National Rural Revitalization Bureau and Chongqing City, we successfully held the "Strong Collaboration to Promote Revitalization-Social Assistance in Action" event for the 2022 Chinese Peasants' Harvest Festival; Shandong-Chongqing and Shandong-Gansu implemented the "Eastern-Western Transfer" project to assist in upgrading the collaborative real estate industry, and were selected as typical cases of social assistance from the National Rural Revitalization Bureau to consolidate and expand poverty alleviation achievements and effectively connect with rural revitalization; The three typical cases of consumer assistance recommended by the Shandong Provincial Development and Reform Commission were selected as excellent typical cases of national consumer assistance in rural revitalization organized by the National Development and Reform Commission in 2022.

Keywords: Collaboration Between the Eastern and Western; Shandong-Gansu Collaboration; Shandong-Chongqing Collaboration

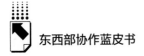

B.9 Research on the Effectiveness and Case Studies of
Jiangsu's Promotion of Collaboration Between the
Eastern and Western in 2022   *Li Hongjun, Dai Xiaoru* / 128

Abstract: Jiangsu adheres to systematic planning, coordinated promotion, multi-party linkage, and strict implementation, effectively promoting collaboration between the eastern and western, assisting the consolidation and expansion of poverty alleviation achievements in collaborative areas, and comprehensively promoting rural revitalization and high-quality economic and social development. Strictly implement requirements, maintain overall stability in policies such as financial cooperation funding support and talent support, strengthen talent cultivation in paired areas, adhere to and improve the mechanism of social participation and assistance, and promote the formation of a strong joint force to consolidate and expand the achievements of poverty alleviation. Integrate various forces, coordinate and promote the economic construction, political construction, cultural construction, social construction, ecological civilization construction, and party building of rural revitalization demonstration villages, accelerate the modernization of rural governance system and governance capacity, and play a leading role in promoting rural revitalization. Fully support the construction of new energy and the development of green industries in collaborative areas, cultivate and develop rural characteristic industries according to local conditions, jointly build industrial parks, expand production and sales channels, strengthen labor docking, and strive to form a good situation of regional coordinated development, collaborative development, and common development.

Keywords: Collaboration Between the Eastern and Western; Jiangsu-Qinghai Collaboration; Jiangsu-Shaanxi Collaboration

B.10 Research on the Effectiveness and Case Studies of
　　　Zhejiang's Promotion of the Collaboration Between
　　　the Eastern and Western in 2022

Pan Jianyong / 141

Abstract: Zhejiang Province, with the mission of implementing the
"Eight Strategies for Eight Aspects", creating an "Important Window",
and promoting the "Two Firsts", solidly carries out a new round of
cooperation between the eastern and western regions of Zhejiang and
Sichuan, closely focuses on key regions, fields, and groups, seeks to
implement corresponding work plans, promotes more projects to be
implemented and takes effect, and helps Sichuan Province consolidate and
expand the achievements of poverty alleviation and comprehensively promote
rural revitalization, Contribute Zhejiang's strength to the coordinated
development of different regions. 155 outstanding cadres and 1264 skilled
talents were selected to enter Sichuan, while helping to cultivate a talent
team that can stay, fight, and cannot be taken away, providing intellectual
support for the development of poverty alleviation areas in Sichuan. Efforts
will be made to strengthen the fundamental and leading role of industrial
partnership in the collaboration between the eastern and western, with the
focus on strengthening the chain and foundation. Efforts will be made to
build the park into an "engine" and "locomotive" for the development of
underdeveloped areas in paired regions of Sichuan, and to catch up with
others. In 2022, 590 new enterprises were guided to invest in Sichuan, with
an actual investment of 48. 97 billion yuan.

Keywords: Collaboration Between the Eastern and Western;
Zhejiang-Sichuan Collaboration; "Eight Strategies for Eight Aspects"

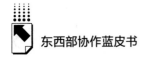

B.11　Research on the Effectiveness and Case Studies of

Guangdong's Promotion of the Collaboration

Between the Eastern and Western in 2022　*Liu Zhengyue* / 155

Abstract：Guangdong Province has pragmatically deepened collaboration in industry, labor, science and technology, and continued to promote support in consumption and in walfare and has made its contribution and taken its own role in helping Guangxi and Guizhou consolidate and improve the results of poverty alleviation and comprehensively promote rural revitalization. It organized 108 twinning counties (cities, districts, and towns and streets in Dongguan Zhongshan City) to pair up with 99 poverty-stricken counties in Guangxi and Guizhou to establish long-term collaboration and twinning relationships. Guangdong enterprises have entered Guangxi and Guizhou through two "double-hundred" actions (mobilizing and guiding more than 100 Guangdong enterprises to invest more than 10 billion yuan in each of Guangxi and Guizhou, respectively), and collaborating in the construction of "three platforms" for joint consultation and management, enterprise cooperation, and service guarantee to ensure that the actions are carried out in an orderly manner. Since 2022, 209 industrial parks have been built with Guangxi and Guizhou, including 140 agricultural industrial parks, guiding 570 enterprises to enter the parks, with investment of 21.308 billion yuan in place.

Keywords：Collaboration Between the Eastern and Western; Guangdong-Guizhou Collaboration; Guangdong-Guangxi Collaboration

B.12 Research on the Effectiveness and Case Studies of
Fujian's Promotion of the Collaboration Between
the Eastern and Western in 2022
Feng Yukun, You Haiwang, Cao Rui and Pan Yuchen / 166

Abstract: Fujian closely around the Fujian-Ningxia Provincial and Regional Collaboration Agreement and the 26th Joint Meeting of Fujian-Ningxia Collaboration, focusing on the key support projects, the implementation of each goal, work by work to promote the completion of the annual objectives and tasks without compromise and high quality, and achieve positive results. It led 180 enterprises to invest in Ningxia and Fujian enterprises in Ningxia to increase capital and expand production, with an actual capital of 7.227 billion yuan, and created 5667 rural employment positions. Fujian has taken consumption support as an effective measure to drive poverty-stricken households to increase their income and has organized activities such as the "Ningxia-Fujian Products Fair", "Fujian and Ningxia Specialty Products Online Show" and "Ningxia Quality Products China Tour", and has organized 617 enterprises with more than 600 kinds of products to promote the development of the industry. 617 enterprises and more than 600 kinds of products participated in the "online + offline" exhibition and marketing. It takes employment promotion as the most important project for people's livelihood, establishes 14 labor cooperation workstations between Fujian and Ningxia, organizes 98 job fairs and 149 training courses for Fujian and Ningxia workers, trains 6752 rural laborers, and sends 2154 people to Fujian for employment on a point-to-point basis.

Keywords: Collaboration Between the Eastern and Western; Fujian-Ningxia Collaboration; Ecological Protection Collaboration

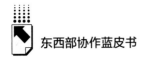

Ⅳ Case Study of Regional Collaboration in Western China

B.13 Research on the Effectiveness and Case Studies of
Chongqing's Promotion of the Collaboration
Between the Eastern and Western in 2022   *Lu Xianwei* / 174

Abstract：Shandong Province is committed to providing all that
Chongqing needs for development. With Shandong's investment, the two
places have joined hands and reached mutual benefits through a series of
material, spiritual, policy and institutional achievements, creating a new
situation of deep cooperation, complementary advantages and mutual
benefits, and taking east-west collaboration as a major opportunity platform
for integrating into the new development pattern, promoting high-quality
development and common prosperity. As a major opportunity platform for
integrating into the new development pattern, promoting high-quality
development, and promoting common prosperity. It insists on high-level
promotion, high-positioning, and high-frequency exchanges, and
continues to deepen Shandong-Chongqing collaboration. It has taken the
consolidation and expansion of the results of poverty alleviation as the top
priority of comprehensively promoting rural revitalization, grasping the
practical cooperation in labor and consumption, concentrating resources to
support the key areas of rural revitalization, and making every effort to
promote the income of the people who have escaped from poverty and
accelerate the development of poverty-eradication districts and counties. It
has guided the capital, technology, talents and markets resources from the
Eastern to the Western and improved the service functions of the industrial

parks, such as investment attraction, business incubation, skills training and market expansion.

Keywords: Collaboration Between the Eastern and Western; Shandong-Chongqing Collaboration; Shouguang Model

B.14 Research on the Effectiveness and Case Studies of
Inner Mongolia's Promotion of the Collaboration
Between the Eastern and Western in 2022

Jia Haobo / 185

Abstract: In 2022, the Inner Mongolia Autonomous Region insisted on consolidating and expanding the results of poverty alleviation and rural revitalization, focusing on "assistance, poverty alleviation, rural revitalization, cooperation and regional development", and promoting the collaboration projects and policy initiatives of Beijing and Inner Mongolia in the fields of industry, talent, consumption, labor and social undertakings, etc. to achieve results. The two places will continue to consolidate and expand poverty alleviation results, solidly promote the construction of livable and beautiful villages, and effectively promote a higher level of win-win development. Closely focusing on the four critical links of "expanding channels, stabilizing output, improving capacity, and providing excellent services", it will continue to improve the degree of labor organization, effectively enhance the employment effect, and effectively stabilize the labor force in the local area and in the positions. It focuses Beijing-Inner Mongolia collaboration funds on the development of local advantageous leading industries, and implements 309 industrial projects, focusing on supporting the advantageous characteristics of agriculture and animal

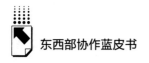

husbandry, agricultural and livestock product processing industry, rural tourism, warehousing, logistics and transportation, and consumer assistance industries.

Keywords: Collaboration Between the Eastern and Western; Beijing-Inner Mongolia Collaboration; Regional Development

B.15 Research on the Effectiveness and Case Studies of

Gansu's Promotion of the Collaboration Between

the Eastern and Western in 2022 *Wang Hui* / 195

Abstract: In 2022, Gansu Province worked closely with Tianjin Municipality and Shandong Province, focusing on consolidating and expanding the results of poverty alleviation and promoting rural revitalization, deepening the connotation of collaboration and innovating the mode of collaboration, steadily increasing the input of funds and talents, and continuously strengthening the collaboration in industry and labor consumption, so that the collaboration between the Eastern and Western continued to gain momentum. It organized the "Tianjin-Gansu Common Revitalization Project", "Shandong Enterprises Entering Gansu" cooperation and exchange activities, which became an important platform and famous brand for the industrial cooperation between Tianjin, Shandong and Gansu. It has created the "Tianjin-Gansu Skilled Workers", "Shandong-Gansu Workshop" and "Shandong-Gansu Craftsmen Union" brands for labor cooperation and organized a series of promotional activities. The 23 critical counties in the countryside revitalization have been taken as the key areas for collaboration and assistance, with key safeguards in terms of investment, tilted support in terms of policy, and priority arrangements in terms of strength. It deepened the mechanism of "one county, one park" industrial park in the twinned counties, guided the eastern capital, technology, talents and market to concentrate in the park, and 78 industrial parks have been built, guided 159 enterprises from the eastern part of the country to move in, and the enterprises in the park actually invested 1. 513 billion yuan.

Keywords: Collaboration Between the Eastern and Western; Tianjin-Gansu Collaboration; Shandong-Gansu Collaboration

B. 16   Research on the Effectiveness and Case Studies of

Qinghai's Promotion of the Collaboration Between

the Eastern and Western in 2022   *Cui Kai* / 203

Abstract: Qinghai Province insisted on the collaboration agreement, and continued to deepen the content of collaboration, expand the extension of collaboration, and innovate the mode of collaboration, and all the work has made new progress and achieved new results. Jiangsu's 45 economically advanced towns (streets), 94 schools, and 39 hospitals are involved in pairing up to help Qinghai's 49 townships, 111 schools and 37 hospitals. The 48 top villages (communities) in Jiangsu, 49 private enterprises and 5 social organizations are involved in twinning 88 villages in Qinghai. Qinghai insisted on collaboration to promote development, issued "The Implementation of 'Six Actions' Work Plan for Investment Promotion in Qinghai Province", "Qinghai Province Three-Year Action Plan for Optimization of Business Environment" and other policy documents, and orderly guide the gradient transfer of industries from Jiangsu to poverty alleviation areas. In 2022, Jiangsu and Qinghai jointly

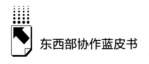

constructed 11 industrial parks, introduced 17 enterprises from Jiangsu and landed 19 projects with an actual investment of 14.5 million yuan, which is more than double the total amount of capital attracted since the 2016 Suzhou-Qingdao collaboration.

Keywords: Collaboration Between the Eastern and Western; Jiangsu-Qinghai Collaboration; Agriculture Support Collaborations for Farmers

B.17 Research on the Effectiveness and Case Studies of

Shaanxi's Promotion of the Collaboration

Between the Eastern and Western in 2022

Zhu Gang, Wei Qun / 210

Abstract: In 2022, Shaanxi Province focused on guarding the bottom line, grasping development, and promoting revitalization, and continued to deepen the work of employment assistance, consumption collaboration, industrial collaboration, and cadre and talent exchanges, thereby vigorously promoting the upgrading of Jiangsu-Shaanxi collaboration to an all-around strategic cooperation. 56 poverty-stricken counties (districts) in Shaanxi Province and 52 counties (cities and districts) in Jiangsu Province carried out twinning assistance to achieve the realization of the towns and towns of 354 villages and villages of 491 pairs, enterprises and villages of 244 pairs, social organizations of 69 pairs of schools of 407 pairs of hospitals of 130 pairs. Through the coordination service mechanism of major projects in Jiangsu-Shaanxi collaboration, 29 collaborative projects have been implemented, with an actual investment of 4.264 billion yuan. A total of 248 eastern enterprises have been attracted to invest in the province with an actual investment of 10.266 billion yuan, absorbing 10326 rural laborers for employment. The two provinces have jointly built 82 industrial parks (44 of which are agricultural parks), guiding 170 enterprises to move into the parks, with actual investments of 5. 575 billion yuan in place, and absorbing 6570 rural laborers.

Keywords: Collaboration Between the Eastern and Western; Jiangsu-Shaanxi Collaboration; Industrial Transfer

B. 18   Research on the Effectiveness and Case Studies of

Ningxia's Promotion of the Collaboration Between

the Eastern and Western in 2022   *Zhang Jun* / 216

Abstract: Fujian and Ningxia have always followed the guiding principle of " complementary advantages, mutual benefit, long-term cooperation and common development" put forward by General Secretary Xi Jinping and adhered to and improved the collaboration mechanism of "joint promotion, twinning assistance, industry drive, mutual learning and mutual assistance, and social participation". "In 2022, Ningxia accepted 625 million yuan of financial assistance from Fujian Province to implement 299 Fujian-Ningxia collaboration projects. Fujian and Ningxia have built 12 industrial parks, constructed 224 workshops for collaboration, guided 180 enterprises to put into operation and increase capital and production, and actually put in place capital of 7. 227 billion yuan, which has strengthened a number of dominant industries with regional characteristics, built a number of green and standardized production bases, cultivated a number of agribusinesses with strong driving ability, and created a number of influential characteristic brands. Ningxia has effectively driven the growth of village collective economy by promoting industrial development, absorbing laborers

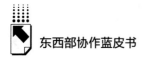
and employment, sharing assets and dividends, and collecting rents from land circulation, etc. , and 203000 rural people have enjoyed the value-added benefits of the industry.

Keywords: Collaboration Between the Eastern and Western; Fujian-Ningxia Collaboration; Minningzhen County

B. 19　Research on the Effectiveness and Case Studies of

Sichuan's Promotion of the Collaboration Between

the Eastern and Western in 2022　　　*Qin Jia* / 225

Abstract: Sichuan Province and Zhejiang Province have worked together closely, focusing on "keeping the bottom line, pursuing development, and promoting revitalization", insisting on assistance, cooperation, and demonstration, focusing on improving quality, creating brands, and achieving practical results. The collaboration between the Eastern and Western has taken a new step. In 2022, Zhejiang Province has allocated 3. 399 billion yuan in assistance funds, implemented 867 assistance projects, and guided Zhejiang enterprises to invest in Sichuan. A total of 590 new Zhejiang enterprises invested in Sichuan, with an actual investment of 48. 97 billion yuan, and 3. 777 million rural laborers were employed. Thousands of people, all tasks were fully completed. Drawing on Zhejiang's "Ten Models of Rural Revitalization" and the "Ten Hundreds and Thousands" Project, it has created 100 distinctive and bright rural revitalization demonstration sites and train 1000 rural revitalization management talents. Zhejiang has also launched the implementation of the "Zhejiang-Sichuan Cooperation Beautiful village (Prefecture) Demonstration Plan", selected a group of villages with conditions and characteristics to create a model of happy and beautiful new villages, and consolidated and expanded the results of poverty alleviation and the effective connection with rural revitalization.

Keywords: Collaboration Between the Eastern and Western; Zhejiang-Sichuan Collaboration; Rural Revitalization

B.20　Research on the Effectiveness and Case Studies of
　　　　Guizhou's Promotion of the Collaboration Between
　　　　the Eastern and Western in 2022　　　*Peng Gang* / 235

Abstract: In accordance with the requirements of "three turns" and "three grasps and three promotions", Guizhou took the initiative to connect with Guangdong, improve the cooperation mechanism, expand cooperation areas, and optimize cooperation methods. The annual agreement targets and tasks were fully exceeded, and Guangdong-Guizhou cooperation was promoted to wider areas and moved deeper and with higher quality. The government has also launched order-based training programs such as "Cantonese Cuisine Teachers", "Guangdong Skilled Workers", "Southern Guangdong Domestic Helpers" and "Rural Craftsmen" and has held 1439 training courses in total. A total of 1439 training courses have been organized and 59500 rural labourers have been trained. It has taken the "4 +" cooperation as the focus point and the "Double Hundred" action as the gripping hand and established a "double list" of investment projects in collaborative areas and enterprises of eastern China, so as to precisely carry out investment promotion. There are 612 new investment enterprises in collaboration, with 26. 741 billion yuan of investment in place, absorbing 49400 rural labor force employment. In

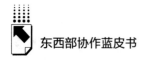
combination with the upgraded version of Guizhou's "Farmers in a Beautiful Countryside" and the construction of small villages with special characteristics, it has jointly initiated the creation of 365 rural revitalization demonstration sites by applying funds, resources and experience in rural construction and operation.

Keywords: Collaboration Between the Eastern and Western; Guangdong-Guizhou Collaboration; "Double Hundred" action

B.21 Research on the Effectiveness and Case Studies of Yunnan's Promotion of the Collaboration Between the Eastern and Western in 2022 *Niu Tao* / 246

Abstract: Yunnan Province has focused on "keeping the bottom line, grasping development and promoting revitalization", made every effort to consolidate and expand the results of poverty alleviation and comprehensively promote rural revitalization, and continued to strengthen collaboration in industry, education and medical care, so that Shanghai-Yunnan collaboration has developed to a deeper level, higher level and wider space. In 2022, 462 townships and villages in 88 counties and 15 prefectures of Yunnan have established twinning relationships with 202 townships and 435 village-level communities in 16 districts of Shanghai, and 1347 enterprises and 117 social organizations, 184 schools and 129 hospitals in Yunnan have been paired with 211 schools and 135 hospitals in Shanghai, realizing the full coverage of the pairing. Additionally, 251 new enterprises have been guided into production, with an actual investment of 8.551 billion yuan, 229 industrial projects have been implemented, and 19036 rural laborers have been absorbed. 80 industrial parks have been built in total, with 205 enterprises guided into the parks, and 3.283 billion yuan of investment has been put into place by the enterprises in the parks, absorbing 14780 rural laborers. It has built 310 workshops, absorbing 15677 rural laborers. It has selected and sent 258 postings to Shanghai and 1248 specialized talents, and received 226 postings of cadres and 833 specialized talents from Shanghai.

Keywords: Collaboration Between the Eastern and Western; Shanghai-Yunnan Collaboration; Industrial Rejuvenation

B.22 Research on the Effectiveness and Case Studies of
Yunnan's Promotion of the Collaboration Between
the Eastern and Western in 2022　　*Yang Mei* / 256

Abstract: Guangxi, in accordance with the deployment and arrangement of Guangdong and Guangxi, has focused on the objectives and tasks, implemented the "three shifts", changed the thinking of east-west collaboration, and deepened the east-west collaboration between Guangdong and Guangxi in a comprehensive manner. In Guangxi, 211 schools have established twinning relationships with 219 schools in Guangdong, 120 hospitals have established twinning relationships with 107 hospitals in Guangdong, 176 townships have established twinning relationships with 168 economically advanced towns (streets) in Guangdong, and 1515 villages have signed twinning agreements with 509 strong villages (communities), 591 enterprises and 174 social organizations in Guangdong, covering 20 key counties for national rural revitalization. It has continued to build "agricalture basket" production bases for Guangdong-Hong Kong-Macao Greater Bay Area, agricultural product bases for supplying Shenzhen and "Shenzhen

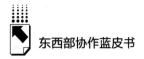

Qualty Product" brands. A total of 159 demonstration bases for agricultural products supplied to Shenzhen, 37 production bases for the "agricultural basket" of Guangdong, Hong Kong and Macao, and 131 agricultural products certified as "Shenzhen Products" have been built. A total of 111 industrial parks have been built and 230 enterprises have been guided to move into the parks, with an actual investment of RMB 8. 939 billion in place, absorbing 15958 rural laborers for employment.

Keywords: Collaboration Between the Eastern and Western; Guangdong-Guangxi Collaboration; Shenzhen Quality Product

Postscript   / 269

社会科学文献出版社

皮 书

智库成果出版与传播平台

❈ 皮书定义 ❈

皮书是对中国与世界发展状况和热点问题进行年度监测，以专业的角度、专家的视野和实证研究方法，针对某一领域或区域现状与发展态势展开分析和预测，具备前沿性、原创性、实证性、连续性、时效性等特点的公开出版物，由一系列权威研究报告组成。

❈ 皮书作者 ❈

皮书系列报告作者以国内外一流研究机构、知名高校等重点智库的研究人员为主，多为相关领域一流专家学者，他们的观点代表了当下学界对中国与世界的现实和未来最高水平的解读与分析。截至2022年底，皮书研创机构逾千家，报告作者累计超过10万人。

❈ 皮书荣誉 ❈

皮书作为中国社会科学院基础理论研究与应用对策研究融合发展的代表性成果，不仅是哲学社会科学工作者服务中国特色社会主义现代化建设的重要成果，更是助力中国特色新型智库建设、构建中国特色哲学社会科学"三大体系"的重要平台。皮书系列先后被列入"十二五""十三五""十四五"时期国家重点出版物出版专项规划项目；2013~2023年，重点皮书列入中国社会科学院国家哲学社会科学创新工程项目。

皮书网

（网址：www.pishu.cn）

发布皮书研创资讯，传播皮书精彩内容
引领皮书出版潮流，打造皮书服务平台

栏目设置

◆ 关于皮书

何谓皮书、皮书分类、皮书大事记、
皮书荣誉、皮书出版第一人、皮书编辑部

◆ 最新资讯

通知公告、新闻动态、媒体聚焦、
网站专题、视频直播、下载专区

◆ 皮书研创

皮书规范、皮书选题、皮书出版、
皮书研究、研创团队

◆ 皮书评奖评价

指标体系、皮书评价、皮书评奖

◆ 皮书研究院理事会

理事会章程、理事单位、个人理事、高级
研究员、理事会秘书处、入会指南

所获荣誉

◆ 2008 年、2011 年、2014 年，皮书网均
在全国新闻出版业网站荣誉评选中获得
"最具商业价值网站"称号；
◆ 2012 年,获得"出版业网站百强"称号。

网库合一

2014年，皮书网与皮书数据库端口合
一，实现资源共享，搭建智库成果融合创
新平台。

皮书网　　"皮书说"　　皮书微博
　　　　　微信公众号

权威报告·连续出版·独家资源

皮书数据库
ANNUAL REPORT(YEARBOOK)
DATABASE

分析解读当下中国发展变迁的高端智库平台

所获荣誉

- 2020年，入选全国新闻出版深度融合发展创新案例
- 2019年，入选国家新闻出版署数字出版精品遴选推荐计划
- 2016年，入选"十三五"国家重点电子出版物出版规划骨干工程
- 2013年，荣获"中国出版政府奖·网络出版物奖"提名奖
- 连续多年荣获中国数字出版博览会"数字出版·优秀品牌"奖

皮书数据库　　"社科数托邦"
　　　　　　　微信公众号

成为用户

　　登录网址www.pishu.com.cn访问皮书数据库网站或下载皮书数据库APP，通过手机号码验证或邮箱验证即可成为皮书数据库用户。

用户福利

- 已注册用户购书后可免费获赠100元皮书数据库充值卡。刮开充值卡涂层获取充值密码，登录并进入"会员中心"—"在线充值"—"充值卡充值"，充值成功即可购买和查看数据库内容。
- 用户福利最终解释权归社会科学文献出版社所有。

数据库服务热线：400-008-6695
数据库服务QQ：2475522410
数据库服务邮箱：database@ssap.cn
图书销售热线：010-59367070/7028
图书服务QQ：1265056568
图书服务邮箱：duzhe@ssap.cn

社会科学文献出版社 皮书系列
SOCIAL SCIENCES ACADEMIC PRESS (CHINA)

卡号：259989524954
密码：

S 基本子库
UB DATABASE

中国社会发展数据库（下设 12 个专题子库）

紧扣人口、政治、外交、法律、教育、医疗卫生、资源环境等 12 个社会发展领域的前沿和热点，全面整合专业著作、智库报告、学术资讯、调研数据等类型资源，帮助用户追踪中国社会发展动态、研究社会发展战略与政策、了解社会热点问题、分析社会发展趋势。

中国经济发展数据库（下设 12 专题子库）

内容涵盖宏观经济、产业经济、工业经济、农业经济、财政金融、房地产经济、城市经济、商业贸易等 12 个重点经济领域，为把握经济运行态势、洞察经济发展规律、研判经济发展趋势、进行经济调控决策提供参考和依据。

中国行业发展数据库（下设 17 个专题子库）

以中国国民经济行业分类为依据，覆盖金融业、旅游业、交通运输业、能源矿产业、制造业等 100 多个行业，跟踪分析国民经济相关行业市场运行状况和政策导向，汇集行业发展前沿资讯，为投资、从业及各种经济决策提供理论支撑和实践指导。

中国区域发展数据库（下设 4 个专题子库）

对中国特定区域内的经济、社会、文化等领域现状与发展情况进行深度分析和预测，涉及省级行政区、城市群、城市、农村等不同维度，研究层级至县及县以下行政区，为学者研究地方经济社会宏观态势、经验模式、发展案例提供支撑，为地方政府决策提供参考。

中国文化传媒数据库（下设 18 个专题子库）

内容覆盖文化产业、新闻传播、电影娱乐、文学艺术、群众文化、图书情报等 18 个重点研究领域，聚焦文化传媒领域发展前沿、热点话题、行业实践，服务用户的教学科研、文化投资、企业规划等需要。

世界经济与国际关系数据库（下设 6 个专题子库）

整合世界经济、国际政治、世界文化与科技、全球性问题、国际组织与国际法、区域研究 6 大领域研究成果，对世界经济形势、国际形势进行连续性深度分析，对年度热点问题进行专题解读，为研判全球发展趋势提供事实和数据支持。

法律声明